藍學堂

學習・奇趣・輕鬆讀

# 人生的五種財富

設計你的夢想人生，
時間、社會、心理、身體、金錢財富都豐收

薩希・布魯姆 Sahil Bloom 著

唐傑克 譯

*The 5 Types of Wealth*
A Transformative Guide to Design Your Dream Life

獻給妻子伊莉莎白，兒子羅曼：
有你們相伴，勝過自己的財富千萬。

# 目次

推薦序｜金錢之外，你更該注意的人生財富　綠角　　007

推薦序｜打造真正富有的人生，現在就開始　愛瑞克　　009

譯者序｜人生財富的五個面向　唐傑克　　011

前　言｜人一生的旅程　　014

## 第1部｜打造你的夢想生活

第 1 章｜千年智慧：你會給年輕的自己什麼樣的建議？　　026

第 2 章｜人生財富的五種樣子　　031

第 3 章｜你的財富評分　　038

第 4 章｜生活剃刀：讓地球留在窗戶裡　　041

第 5 章｜找到人生的方向：攀越對的山　　050

## 第2部｜時間財富

第 6 章｜大哉問：你留了多少時間給心愛的人？　　064

第 7 章｜關於時間　　073

第 8 章｜時間財富的三大支柱　　085

| 第 9 章 | 時間財富指南：邁向成功的法則 | 094 |
| 第 10 章 | 時間財富摘要 | 129 |

## 第3部 | 社會財富

| 第 11 章 | 大哉問：在葬禮上，誰會坐在前排？ | 132 |
| 第 12 章 | 獨特的社會物種 | 136 |
| 第 13 章 | 日子很長，歲月很短：父母、子女和虛擲的光陰 | 146 |
| 第 14 章 | 社會財富的三大支柱 | 151 |
| 第 15 章 | 社會財富指南：邁向成功的法則 | 162 |
| 第 16 章 | 社會財富摘要 | 197 |

## 第4部 | 心理財富

| 第 17 章 | 大哉問：十歲的你會對今天的你說什麼？ | 200 |
| 第 18 章 | 一個古老的傳說 | 206 |
| 第 19 章 | 心理財富的三大支柱 | 212 |
| 第 20 章 | 心理財富指南：邁向成功的法則 | 223 |
| 第 21 章 | 心理財富摘要 | 247 |

## 第5部｜身體財富

第 22 章｜大哉問：你會在自己八十歲生日宴上跳舞嗎？　　250

第 23 章｜小世界裡的大故事　　257

第 24 章｜身體財富的三大支柱　　265

第 25 章｜身體財富指南：邁向成功的法則　　278

第 26 章｜身體財富摘要　　294


## 第6部｜金錢財富

第 27 章｜大哉問：你對「足夠」的定義是什麼？　　298

第 28 章｜金融遊樂園　　305

第 29 章｜金錢財富的三大支柱　　313

第 30 章｜金錢財富指南：邁向成功的法則　　322

第 31 章｜金錢財富摘要　　343


結語　信仰起飛　　346

謝辭　　349

## 推薦序

# 金錢之外,你更該注意的人生財富

綠角
財經筆記部落格主、財經作家

什麼是成功的人生?

閉上眼睛,想一下。你心中的成功場景,是否常與金錢相關呢?

從小,我們羨慕家境富裕、玩具多到玩不完的同學。求學考試,我們要擠上最有「錢途」的科系。出社會後,要找高收入的工作。無數的廣告,都告訴你,有錢就可以有好的物質享受,有錢就可以高人一等,受人稱羨。

於是,無數的人在金錢的道路上,埋頭苦幹,努力前行。

問題是,當你到達那個當初設定的目標時,你很可能會發現,那裡什麼都沒有。快樂比想像中短暫。如何讓自己再次快樂呢?

設定下一個數字目標,繼續追逐吧。成功,就在多存了下一個一百萬,下一個一千萬之後。

講到錢,更多,自然就是更好。數字沒有上限。這是一個沒有終點的追逐。不只沒有終點,也往往沒有幸福。

在追逐金錢的過程中,你多少次犧牲睡眠、放棄運動、隨意用餐?你錯過多少與父母、孩子相處的時間?你放棄多少自己的興趣?

你總想著,這些事情等以後有錢再做就好。健康就在日復一日的不正常作息中流失,與家人相處的機會就在你埋頭工作時,無情流逝。

主計處統計,台灣七十歲民眾平均餘命是十六年。你一年只在過年

的時候見父母嗎？你算過這輩子還剩幾次見他們的機會嗎？

孩子約在十歲之前會將父母視為這個世界最重要的人。之後，他們會有自己的朋友、自己重視的人。你還一直想著，以後有空再陪他們就好嗎？

許多人生的重要幸福，稍縱即逝。你現在不把握，以後你再有錢，也永遠不會再有，也無法喚回。不要為了錢，放棄就在眼前的幸福。

這就是《人生的五種財富》這本書的目的。作者想告訴讀者，財富不是只有錢而已，財富有多種面向。

討論金錢時，作者一開始就提到「夠了」的想法。想想你在六十五歲、八十歲，希望住在哪裡、你的一天有哪些活動、有多少金融資產、身邊有哪些人。把這個場景設定為你的目標，不要無止境的追求金錢。

當一個人懂得不要投入所有的時間與資源來追逐金錢時，他才能照顧好其他四種財富。

譬如時間財富。你是否一直覺得時間不夠用，事情怎樣都忙不完，每一天排程都滿到令人焦慮？

譬如社會財富。你是否有好好的跟自己最親近的家人與朋友相處，從他們身上得到支持、鼓勵與安慰？

譬如身體財富。你是否有顧好自己的飲食，定期運動，充足睡眠？

譬如心理財富，你是否能對這個世界保持好奇心，持續學習，從事有意義的活動？

真正的幸福，來自於均衡的照顧好人生的五種財富。已經擁有金錢，但仍不滿足；或是為了金錢，放棄其他四種財富，都很難帶來快樂的人生。

覺得自己在日復一日的繁忙工作中，只感到混亂與毫無頭緒，沒有方向感，想重新看清自己的目標，走上幸福人生之路？

打開此書，你會看到正確的方向，明確的藍圖。

## 推薦序

# 打造真正富有的人生，現在就開始

愛瑞克
《內在原力》系列作者、TMBA 共同創辦人

美國創業家納瓦爾曾說：「愚蠢的遊戲，贏愚蠢的獎品。」一語道破現代社會許多人庸庸碌碌的瞎忙狀態。《人生的五種財富》引述了這段經典話語，更進一步具體闡述與指導，探討人們真正應該努力的面向：時間、社會、心理、身體、金錢等五大財富。

時間財富是五大財富之首，這雖然顯而易見，但此書以更有感、更深刻的方式，再次喚醒了我。高中畢業後我離開台中的家，獨立在台北求學，為了拚學業成績，假日並不常回台中與父母相聚；工作時期更常忙碌到深夜，假日也到公司加班，或為了經營事業或人脈而忘了家人。直到離開職場，才驚覺自己從十八歲之後，平均一年只有見到父母四次，每一次可能僅有三至六小時。按照此書作者提醒的方式去計算未來與父母相處的時間，必會驚訝、害怕、不敢相信有多短暫。拜讀完此書，我真心認為，是該好好管理自己時間財富的時候了！現在就開始，永遠不嫌晚。

社會財富，就是人際關係。作者的觀點令我驚嘆、卻又深深折服，他說：「傳統觀點認為，人們應該專注於過程，而不是目的。我不同意。所有的關注都在於人。」他提出層層證據顯示，穩固而健康的人際關係是生活滿意度的最佳要素，也是健康與老化的關鍵。閉上眼睛想像一下，在自己的喪禮上，坐在第一排的會有哪些人？我為他們做了什麼？

我如何讓這些人知道他們對我有多重要？該如何優先安排與他們相處的時光？這些問題都讓我陷入深思，也馬上列出心中關鍵人物的名單，開始主動聯繫與關心，並進一步安排相聚。

心理財富、身體財富的重要性，甚至不亞於時間財富、社會財富——因為健康的身心，是一切的基礎，也攸關我們生命長短和品質。至於金錢財富並沒有被排除在富足人生的面向之一，我是認同的——因為一個人的自由，必然涉及可選擇範圍的多寡，在金錢匱乏狀態下，將使選擇大幅受到限制。然而，多數人耗費在金錢財富上的努力，已經明顯蓋過了其他面向上該有的付出，實在可惜。

拜讀此書，我愛不釋手。以下三大特點，特別讓我感到欽羨：

一、**故事深刻動人**：市面上已經有不少談幸福人生的書籍，但此書作者總能以生動的故事案例、撼動人心的敘事方法，直擊我的內心，讓我感到耳目一新。

二、**說理令人信服**：作者不是純粹只會說故事而已。書中的科學研究證據以及相關文獻的支持，可謂旁徵博引，一一精準到位，絕對可以讓你信服。

三、**實作指導充足**：這不是一本形而上的書，而是有執行方案輔助。透過系統化的拆解以及導引，幫讀者從實作中來達成改變，我也試著做過一遍，確實具體可行！

整體而言，這是一本故事和說理兼備、原則和執行細則並重的好書，也是我今年以來讀到最深刻入心的一本好書，絕對可列為年度必讀十大重點書！也希望您能親自翻閱書中任何一個章節，相信您也會喜歡上它。

## 譯者序

# 人生財富的五個面向

**唐傑克**
**本書譯者**

因為我財金投資的背景，工作上需要、同儕間往來以及接觸的資訊，往往都與財務、金融、經濟高度相關。出版社找我寫書、譯書，也大多傾向這類主題，過去十年間也因此讀了不少好書。我必須承認有的時候，財金背景多少占了一些便宜，工作累積的經歷更讓我得以用不同的觀點來解讀看似簡單的因果關係。旁人可能覺得晦澀難懂的專業術語、特殊事件對於金融市場的影響、甚至一篇滿是數學公式和圖表的論文，只要花時間慢慢細讀，總會有些體悟和收穫。並且，在工作和生活上往往都有意想不到的用處。

這本《人生的五種財富》讓我有了不同的思考。作者一開始那句：「在你父母離開人世前，你只剩十五次的機會和他們見面」，赤裸裸地告訴我：

「我的生活，其實大多集中在金錢財富裡。」

我不是那麼嗜財如命，仍在財富自由的路上努力邁進；運動、閱讀、音樂、旅遊都是我的嗜好；很少應酬，準時回家，儘可能平衡工作與家庭，還有一小群「深度圈」朋友。談不上完美，但還算穩得住生活的陣腳，握著屬於自己的「生活剃刀」。不過，這句話還是帶給我很不一般的感覺。我的直覺告訴我：人生的視角還不止於目前的現狀。

本書等於是一個完整（注意，不是完美）人生的指引。時間（生

命)、社會(人際關係)、心理(靈性)、身體(生理)以及金錢(物質)五個面向,構成了人一生的財富。坦白說,我相信沒有人一生中只偏重其中一項,大多數人都能體認彼此交織的必要。作者用自己的經歷告訴大家,人生財富的五個面向,其實有順序、有重心、有方法、有取捨。離開原本熟悉的生活軌道可能會放棄了不少東西(往往是金錢),但有可能因此成為心中最富有的人。重要的是由自己、而不是別人定義。

人生,走下去,屬於自己,以及身邊親愛的人。旁人,無須置喙,也不用理會。

以下,是我譯完這本書後,自己最有感的幾個部分。相信讀者讀完本書,也會找到自己有感的地方。每個人的人生不同,財富各異,有感的地方不同也不足為奇:

「以八十年的人生計算,二十歲的年輕人,還有二十億秒的生命;到了五十歲時,只剩下十億秒了」(第8章):我自己算算只剩十億秒了。

「帕金森定理」(第9章):包括我自己和周遭許多朋友,談到工作的效率,都有一種「真正的工作都在下午五點後才開始」的感嘆。因為白天大部分的時間,都花在處理行政、開會(看似有效率但往往最花時間的紅色工作)、爭取資源、協調人事(對生產貢獻有限的黃色工作)。直到五點之後,沒有開會、沒有交辦、沒有瑣事,才能好好坐在位子上,靜下心來,想想今天該做的事、想想明天的計畫、想想手中計劃的進展、想想資源配置、想想人員調度(效率超高的綠色工作)。有時文思泉湧、有時心靈神會、有時靈光乍現,半個小時就可以完成白天三個小時完成不了的事。這也許就是本書提到的「心流狀態」吧!

艾森豪:「重要的事情很少是緊急的,而緊急的事情很少是重要的。」(第9章):的確。

「想辦法在孩子十歲前,成為孩子在全世界最喜歡的人。」(第13

章）：這句話讓我想起曾經讀過的一本親子教育書：《父母的保鮮期，只有十年》中的一句話「總有一天要面對孩子離開身邊的人生。但我一點也不沮喪……到那一天，我只要再從心裡拿出來解凍就好」[1]。

還有幾句話是我特別有感的，尤其是身處於金融投資業：

「傳統觀點認為，人們應該專注於過程，而不是目的。我不同意。」（第 11 章）：目的偏了，過程對了，頂多安慰自己有點收穫，但對人生無濟於事。

「日子很長，歲月很短」（第 13 章）：追逐無窮盡的財富會越來越不值得。

「追求特殊而不追求快樂是個差勁的想法。然而這就是人們選擇工作十四個小時後才花一個小陪伴孩子時所做的事情。」（第 15 章）：為了身旁的家人，時間是可以擠出來的。

「如果你有太多應酬的朋友，你就不會有太多真朋友。」（第 15 章）：真朋友其實不太需要常常見面。

最後，希望我自己，不只讀完這本書，還來得及開始寫屬於自己的那本。

---

1. 《父母的保存期限，只有10年》，汪培珽著，愛孩子愛自己出版，2016/06/20。

# 前言
# 人一生的旅程

「在你父母離開人世前,你只剩十五次的機會和他們見面。」

這一句再簡單不過的話,改變了我的一生。也是本書接下來要講的故事——有可能也會改變你的一生。

2021 年 5 月在加州,一個溫暖的傍晚,我和一位老朋友找了個地方小酌。我們選張桌子坐下來後,他問我近況如何。一開始,我給了他一個不痛不癢的標準答案:「還好,忙唄!」語氣中不經意帶點現代人的無奈。「**忙**」似乎是現代人的榮耀,**壓力越大**越值得驕傲。不過,當我用同樣的問題問他時,他卻沒有用典型的「忙」來回應,而是回答他在「找時間做些重要的事情」。我知道他父親一年前生病了,但突如其來的回答還是讓我愣了一下,語氣中透露出來的脆弱讓我們脫離了行禮如儀的對話。他彷彿換了一個人,但我沒有多問,只是順著他的話繼續下去。並接著說,我已經開始對住在加州感到倦怠,因為離東岸年邁的父母太遠了。

這段少見的真誠對話,改變了我人生的方向:

朋友:「你多久見一次你的父母?」

「大概每年一次吧。」我說。

朋友：「他們年紀多大？」

「都六十多歲。」

朋友：「好吧，在他們去世之前，你大概還會見到他們十五次。」

好一記重拳！

我深深吸了一口氣，以免怒氣發作出來。他是個老朋友了，也和我的父母熟識。這句話並不是冷酷無情，而只是……數學計算。人的壽命平均是八十歲，而我的父母大約六十五了，我們每年見一次面。數學告訴我，在他們離開人世之前，我大概還會見到他們十五次。

這個簡單的數學難倒了我，也因為數學**改變了我的生活**。

## 玩了錯的遊戲

我的雙親來自於兩個極端不同的世界，因此拒絕常規已深植我的基因裡。1958 年，我的母親，拉克希米・雷迪，出生於印度的班加羅爾，從小在那兒長大，後來買了一張單程機票，隻身飛到美國麻州的南哈德利（South Hadley），曼荷蓮（Mount Holyoke）學院[1] 讀書。當時，她的父母當然擔心她再也不會回家，而他們的朋友告訴他們，她會遇到一個美國人，雙雙墜入愛河，並在那遠得要命的地方過自己的生活。結果他們是對的。

我的父親在紐約布朗克斯（Bronx）的一個猶太家庭中出生和長大，他專制的父親自作主張規畫了他的一生，包括娶一位猶太女孩，並在學術界安定下來。幸運的是，至少對我來說，命運（如果你相信的話）往

---

1. 譯註：曼荷蓮學院（Mount Holyoke College）：位於麻州的小鎮南哈德利，成立於1837年，原為女子神學院，1888年改為一般女子學院。曼荷蓮學院為美國七姐妹學院之一，以培養不同領域女性領袖而著名，包括醫學界先鋒到普立茲獎獲獎者。

往不照計畫走。

1980 年，他們在普林斯頓大學圖書館相遇，一切就像是電影般的情節。當時母親在那裡打工賺讀碩士班的學費，而父親正在寫論文的最後階段。母親把她父母的擔心拋到九霄雲外，鼓起勇氣要求和父親約會。當他們一起享用霜淇淋時，向來不拐彎抹角的父親直接告訴她：「我的家人不會接受我們的。」想不到，母親因為父親用了「我們」這個詞而興奮不已，完全沒注意這句話的意思。

不幸的是，父親是對的。出於各種今天無法理解的原因，我父親的家族並不接受這段剛萌芽的戀情。雙方爭執非常激烈，以至於他最終被迫在家人和母親之間做出選擇。我從未見過我的祖父母，他也再沒見過他們，但他選擇真愛的決定──將真愛置於一切之上──造就了我的出世。

我的童年和青年時期是一步步、單調的朝著教科書定義的**成功**前進。我在學校表現良好，也許在挑剔的印度裔母親眼中還並不算好，她至今有時仍在問：「為什麼當年不試試醫學院？」但我的心思總是在棒球場上。憑藉一些天分和後天的努力，我獲得了史丹佛大學的獎學金。我永遠不會忘記當我告訴母親這個消息時，她臉上的表情。她不敢相信她眼中那個不務正業、總是愛玩從不念書的兒子竟然被史丹佛大學錄取。

我懷抱著成為職棒球員的夢想飛往加州，但大三比賽時的肩傷讓我的夢想落空。我被迫回到課堂上，計畫另一個人生方向。但問題是我不知道未來要做什麼。

為了解決這個難題，我做了任何有抱負的年輕人都會做的事情──找認識的最富有的人，問他們的工作狀況，以及對我的建議。我清楚記得與一位經由投資致富的親戚的談話，那次談話對我很有幫助。他建議我一畢業就加入投資公司，理由很簡單：「你馬上就能每年賺十萬美元，不久之後每年賺五十萬美元，到了三十歲的時候，錢會多到你不知道該怎麼花。」這聽起來好極了，只是它基於一個簡單的假設前提：金錢將

直接帶來成功和幸福。

這裡先釐清一點，我不確定自己什麼時候才真正認同這個觀念。我的父親在學術界，母親是一位小企業主，我們的錢夠用，但肯定不富有，尤其並不會「賺的錢多到你不知道該怎麼花」。我小時候有一個非常有錢的朋友，他住在一棟奢華至極的豪宅，能玩所有最新的玩具，並且一直有最新最好的運動器材。我很羨慕他的生活，從未懷疑過這些事情是否真的讓他快樂——像是他是否願意用大廚準備的**單人晚餐**，來換**一桌充滿家庭溫暖**的外賣。進了大學後，我也一直與成績優異的學生走在一起，他們經常談論誰誰誰從高盛或麥肯錫獲得高薪工作，並以此來衡量社會地位。所以，當我從大學畢業，準備進入花花世界時，對成功和幸福的基本想法已經根深柢固。

馬克·吐溫說過一句話：「讓你陷入麻煩的不是你不知道的事，而是你確信的事其實並不如此。」的確，當我聽從親戚的建議，接受了一份在加州的工作，第一年就能賺到六位數的時候，**我確信**這是通往美好生活的開始，只要我努力不懈，終究會到達那個充滿財富和幸福、無憂無慮的未來。

後來我確信**事實並非如此**。只是當時的我還沒有意識到這一點。

三十歲時，我認為已經達到了成功的每一個標準：一份高薪的工作、有頭銜、有房子、也有好車——表面上擁有了一切。但在表面之下，我卻十分徬徨，而且開始覺得有些不對勁。多年來，我一直很努力、長時間的工作，相信只要不斷奮鬥，成功就在眼前。一路走來，每一步我都告訴自己，距離成功那片世外桃源只差一份獎金、一次晉升或一瓶精美的葡萄酒。

然後，有一天，當我意識到已經實現了這一切時，內心只想著：「就這樣了嗎？」

**終點謬誤**[2] 說明了一種心理上假設的錯誤，即認為實現某些成就或目標會為我們的生活帶來持久的滿足感和知足感。我們往往會認為，當達到所設定的目標時，終究會帶來情感上的滿足。我當時三十歲，賺了數百萬美元。我以為已經達到了成功。但我期待的快樂和成就感卻沒有隨之而來。相反地，我只感到那種熟悉的恐懼，覺得需要做更多，害怕永遠都不夠。

我敢打賭我不是唯一有過這種經驗的人。想想看，有多少年輕時的夢想，在得到之後卻變成了抱怨的原因？當年渴望的房子到頭來抱怨太小、需要常常修理；曾經夢想中的車，後來卻想急著要換成年度風雲車；那一枚讓眼睛閃閃發光的訂婚戒指，因為有些瑕疵需要換一枚更名貴的。

更糟的是，無止境的追求讓我對眼前擁有的美好視而不見。柏拉圖早期著作中記載著一則寓言：一位名叫米利都的泰利斯[3]的哲學家，整天抬頭凝視著星星行走，卻掉進了腳下一口看不見的井裡。詩人拉封丹[4]詩意地複述了這樣的結論：

> 有多少人，在鄉村和城鎮，
> 忽視他們真正的任務；
> 而且，由於不斷修正，

---

2. 譯註：終點謬誤（arrival fallacy）：哈佛大學正向心理學的塔爾・班夏哈博士提出的觀念。形容那種以為實現某個目標，抵達終點就會幸福的想法。事實上，一旦實現了這個目標，你還會有更多的責任、工作隨之而來。簡單來說，就是不存在「王子和公主從此過著幸福快樂的生活」。
3. 譯註：米利都的泰利斯（Thales of Miletus, 624-620 B.C-548-545 B.C）：古希臘古風時期的數學家、天文學家，前蘇格拉底哲學家，希臘七賢之一。簡稱泰利斯。泰利斯是歷史上記載的第一個用觀察和邏輯解釋自然現象的人，被後人譽為「科學和哲學之父」。
4. 譯註：拉封丹（Jean de La Fontaine, 1621-1695）：法國詩人，著有《拉封丹寓言》。題材來自古希臘的伊索、古羅馬的寓言、古印度的故事，將其轉換為詩集。

> 眼看一棟真正的房子倒塌，
> 還要去建造一座空中樓閣？[5]

我追逐著空中的樓閣，對真正讓我棲息的家快要崩塌的現實視而不見：我的健康情況因睡眠和運動不足而惡化；人際關係因我無精打采而日漸疏離。而且，正如朋友簡單粗暴的數學所顯示，我與我最愛的人在一起的時間其實非常有限，而且很快就會消逝。

我對金錢的迫切追求，正慢慢、規律地剝奪我的人生。

在那個溫暖的 5 月夜晚，我坐在那裡，在朋友離開後，獨自又喝了幾杯酒。我決定做出一些改變，我要犧牲一**切**為代價去做一**件**事。

在外人的眼中，我的確贏了，但如果這就是贏的感覺，我開始懷疑我是否**玩了錯的遊戲**。

## 記分板問題

人一生中最偉大的發現，不是找到對的答案，而是問了對的問題。

如果我玩錯了遊戲，那什麼是對的？

這個問題是我接下來探索之旅的開始。我必須定義**對的遊戲**，那個能真正引導我朝向想要的生活的遊戲。我閱讀了所有能找到的書，好幾百本，總共好幾萬頁。這些書可能幫助我理解所處的困境：包括古老的典籍和現代的暢銷書，歷史上大人物的傳記，宗教經典、多元文化詩篇，以及英雄的傳奇故事。

但我後來發現，閱讀只能帶你走到某個程度。如果要真正深入了解人性，你得實際去探索那樣的人生閱歷才行。

---

5. Jean de La Fontaine, "The Astrologer That Tumbled into a Well," in Charles Denis, *Select Fables* (J. and R. Tonson and S. Draper, 1754).

於是，我開始與各行各業的人接觸、交談。主動去找他們，甚至不遠千里搭飛機去見一面。與他們比鄰而坐、聆聽他們的故事。對象從剛自學校畢業的大學生到財星百大企業的執行長；從全職父母到為了生計而到處兼差的人；從四處比賽的職業運動員、滑雪愛好者到數位遊牧民族[6]。從人生導師和心靈嚮導到工廠工人和汽車技師。我成了人生經歷的最佳學習者。

我曾經花了幾個小時與一位最近妻子因病離世的男人交談，他成了年幼女兒的單親爸爸，悲傷的情緒難以平復，讓他痛苦不已。我們每個人都擁有愛，然而他分享了對愛更深一層的理解。我也曾與一位二十八歲的年輕人建立了深厚的友誼，就在他即將從事夢想中的工作時，卻被診斷出無藥可醫的腦瘤，這打亂他的所有計畫，迫使他從頭開始規畫他的人生。我和一位新手媽媽聊過天，她在事業和母親的角色之間艱難地維持平衡，因為執行長工作和責任繁重，阻礙了她渴望成為深度陪伴孩子成長的角色。我採訪過一位服刑二十五年後獲釋的男人，他談到對時間變動不居與流轉本質的見解，以及追求更高層次的精神目標，讓他更能夠堅忍不拔，我為此十分著迷。我遇過一位四十六歲的理髮師，他微笑著告訴我：「我能付我的帳單，每年兩次帶我的女兒們去度假。如果你問我，我認為我的確很富有。」我也與一位九十歲的老婦人共進晚餐，她最近決定開始學繪畫，我記得當她告訴我創意和社群的陪伴給她生命的活力時，笑得多麼燦爛。我與無數年輕人交談過，他們正在決定如何度過自己職業生涯的早期階段，在家庭和社會的期望，與追求生命意義之間的緊張關係中掙扎。我和一位父親促膝長談，他不幸失去了一對雙胞胎男孩，陷入無法言喻的悲痛之中，但他從每天在大自然中散步

---

6. 譯註：數位遊牧民族（Digital Nomad）：是國外行之有年的工作模式。指的是在不受地理限制的情況下，只要有穩定的網路，就能透過使用數位技術和工具，在不同地點間工作和生活，可以是在家中、咖啡廳、共享工作空間、甚至是旅途中。

裡，找到了治癒方法並且獲得了慰藉。

在每次對話中，我都經歷了美妙的視覺化練習，這是一位導師推薦給我的：閉上眼睛，想像你八十歲（一百歲，或者是九十歲！）時理想的一天。好好想像一下，你會在做什麼？和誰在一起？在哪裡？感覺如何？這個練習讓你開始在心中設定理想的未來目標：它能夠設想出個人定義下的成功生活，再回頭來改變當下的行動，以實現那個期望的結果。

透過這個練習，透過數百本書和數千小時的充滿微笑、淚水、歡笑和沉默的對話，我得到了一個強大的領悟：

我們想要的其實都一樣——只是與金錢幾乎無關。

無論是年輕的企業家或年老的退休人士、新手媽媽或空巢期老人、富有的律師還是中產階級的教師，他們心目中理想的未來看起來居然驚人地一致：

時間、親人、目標、健康。

毫無例外，我所接觸的每一個人，他們心目中理想的未來都是上面這些條件的某種組合：花時間與親人在一起、創造或達到某個目標和成長、維持身體、心理和精神的健康。

金錢是實現這些目標的推動者，但本身不是目的。

認清了這一點之後，我突然明白了：我不是玩了**錯的遊戲**，而是玩**遊戲的方式錯了。**

記分板是問題所在。

我們的記分板壞了。它讓我們以狹隘的標準來衡量財富、成功、幸福和滿足感，而且完全由金錢定義。而衡量標準非常重要。出生於奧地利的管理大師彼得‧杜拉克（Peter Drucker）有一句著名的話：「能衡量的，就能管理。」這句話意味著，衡量的指標是我們該優先考慮的。換句話說，記分板很重要，因為它決定了我們的行動——我們該如何玩遊戲。

壞掉的記分板可能會告訴你贏了，但真正的麻煩還在後頭：

- 你的時間從指縫中溜走。
- 你的人際關係出現裂痕。
- 你的目標和成長出現停滯。
- 你的身體的活動力不再。

記分板一旦壞了，行動就會有缺陷。如果我們只用金錢來衡量，所有行動都將圍繞它延續下去，我們終究會把遊戲玩**錯**。

如果我們修正記分板，更全面地衡量財富，行動就會隨之而來。我們會用**正確的方式**玩遊戲。記分板正確了，行動也對了。

有了這樣的觀點，我開始了一段旅程，建立一個可以用來衡量我們生活的新標準。一個在我的閱讀、對話和經歷中一次又一次出現的標準：時間、親人、目標、健康。僅僅知道這些標準很重要還不夠，我需要一種方法來衡量，一種能追蹤進度並評估日常行為影響的方法。

這本書就這樣應運而生。

無論你是誰，無論處於人生的哪個階段，這本書都會對你有幫助：

剛畢業的新鮮人會依據成長背景來考慮未來職業的方向；新手媽媽努力在職業抱負和陪伴孩子成長的願望間求取平衡；退休人員會想好好安排自己最後三分之一的人生；職場打滾多年的主管開始思考這些犧牲是否值得。外來移民掙扎於新國家的工作機會及與家庭的距離；隨著孩子的成長，年輕的父親正經歷著職業生涯的黃金時期；職場新貴開始感受到長時間工作和結識生活伴侶的願望之間的取捨；空巢中年人開始思考怎樣一起走向人生新階段。

這本書中的故事、問題和架構都是各自獨立的，但使用的工具是共通的。

《人生的五種財富》提供了一種新方法來衡量正確的事物，做出更

好的決策，規畫一趟通往財富、成功、幸福和滿足感的旅程。重要的是，它還為各種原則、想法、系統和架構提供了事半功倍的方法，使每個人都能朝著這些目標前進。

這是一段旅程——你今天就可以開始這段旅程，並且可以比你想像的更快改變你的人生。

在一週內，你就會開始行動。一個月內，你就能看到、感受到成效。一年內，一切都會變得不同。

你的人生可以在一年內改變。不是十年、不是五年、不是三年，就是一年。這一年提出對的問題，找出對的衡量方法和決定行動順序，每日努力做對的事。

相信我，我已經經歷過。

在 2021 年 5 月，我獨自經歷著痛苦，壞掉的記分板和無窮盡的優先事項已漸漸讓我沒有回頭路。

然而在一週之內，我就展開行動。我和妻子針對如何衡量我們的生活進行了深入、毫無保留的對話，然後我們在行動優先順序和價值觀達成了共識。

在一個月內，我看到並感受到了行動帶來的影響，並且做出了一個艱難但重要的決定，踏上了新的職業旅程，用更高的目標創造正向循環。我把健康、運動、營養和睡眠這些簡單的基本生活要素列為優先事項。最重要的是，我和妻子賣掉了在加州的房子，決定搬回東海岸，好離我父母和岳父岳母更近。這個決定讓「在你的父母去世之前還能見到他們十五次」這個殘酷的現實，變成一段不復記憶的往事。

果然，一年之內，一切都不同了——我的整個人生都改變了。我新創的事業正蓬勃發展，每天我可以自由地多散幾次步，抽出時間健身，只關心帶給我快樂的工作和人。當年在加州，我們一直努力想要懷孕沒有成功，然而剛搬到紐約的新家不久，妻子就傳來懷孕的好消息。她在 2022 年 5 月 16 日生下了兒子羅曼，當我們從醫院回來，把車停在車道

上時，只看到兩對祖父母在兩旁夾道歡呼，全家都在那裡迎接他回家，迎接**我們**回家。

就在那個月的一個溫暖的星期五下午，我帶著羅曼散步時，人行道上的一位老人走近我，對我說：「我還記得我和我的新生女兒曾經站在這裡。想想，她現在四十五歲了。時間過得真快，好好珍惜它。」這句話深深打動了我。第二天早上，我醒來把我的兒子抱到床上，妻子仍然安靜地睡著。天才剛亮，只見春天的第一道陽光透過臥室的窗戶。我低頭看著兒子，他的眼睛還閉著，嘴唇上帶著一絲小小的、完全滿足的微笑。在那一刻，我有了一種深刻的感覺：**我做到了，在這一生中，我頭一次不再有所求。**

**這已經足夠。**

永遠別讓**想要更多**的想法，打亂感到**心滿意足**的那一刻。

我的名字，薩希，意思是「旅程的終點」。對我來說，這本書象徵著我人生中第一段旅程的結束。這一切之所以成為可能，是因為我丟掉壞的記分板，將生活重新放在另一個新的記分板上。在接下來的篇幅中，我將告訴你做法。

這是一生難忘的旅程。希望你喜歡它。

第 1 部

# 打造你的夢想生活

# 第 1 章

# 千年智慧

## 你會給年輕的自己什麼樣的建議？

　　2022 年底，我向十幾位八十歲到九十歲的長輩提出了這個問題，作為我慶祝自己生日的一個環節。每年，我都會進行一個新的（我希望）有趣的練習，強迫自己思考和成長。過去幾年，我曾經寫信給所有的家人和朋友來表達感激、做過十二小時的靜默步行、嘗試過屬於我的禊（一種日本儀式，在一天內做一些挑戰性的事情，會有一整年的好運）。

　　但 2022 年感覺不太一樣。

　　5 月，我兒子的出生改變了我對一件事的基本認知：時間。觀察時間的流逝，無論是他每天的成長變化，還是對新生命的新鮮感，以及與我父母的老去之間的對比，讓我對時間的本質感到困惑。

　　我決定與那些有經驗的人聊聊，來探索時間所能累積的智慧。年輕、天真的我在規畫人生道路時曾向最富有的人尋求建議。（稍微）年長更有見識的我則會向最有智慧的人尋求同樣的建議。我想知道長者會如何看待他們所度過的一生。他們對什麼感到後悔？他們曾在哪裡迷失過自己？是什麼為他們帶來了長久的快樂和滿足？哪些曲折的彎路其實比原來的直路更好？有什麼他們原本深信不疑、但事後證明根本不是那回事？

有哪些事是九十歲的他們希望在三十歲時就能夠知道？

我與一群來自四面八方的人曾有過許多有趣的對話。我高齡九十四歲的印度裔祖母，在家族被英國殖民者驅逐之前是一個小王國的公主，有一次與她的視訊通話中，她描繪了一個美麗的境界：「永遠不要害怕悲傷，因為愛往往隨之而來。」一位九十八歲的家族長輩（他曾是好萊塢劇作家）在一封電子郵件中寫下他自己最喜歡的一句話：「永遠不要拉高嗓門，除非是在看球賽。」他八十八歲的妻子曾是一位肥皂劇明星，他在片場認識了她，並深深地愛上了她，她補充說：「找好朋友們一起聚聚，因為人類最大的財富在於感受到被愛和愛人。」一位好友的八十歲父親在簡訊中對自己這些年身體大不如前表示感慨：「好好照顧你自己，就像照顧一棟你必須再住七十年的房子。」他補充說：「如果發現小問題，趕快修好。不然時間久了，小問題會變成大問題。這道理同樣適用於愛情、友誼、健康和家庭。」一位九十二歲的老人剛痛失深愛七十年的妻子，他說的一句話讓我們兩人都紅了眼眶，那是一首詩一般的頌歌，是為了他們的晚安儀式所寫的：「每天晚上睡前，告訴你的伴侶你愛他；要不然，當有一天發現床的另一邊是空的，你會後悔應該早點說出口。」最後，我要拿我九十四歲的姑婆的美好觀念作為本段結尾：「當你有疑慮時，就去愛。這個世界永遠需要更多的愛。」

他們的回答從俏皮詼諧（像是「在婚禮上跳舞跳到你的腳痠」），到感人至深（「永遠不要讓美好的友誼萎縮」）。有些會多年來反覆出現（「永遠提醒自己，經歷過慘淡日子才是完美的」）；有些則只說過一次但足以發人深省（「因不去做一件事而產生的遺憾，總是比去做了而產生的悔恨更痛苦」）。這些我所收集的智慧是長達 1,042 年的生活結晶。

我並沒有引導他們說什麼內容，我只是提出了問題，讓他們各自隨意發揮。他們關注的重點並不全然相同：建立持久的關係、享受樂趣、投資於未來的身心健康、培養適應力良好的孩子等等。這些見解有著無

窮的價值，但或許我沒有聽到的價值更高。在所有分享的建議、見解和智慧中，都缺少了一個顯而易見的東西：

沒有人提到金錢。

## 總會有更大的船

在進一步探討之前，我想強調一個重要的觀念：這本書不會主張錢**不重要**，或是你應該放棄世俗財物，去喜馬拉雅山當和尚，每天花十六小時靜坐冥想。如果你想這樣做，太好了，但我不會加入你！

金錢並不是**沒用**──只是不能是**唯一**。

有關金錢和幸福的研究，有以下三個核心結論：

1. 如果收入低於一般水準，金錢可以減輕基本生活負擔和壓力，提高整體的幸福感。在這樣的基礎上，金錢**可以**買到幸福。
2. 如果收入高於一般水準但還是**不快樂**，那麼更多的錢不太可能改變這種情況。
3. 如果收入高於一般水準並且**很快樂**，那麼更多的錢也不太可能增加更多的幸福感。

第二項和第三項的論述都指向相同的關鍵結論：一旦達到了財務狀況的基本水準，再多的錢也不太可能對整體幸福感產生夠大的影響。換句話說，原本預設的記分板──以金錢為標準──在初期可能會很有用，但對它越來越依賴時，它就是一種負債。暢銷書作家、哈佛商學院教授、研究幸福科學的權威亞瑟‧布魯克斯[1]對此表示贊同：「談到金錢與幸福時，我們的心理編碼有小故障。」[2]造成故障的原因，是成長初期對收入增加所帶來的幸福感的錯覺所造成。我們在兒童和少年時期體驗到金錢對幸福感的正面影響，然後在接下來數十年間一直延續著「期待

著金錢叮噹響時的美好感受」。

這個缺陷好比在跑步機上跑步,一直在向前跑,卻哪兒也去不了,只是一直在緬懷當年追逐金錢曾經帶來的快樂。

哈佛商學院教授邁可・諾頓[3]在 2018 年發表的一篇論文中,研究人員詢問了一群百萬富翁:①在 1 到 10 分間為自己的幸福程度評分,以及②還需要多少錢才能達到滿分 10 分。諾頓在評論結果時說:「在收入—財富指標中,基本上每個人都說(他們還需要)現在的兩到三倍的錢。」[4]

我決定用同樣的兩個問題來調查我周遭認識的有錢人。答案出乎意料地一致:一位身價三千萬美元的科技應用程式創辦人說,他需要兩倍的錢才能擁有滿分的幸福;一位身價一億美元的軟體企業家說,他需要五倍的財富;一位價值三百萬美元的風險投資者表示,她需要三倍的資金。只有一位身價二千五百萬的投資者例外,他回答說:「說實話,我對自己現在的處境很滿意」(儘管他補充道,「但如果我有兩倍的錢,我也許可以更常搭私人飛機,那就太好了」),無論有錢人或一般人都表示,他們只要現有財富的兩到五倍,就能達到完美幸福的境地。

我永遠不會忘記曾經和一位朋友的對話。他那時剛賣掉了他的工

---

1. 譯註:亞瑟・布魯克斯(Arthur C. Brooks):研究幸福的社會科學家、哈佛甘迺迪研究院與哈佛商學院教授。著有《重啟人生》(天下雜誌,2023/05/31)、《打造你要的人生》(商業周刊,2024/01/25)等書。
2. Arthur Brooks, "How to Buy Happiness," The Atlantic, April 15, 2021, https://www.theatlantic.com/family/archive/2021/04/money-income-buy-happiness/618601/.
3. 譯註:邁可・諾頓(Michael Norton):哈佛商學院的研究總監,哈佛行為洞察小組的成員。諾頓對行為經濟學的研究「科學化的人的非理性程度」,解釋了為什麼日常一些看似非理性和古怪的行為,有可能會對我們在實現目標產生極大效益。著有《儀式效應》(商周出版,2024/07/11)。
4. Joe Pinsker, "The Reason Many Ultrarich People Aren't Satisfied with Their Wealth," The Atlantic, December 4, 2018. https://www.theatlanti.com/family/archive/2018/12/rich-people-happy-money/577231/.

廠，賺了一億美元。我問他現在是否比以前更快樂，因為他比大多數人想像的更富有。我期待他說，**當然！**然而他的反應令我驚訝。他告訴我，在完成交易後，他找了一群朋友和家人，打算搭遊艇出海玩一個星期慶祝。當每個人剛登上這艘美麗的遊艇時，他很興奮，因為這是他用自己辛苦賺來的錢買的。但當大家坐定後，奇特的事情發生了。他的一個朋友看著隔壁，那裡停泊著一艘更大、更豪華的遊艇，羨慕地說：「哇，我想知道那艘遊艇裡的是誰！」我朋友短暫感受到的幸福和滿足感，在這樣的比較中瞬間消失了。

總會有一艘更大的船。

從充滿人生智慧的長者明顯忽略金錢、一系列有關金錢和幸福的科學研究，以及富有人士的小故事，我們可以學到最重要的一課，也是本書的核心內容：

你的富裕生活可能是由金錢來**實現**，但最終的幸福，是由其他一切來**定義**。

# 第 2 章
# 人生財富的五種樣子

千里之行，始於足下。

──老子

西元前三世紀，伊比魯斯的皮洛士國王[1]即位，他是希臘擴張領土時期少為人知的領袖。作為亞歷山大大帝的遠房表弟，他被譽為強大且具有戰略才華的軍事領袖。在西元前 280 年之前，他成功的發動了數場戰爭，並鞏固了整個半島大部分地區的勢力範圍。

但他的軍事命運很快出現了變化。

西元前 280 年，皮洛士國王收到了義大利南部城邦塔倫圖姆（Tarentum）的軍事馳援要求，該城邦正在與羅馬共和國交戰。雖然和塔倫圖姆並不是明確的盟友，但皮洛士國王意識到，不斷擴張的羅馬共和國將對他的勢力構成威脅。他秉持著「敵人的敵人就是朋友」的理念，率領訓練有素的龐大軍隊駛往義大利南部，準備擊退羅馬入侵者。

這場戰鬥是在赫拉克利亞鎮（Heraclea）附近的平原上展開。一開始雙方的實力懸殊，皮洛士國王的軍隊橫掃烏合之眾的羅馬軍隊，而羅馬軍隊的將軍們原本以為會碾壓他們的敵人。

---

1. 譯註：皮洛士國王（King Pyrrhus of Epirus, 319 B.C- 272 B.C）：希臘時代著名的將軍和政治家。早期羅馬共和國稱霸義大利半島的最強大對手之一，在對抗羅馬的一些戰役中儘管獲得勝利，但也付出慘重代價。

然而，羅馬人重整旗鼓，發動反擊，雙方連續幾天的血腥肉搏戰染紅了平原。戰鬥結束時，皮洛士國王宣布了勝利，但付出了極高的代價，失去了許多最好的士兵，包括他的大將軍。

儘管損失慘重，皮洛士國王看到了將王國的勢力擴展到義大利南部的機會。他決定繼續前進，在阿斯庫魯姆鎮（Asculum）附近再一次與羅馬敵軍交戰。

皮洛士國王再次宣告勝利，但在經歷了數天的浴血奮戰後，軍隊在身心上都遭受了重創。據說在戰鬥結束時，皮洛士國王感歎道：「再一次這樣的勝利，我們也完蛋了！」由於這些「勝利」戰役的慘痛代價，皮洛士國王決定從義大利撤軍並返回家鄉，直到餘生只有打過幾場無關緊要的戰役，五年後在一場戰爭中死去。

但這對皮洛士國王來說並不全是壞事。在歷史上留名的渴望，導致他捲入了與羅馬人命運多舛的戰爭。他的名字確實流傳至今，儘管也許不是他想要的方式。

「**皮洛士勝利**」（Pyrrhic victory）一詞現在指的是勝利者付出巨大代價，以至於感覺像是一場失敗。勝利對勝利者造成了難以彌補的損失，他贏得了戰鬥，卻輸掉了戰爭。

這不僅僅是一堂隨機的歷史課，而是點出了一個重要的觀念：在自己的生命過程中，要避免發生得不償失的勝利。而不幸的是，如果不改變方向，皮洛士式勝利可能就是你所走的路。

你之所以走上這條危險的道路，是因為一個簡單的失誤：你用錯誤的標準來衡量：

錢。

當績效衡量標準成為明確、既定的目標時，人們就會優先執行，忽視任何可能和意想不到的後果。你對其他一切視而不見，專注在達成目標，不管要付出多少代價。每一次升職、加薪和獎金都感覺像是一場勝利，而忽視了悄悄從指尖溜走的痛苦損失。金錢不僅成為唯一衡量標

準，而且成為明確的目標。

你所經歷的戰爭是為了幸福、成就感、情感關係、人生目標、成長和健康。如果所有戰鬥都只跟金錢有關，你**可能**會贏得這些戰鬥，但會輸掉整場戰爭。

這條路上的警示牌並不像對皮洛士國王那樣危及生命和肢體，但也沒那麼賞心悅目：

- 你達到了一個季度的利潤目標，但錯過了一頓結婚週年晚餐。
- 你獲得了創紀錄的獎金，但趕不上孩子的一場體育比賽。
- 你接每一通工作電話，卻找不到時間與一位老朋友重新聯繫。
- 你為了安全而保有一份工作，卻讓生命更高層次的目標枯萎和消逝。
- 你每週舉辦五次客戶晚宴，但上樓梯時總會感到氣喘吁吁。
- 你從不放棄金錢，卻毫不猶豫地放棄內心的平靜。

如果你繼續前進，眼睛裡只有金錢目標，皮洛士式勝利就在前方等著你。

## 新的記分板

你的新記分板包括**財富的五種樣子**：

1. 時間財富。
2. 社會財富。
3. 心理財富。
4. 身體財富。
5. 金錢財富。

舊的記分板完全只看金錢財富，而新的記分板則是以真正富有生活的多重面向為基礎。擁有這五種財富，你不再需要期待何時達成，因為幸福和滿足（之前是一個期望的目標）已經融入旅程中。你不必等待到達目的地；你甚至每天都感到自己已經到達目的地了。

新的記分板在三個主要領域都大大優於舊的記分板：

1. **衡量標準**：將活得幸福、充實都納入衡量標準中，為採取適當的行動奠定基礎。衡量正確的事情，你就會採取正確的行動。衡量一場戰爭，你就不會在混亂的戰鬥中迷失方向。
2. **決策**：以一個動態的視角來評估生活中的大小決策。與其狹隘地專注在金錢財富，你可以用五種財富的面向來評估一個決策的影響。在舊記分板上，某個看起來艱巨的決策（對金錢財富有負面影響），在新記分板上可能會令人振奮（因為對其他幾種財富有正面影響）。
3. **設計**：提供一個積極向上的人生模式，協助你因應時間來改變優先順序，專注當下的戰鬥，同時不會犧牲在長期戰爭中的勝利。在你評估願意（和不願意）列為優先事項的權衡時，這個模式會幫助你釐清。

財富的五種樣子的每一種都很重要，但它們之間的關係（相互作用和優先順序）對於建立全面充實的生活更為關鍵。

**時間財富**是你能自由選擇如何度過時間、與誰一起度過、在哪裡度過以及什麼時候拿來和其他事物交換的能力。其特徵是對時間這個珍貴資產有深刻的理解和體悟，包括其價值和重要性。時間財富是一種將深度注意力和聚焦發揮到最大效用的能力。它是能掌控自己的時間，能建立自己的優先順序，決定你對機會說「是」或說「不」。如果你生活中缺

少時間財富，就會陷入一個永無止境的忙碌循環，越跑越快但沒什麼進展，對使用時間和與誰共度時光幾乎沒有控制權。

**社會財富**是你在個人和職場與他人的關係──你與周遭之間連結的深度和廣度。這是你能夠經營的人脈，可以獲得愛與友誼，有需要時還會伸出援手。它提供了欣賞其他類型財富的機會。如果沒有特別的人可以共度時光，掌控時間的自由又有什麼意義？如果你不能與所愛的人相伴，再有活力又能帶來什麼快樂？如果沒有可以珍愛的人，金錢能提供什麼滿足感？社會財富是由少數深刻、有意義、健康的關係，以及人脈或文化的充實感所構成。如果生活缺乏社會財富，你只會專注於社會地位的高低，卻缺乏能提供長久滿足和快樂的深刻且重要的關係。

**心理財富**是與更高層次的目標和意義的連結，這份連結提供你前進的動力，引導短期和長期決策。它以追求成長為基礎，發揮智力、能力和性格的潛力，並且能夠終生學習和發展。它攸關你與內在心靈關係的健康與否；解決生活中重大、沒有標準答案的問題；以及持續著有助於心靈平靜、維持內在平衡、釐清思緒並促進身心恢復的日常儀式。如果生活中沒有心理財富，生活將會索然無味、自我設限、停滯不前、缺乏人生目標且永遠活在壓力中。

**身體財富**指的是身體健康、素質和活力。因為身體來自於自然世界，它是最具有熵型的財富[2]，意思是比起其他類型的財富，身體狀況更容易受到自然衰減、不可控因素和純運氣（無論好壞）的影響。此處提到的身體財富，指的是可控制的運動和活動、營養和復元，以及養成促進活力的持續習慣。如果生活缺乏身體財富，就表示你缺乏維持習慣的紀律，身體將難以避免加速自然衰減，這將失去享受人生的權利，尤其是在生命的後半段。

---

2. 譯註：熵型的（entropic）：源自於熵（entropy），通常用來描述無秩序、隨機性或變化狀態的事物。

**金錢財富**通常定義為金融資產減去金融負債，得到的數字稱為淨值。在新的記分板上，淨值計算有一些小小的不同：像是負債包括了你對未來需求的期望，你對**足夠**的定義。如果對未來期望的成長速度超過資產的成長速度，你將永遠無法擁有真正的金錢財富，因為你總是需要更多。金錢財富建立在收入成長、支出管理以及投資在隨著時間複利增值的長期資產上。如果生活缺乏金錢財富，就像在跑步機上跑步一樣，不停地在現金流入和流出之間打轉，永無止境地追求**更多**。

有了這五種類型的財富後，相當於擁有了一個新的記分板，一個能贏得戰鬥和戰爭的記分板。

## 生命中的各種時期

> 當你開始走在路上，路就出現了。
> ——魯米（Mevlânâ Celâleddîn Mehmed Rumi, 1207-1273）

**人生的五種財富**有助於你在生命的各種時期中茁壯成長。但茁壯成長並不是指必須達到某種烏托邦式的幸福和完美平衡。茁壯成長是建立在訊息和行為之上——了解每種財富的作用，思考其影響層面，並根據長期價值和目標採取適當的行動，將財富放大。

茁壯成長不是最終的狀態，而是一段持續的過程。

生命不會沿著時間的一條直線穩定前進。它有起有落，有自然的**更迭**，每個時期都有不同的需求、需要、優先順序和挑戰，必須同時擁抱好與壞。身處於當下的時期，全然接受它的所有不完美和機會，同時在更迭間思考彼此的平衡，就找到了成長茁壯的方法。

二十歲正值打基礎時期的你，最適合的方法可能不適合三十歲時快速成熟時期的你、四十歲建立家庭的你、五十歲尋找人生目標的你，或

六十歲及以後面對退休時期的你。同樣地，晚年的理想方法可能不適用於早期。人生旅程沒有指南，每個人的生命都是獨一無二的，對**平衡**的定義也是獨一無二的。沒有固定的時程表，可以改變、失敗、學習、成長和適應。沒有必備條件，也沒有對錯之分。

你可能會經歷職業成長時期、離婚時期、家庭變故後的調整時期、心理調適時期，或是一段新感情時期。這五種財富將在每一個時期中引導你，走過生命的高峰與最具挑戰性的低谷；這是一個持久的理念，為當前時期的細微、針對性的戰鬥提供價值，也為跨時期的長期戰爭的大方向提供價值。

當經歷痛苦、谷底、悲傷、結束時，總有一束光從黑暗中透出。光擁有不可知的洞察力──當你看到事情的另一面時，茅塞頓開的時刻就會來到。當我的老朋友告訴我，在我父母去世之前，我只會再見到他們十五次時，我看到了那道光。當一位老人後悔自己從未追求生命中的熱情時會看到的光；當父母在孩子已經長大，不再需要哄睡時會看到的光；當一位垂死的女人終於知道孩子是唯一記得她在辦公室熬夜的人時，才會看到的光。

你希望這輩子永遠不會看到這些光，但生命最終會看到這束光，而現在的你需要看到這束光。

你其實知道這束光的存在，你甚至知道它是什麼樣子。你聽著故事，點點頭，認同其中的道理，然後繼續以同樣的方式生活。

但忽視光明等於活在黑暗中。

你需要對這束光採取行動，**擁抱**能為你的生命帶來價值的東西。

這就是《人生的五種財富》的全部內容：一種衡量生活的新方式，因為當你衡量正確的事物時，你就會採取正確的行動並達到最好的結果。

旅程才剛剛開始。讓來自彼岸的光照射在人生的道路上吧。

現在就出發。

# 第 3 章
# 你的財富評分

你的**財富分數**就是自己在新記分板上的表現。

在繼續閱讀本書之前，每個人都應該做個測驗來建立財富基本分數。當你在未來打造和平衡你的生活時，這個基本分數將是衡量進步的標準。未來你當然可以、並且應該持續這些評估，以追蹤進步的幅度，就像你曾經使用線上工具追蹤個人淨資產一樣。

要建立屬於自己的財富分數，你得做一個簡單的測驗。每種財富類型中有五個陳述；對於每個陳述，請用 0（非常不同意）、1（不同意）、2（中立）、3（同意）或 4（非常同意）做出回答，然後將每個部分的分數加總，並計算全部的總分。

每種財富類型的最高分是 20（五種說法中的每一項都非常同意），而整體的最高分是 100。

## 財富分數測驗

**時間財富：**
1. 我深刻了解時間是有限的、無常的，而且是最寶貴的資產。
2. 我清楚了解個人和職業生活中的兩到三個最重要的優先事項。
3. 我能夠一直將注意力集中在確定的重要優先事項上。

4. 我很少感到太忙碌或分心,而無法花時間處理最重要的優先事項。
5. 我可以掌控自己的行程和優先事項。

**社會財富:**
1. 我擁有許多深厚的、充滿愛與相互支持的關係。
2. 我能夠成為合適的伴侶、父母、家庭成員和朋友。
3. 我有一個鬆散的人際關係網絡,可以從中學習和發展。
4. 我對某些領域(在地、地區、國家、精神層面等)或比自己重要的事物有一種特別的連結感。
5. 我不會想透過購買外在物品來獲得地位、尊重或羨慕。

**心理財富:**
1. 我常常抱持著孩子般的好奇心。
2. 我有明確的使命,在日常生活外還能兼顧短期和長期決策。
3. 我追求成長並持續發揮全部潛能。
4. 我有一個基本信念,面對周遭能夠不斷改變、發展和適應。
5. 我有既定的儀式,能讓我創造自己思考、重新調整、面對問題和充電的空間。

**身體財富:**
1. 就我目前的年紀來說,我感覺自己強壯、健康且充滿活力。
2. 我有規律的定期運動,並擁有積極正面的生活方式。
3. 我以完整的、未加工的食物為主食。
4. 我平時每晚睡七小時以上,並且感覺到充分休息與恢復。
5. 我已經有一個明確的計畫,在晚年能夠保持身體健康與活力。

**金錢財富：**
1. 我很清楚財務上**足夠**的定義。
2. 我的收入隨著工作技能和專業知識穩定成長。
3. 我管理自己的月支出，使其穩定低於收入。
4. 我有一套明確的計畫，將每月超額收入投資於長期複利的資產。
5. 我用金錢財富當作累積其他類型財富的工具。

## 視覺化你的財富分數

將你的測驗結果填入表格中，得到專屬於你的視覺化財富基本分數。這個視覺化的結果清楚顯示你在起點上的優勢和劣勢，從而制定目標，朝著全面財富的生活努力。

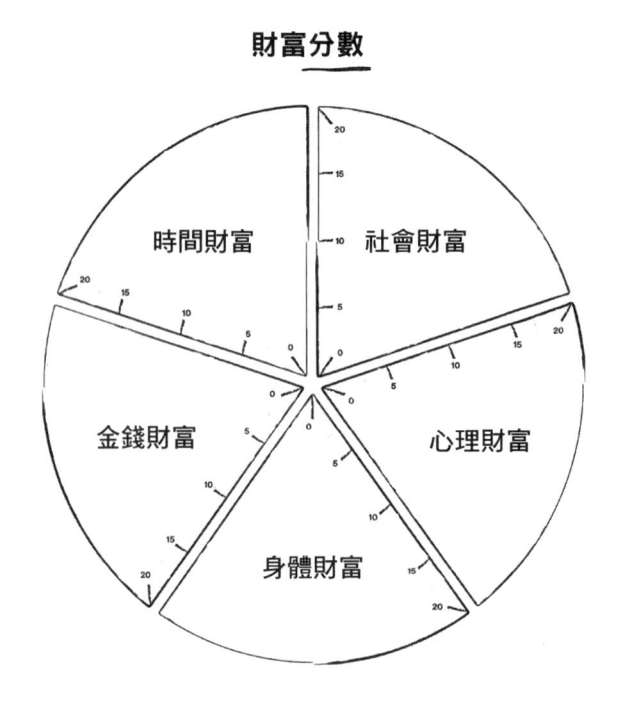

**財富分數**

你也可以在 the5typesofwealth.com/quiz 網站上評分並分享評估結果。

# 第 4 章

# 生活剃刀

## 讓地球留在窗戶裡

　　1970 年 4 月 11 日，阿波羅十三號任務火箭從佛羅里達州梅里特島（Merritt Island）的甘迺迪太空中心（John F. Kennedy Space Center）發射升空。這本來是人類第三次登陸月球的壯舉，但計畫在執行任務第三天就被打亂了。因為電線短路導致氧氣罐爆炸，嚴重損害了太空船完成往返月球的能力。三位太空人吉姆・洛弗爾（Jim Lovell）、弗萊德・海斯（Fred Haise）和傑克・斯威格特（Jack Swigert）被迫使用小型登陸小艇作為臨時太空船，在接近冰點的溫度下生活了很多天，以保留他們返回地球的電力。

　　朗・霍華（Ron Howard）在 1995 年榮獲奧斯卡獎的紀錄片《阿波羅十三號》詳細描述了整個傳奇故事。在影片的高潮場景中，三名太空人面臨著不可能的任務，隨時會有性命之憂。當他們再次接近大氣層時，地面工作人員告訴他們，找到適當的切入角度非常重要：角度太淺，他們的太空船會彈回太空，就像一顆石頭掠過水面一樣；角度太陡，太空船會像乾燥的柴火一點就燃。為了避免失控，他們必須發動引擎並修正角度，讓太空船進入最佳航道，確保生存。

　　問題是：由於太空船已經受損，角度修正必須靠手動，無法利用

平常使用的機載電腦。如果沒有電腦來管理所有複雜的數學和物理方程式，以控制太空中的定位和校準，單靠手動操作是冒險的，最壞的情況就是全盤皆墨。

在一片混亂中，指揮官吉姆・洛弗爾（由湯姆・漢克飾演）提出了解決方案：「現在，聽著，休斯頓，我們需要的只是在太空中的一個固定點。對吧嗎？」

他很快就收到了任務指揮中心的肯定答覆。洛弗爾握著控制桿，往左邊的一個小三角形窗口望去，慢慢移動太空船，只見一顆熟悉的藍色星球映入眼簾。

「好吧，休斯頓，我們找到了。」他說，目不轉睛地盯著小三角形窗口中心的地球。

「如果我們能保持地球在窗戶中，手動操作飛行，十字準線正好對準它的終端。我只需要知道我們得發動多久引擎。」

這一大膽的策略奏效了，太空人執行了大膽的手動操作，並成功以適當的角度重新進入大氣層。最終他們安全地在海洋中降落，這是有史以來最感人和戲劇性的電影結局之一。

這個拚存活和勝利的故事足以載入歷史，最後一幕更讓全世界的觀眾驚歎不已，但這個故事真正的關鍵與電影、太空、科學甚至湯姆・漢克無關。

真正的關鍵是地球和那個微小的三角形窗口。

## 生活剃刀

在哲學研究中，「**剃刀**」（razor）這個術語表示任何可以快速刪除的不可能因素或避免不必要步驟的原則。它可以消除不必要的解釋或行動。如今，該術語被廣泛應用在簡化決策的經驗法則。

在日常生活中就有許多著名的剃刀：

- 奧坎剃刀（Occam's razor）：以十四世紀哲學家奧坎[1]命名，他指出在衡量某件事的各種解釋時，必要假設最少的解釋通常是正確的。最簡單的解釋就是最好的解釋。簡單就是美。
- 漢隆[2]剃刀（Hanlon's razor）：帶點幽默意味的諺語，意思是不應將無知、偶然、非故意解釋的事情歸咎於惡意。它最適用於政治、人際關係和一般的網路討論。
- 希欽斯剃刀（Hitchens's razor）：由已故作家克里斯托弗・希欽斯[3]提出並以他命名，指任何未經證據證明的主張也可以在沒有證據的情況下被駁回。這是一條有用的規則，可以避免在無意義的爭論上浪費時間。

從抽象意義來看，把地球留在窗戶裡對於阿波羅十三號太空人來說就是一把剃刀。在當下的混亂中，面對著數百個可能葬送他們的不可能任務，太空人們濃縮成一個非常簡單的焦點，一個經驗法則，使他們能夠減少不必要的行動並簡化任務。

這個故事為生活提供了一個強有力的方向。

你不可避免地會遇到各種機會、混亂、挑戰和複雜性，這些都將考驗你：

- 一份光鮮亮麗的新工作，引誘你離開所愛的公司。
- 一位家庭成員或摯友的去世。

---

1. 譯註：奧坎（Occam, 約1287-1347，亦名奧坎的威廉〔William of Ockham〕）：出生於英格蘭的薩里郡奧坎，是英國聖方濟各會修士和神學家，中世紀頗具影響力的哲學家。
2. 譯註：漢隆（Robert J. Hanlon）：加拿大湯普森河大學（Thompson Rivers University）政治學教授。漢隆剃刀是其在1990年左右提出。
3. 譯註：克里斯托弗・希欽斯（Christopher Hitchens, 1949-2011）：美國無神論者、反宗教者、社會主義者、馬克思主義者、反極權活動人士。

・失業讓財務狀況從好變壞。
・最親近的人出現健康問題。
・與曾經挺你的人關係破裂。
・一個過於沉重和困難的關鍵決策。

以上幾點都很容易讓原本進行的優先事項變得猶豫，以致在混亂中迷失自己。在這些時刻，你需要簡單的單一焦點，用經驗法則來簡化決策，這是一種基本的決策方法，可以像經驗豐富的人一樣自信地應對生活中的不確定性和考驗。換句話說，這時需要保持地球在窗戶之中。

你需要一把**生活剃刀**。

## 永遠不要錯過星期二晚餐

2023 年 1 月，串流媒體先驅 Netflix 的聯合創辦人兼首任執行長、企業家馬克・蘭道夫（Marc Randolph）發布了一張簡短的手寫便條紙照片，標題為「我對成功的定義」。在其中，蘭道夫描述了一個在他成功的科技職業生涯中，依然保持每週必定進行的一項活動：「三十多年來，我在星期二有一個固定的下班時間。無論晴雨，我都會在下午五點準時離開，並與我的妻子共度一晚。我們會去看電影、吃晚餐，或者只是一起在市中心散步逛街。」

幾個月後我與蘭道夫交談，我問他星期二晚餐規則的起源及其對他生活的重要性。

他告訴我，在他職業生涯的早期，他每週工作八十個小時，完全投入在創業中。當他的夫妻關係因此開始受到影響時，蘭道夫說：「我發覺問題出在我自己，因為我期望她能接受我工作剩下來的有限時間，但這是錯的。」然而他並沒有忽略這個問題，也沒有指望它自行解決，而是主動出擊。「一切都來自於你優先考慮的順位。」他說。「我需要重新

調整時間分配的優先順序。」

週二的晚餐成了不容妥協的儀式。即使當時蘭道夫正在經營當代最具變革性的科技公司之一，他也堅持了下來。「沒有什麼能阻礙這一切。如果你星期二下午四點五十五分有話要對我說，你最好在去停車場的路上說。如果當時出現經營危機，我們也會在五點前搞定。」

星期二晚餐的規則，並不僅僅是晚餐，實際上也並非如此。

「這一切就是一種象徵，並且對我生活的其他領域開始產生連鎖反應。這個活動向我和我周圍的人──包括我的家人、我的合作夥伴、我的員工、我的朋友──表示了什麼是我的優先事項。這是一個不起眼、但每週持續不斷的活動，顯示對生命中最重視的東西的尊重和偏愛，這是需要透過行動而不是言語發出的強烈信號。他的妻子看到他對夫妻關係和愛的承諾，增強了她對維繫這段感情的決心。孩子們看到他對母親和家庭的奉獻，讓他們確信自己在父親世界的重要性。員工看到了他優先陪伴家人的堅持，並鼓勵他們設定自己的優先事項，使他們在工作時更加忠誠和專注。

每週二晚上的晚餐這個行動，連鎖效應遠遠超出原有的範圍。

「我很久以前就決定，絕不成為那種有七次創業同時也有七任妻子的企業家。事實上，我生活中最自豪的事情不是我創辦的公司，而是能夠與一個女人保持婚姻的同時一併創業；讓孩子們在成長過程中了解我並（我敢說）喜歡我，還能夠有時間追求生命中對其他事物的熱情。這就是我對成功的定義。」

最重要的是，這個想法（永遠不錯過星期二的晚餐）對蘭道夫來說決定了他的形象。這是清晰、可控的，並隨時提醒他自己是**什麼樣的人**。當出現新的情況或機會時，無論好壞，他都可以問自己：「一個從不錯過星期二晚餐的人在這種情況下會怎麼做？他會如何處理？」這是真正的力量所在──一句簡單的話與你的理想世界產生了交集。

「永遠不錯過星期二的晚餐」是蘭道夫的生活剃刀，他的單一焦點

使他能夠無懼外界噪音，保持生活視野和平衡，做出與核心身分一致的決策，並在他的世界中創造積極的連鎖反應。沒有這把剃刀，會讓生活變得聽天由命；就像一個陷入暴風雪的登山者一樣，會被暴風雪蒙蔽雙眼，失去所有的參考點，漫無目的地徘徊，只能祈禱暴風雨早點平息。有了這把剃刀，你會清楚看到：風暴並不會少，但你已做好充分的準備，並且終究會到達對岸。

馬克・蘭道夫找到了他的生活剃刀。現在讓我們幫助你找到你的。

## 磨利你的生活剃刀

你的生活剃刀只是一句單一的陳述，它定義了你在當前生活的狀態。

一把強大的生活剃刀有三個核心特徵。它是：

1. **可控制**：它應該在你可直接控制的範圍之內。
2. **產生連鎖效應**：它應該在生活的其他領域產生積極的二次效應（後續影響）。
3. **定義身分**：它應該能夠凸顯你是什麼樣的人，你理想中的自己在世界中的呈現方式。

為了具體化這些核心特徵，以下看看我自己生活中的一個例子。

「我會執教我兒子的運動團隊」是我的生活剃刀：

1. **可控制**：我能控制自己抽出時間來帶領兒子的運動團隊。採取必要的行動，讓自己自由參加團隊的活動，成為兒子期待陪伴身邊的教練形象父親。
2. **產生連鎖效應**：採取行動和做出承諾，兒子會看到我對父子關係

的重視。他會因我的支持而感到有力量。妻子會看到我對兒子和家庭的奉獻，會深化她對我們感情的承諾。我的團隊和商業夥伴會看到我重視家庭甚於一切，也會受激勵去建立自己個人的優先順序，讓他們對工作更加專注和忠誠。
3. **定義身分**：我在兒子的運動團隊中擔任教練。我讓家庭和社群產生聯繫，努力實現作為父親和丈夫的目標；照顧自己和他人，並拒絕可能有損自由或危及聲譽的機會。

當新的挑戰出現時，我會用我的生活剃刀來應對：

- 一個好的工作機會出現。這代表會有更多的名和利，但需要在未來兩年內更頻繁的出差和加班。我停下來問自己：如果一個人在兒子的運動團隊裡擔任教練，他會怎麼做？答案是：他會優先考慮他最重要的關係，而不是額外的金錢或名譽。這個做法讓我得以思考時間和自由之間的權衡，可以調整工作機會以適應我的生活順位，或直接拒絕。
- 家庭狀況出現問題。面對家庭問題，人們很容易故意忽視或讓外人來解決。這時我會問自己：在兒子的運動團隊裡當教練的人會怎麼做？答案是：他會面對它，直接面對它，並成為他所愛的人的支持力量。這有助於確定我的態度並增加家庭面對挑戰的韌性。
- 可能改變生活的賺錢機會出現，但它可能帶來名譽的風險。我可能會受到金錢的誘惑，但我知道，擔任兒子運動團隊教練的人永遠不會傷害兒子對自己的尊重和認同。於是我放棄了這個機會。

「我會執教我兒子的運動團隊」這句簡單的話成為了人生的準則，是我的生活剃刀。

是時候去定義你的生活剃刀了。

先說結論，最終目標是完成下面這句話：「我是那種 _____ 的人。」為此，請寫下代表你身分的行為和性格特徵。比方說，如果你能參加自己的喪禮，你希望每個人對你的行為、你這個人以及你的人生說些什麼？把它一一列出來，然後用更高的視野整體思考。哪一個單一行為會影響所有其他行為？

以下是完成此練習的真實人士的例子，可以激發你的思考：

- **四十多歲的投資專業人士**：我很有紀律，延遲享樂，從不追逐光鮮亮麗的東西。我早起，鍛鍊身體維持精神飽滿，照顧自己和他人；我努力工作，做對我來說重要的事情，並為與我共事的人而感到自豪。「我早起，事情挑難的做」是我的生活剃刀。
- **三十多歲的全職媽媽**：我努力照顧孩子，是自己成長過程中希望成為的母親。無論多累，我總會打起精神陪伴孩子。我處於一個優先考慮他們成長和發展的階段。「我總會把孩子哄上床睡覺」是我的生活剃刀。
- **二十多歲的顧問**：我工作忠誠，值得信賴，也有高情商。我會幫助有需要的朋友，優先考慮我的人際關係和與我相伴的人。如果他們需要我，無論是專業上還是個人生活上，我從不讓他們失望。「我從不讓朋友獨自面對困難」是我的生活剃刀。
- **三十幾歲的企業家**：我將家庭和朋友放在第一位，參加我所愛的人的活動。我會保護人、提供支持，也懂得奉獻。我盡可能出席各項比賽、音樂會、親師會或醫生門診。我知道先能照顧自己的身體和心理，才能照顧他人。我會專注並有效率地完成優先順位的工作。「我從不錯過任何一場演奏會」是我的生活剃刀。
- **六十多歲的退休人士**：我是一位服務型領導者，相信善行的力量能改變世界。我懂得照顧其他人，無論是在我的核心圈子還是

在社群外圍的朋友。我重視聲譽、天性善良和懂得付出，勝過所有短暫的快樂。「我每天做一件好事（並且為善不欲人知）」是我的人生剃刀。

以上每個例子中，簡單一句陳述的生活剃刀成為一個廣泛、定義身分形象的生活準則，涵蓋了所有特徵和行動的範圍。我們很快可以看出，這個準則所塑造的身分可以適用在各種生活情境中，做出適當且一致的行為。

在這裡暫停一下，請先進行這個練習。給自己時間進行深入思考與檢視。寫下幾句簡單陳述。將每個陳述與三個核心特徵（可控制、產生連鎖效應、定義身分）進行比較，刪除不適合的陳述後，選出一個最好的作為開始，然後把它放在一個顯眼的地方。當你面對生活的機會和挑戰時，它應該始終是你的首要考慮。當機會和挑戰出現時，看著它。想想在這種情況下＿＿＿＿＿＿＿的人會做什麼？怎麼處理？

你的生活剃刀可以（並且會）隨著生命的階段不同而改變。當你單身的二十四歲時，會與已婚的四十歲時非常不同；當你是年幼孩子的父母、成年孩子的父母、甚至是祖父母時，肯定也會不同。每隔幾年重新做一次上述的練習，評估其持續的價值和相關性，並根據需要進行調整和重新定義。

我從未見過湯姆‧漢克，但他改變了我的生活。如果你在窗戶中找你的地球（你的生活剃刀）並放在心中最高的位置，我敢打賭它也會改變你的生活。

# 第 5 章

# 找到人生的方向

## 攀越對的山

對於不知道該往哪裡去的水手來說，沒有順風。

——塞內卡（Seneca）[1]

在我三十二歲生日那天，父母給了我一個小小的銀色指南針。裡面刻著一條簡短的文字。（如下頁圖）

他們傳達的更深層訊息是：生命講究的是方向，而不是速度。

我們的老朋友，伊比魯斯的皮洛士國王在西元前三世紀與羅馬共和國展開激烈的戰鬥，他這樣做是為了盡快擊垮敵人。他在戰鬥中取得了勝利，卻發現「勝利」使他無可挽回地走上了輸掉戰爭的道路。太多的人注定會遭遇類似的命運。

為了避免這種情況，你需要專注於方向，需要將指南針指向正北方。

---

1. 譯註：小盧修斯・阿內烏斯・塞內卡（Lucius Annaeus Seneca minor, 4 B.C-65 A.D）：古羅馬斯多葛主義哲學家、劇作家、政治家。以其哲學著作和悲劇而聞名。

**父母送給我的指南針照片**

> 薩希：
> 有了它，
> 你永遠知道你真
> 正的北方在哪裡。
> 　　　媽媽和爸爸

## 目標和反目標：校準指南針

本章接下來的每個總結，會要求你用一種目標設定方法來清楚校準特定類型財富相關的指南針。這個指南針與你的生活剃刀結合：你的生活剃刀確立了你的身分（你是誰以及你的身分），而你的指南針則定義了你要去的地方以及你對未來的願景。當挑戰或機會出現時，你可能會轉換一下生活剃刀，但你的指南針仍然在邁向夢想生活過程中為你指引方向。

目標設定方法有兩個相互關聯的組成部分：

1. 目標。
2. 反目標。

目標是你希望在過程中發生的事情。這應該包括你的大膽、雄心勃勃的長期抱負，和中期的「檢查點」目標。如果長期抱負是攀上山峰，那麼中期目標就是路途上的中途營地，不經過這些檢查點無法登頂。確立目標，反思在生活的每個環節真正想要實現的事情。確定一個遠大的、雄心勃勃的山峰，再回過頭來建立攀登該山頂前，兩到三個合乎邏輯的「營地」中期目標。

反目標是在實現目標的過程中**不希望發生**的事情。

反目標的概念源自於企業家安德魯·威金森[2]，他引用了 2017 年與商業夥伴的一段對話。「我們真正的目標其實很簡單：我們想要享受工作時光，但又不想遇到與許多成功朋友的同樣問題——日曆被塞滿、經常出差、沒有時間陪伴孩子，還有睡眠不足。」

安德魯和他的合夥人是已故投資者查理·蒙格[3]的長期崇拜者，蒙格有句名言：「我只想知道我會死在哪裡，這樣我就永遠不會去那裡。」這句話激發了他們思考：他們需要倒過來想。正如他們為想要發生的事情設定目標一樣，他們也需要設定反目標：也就是**想要避免發生的事情**。

用蒙格的話來說，反目標就是知道你將（比方說）死在哪裡，這樣你就永遠不會去那裡。如果目標是你的頂峰，那麼反目標就是你在攀登時不想犧牲的東西，例如你的腳趾、你的理智和你的命。你想到達頂峰，但不能以犧牲這些東西為代價。

例如，如果你的長期目標是成為公司的執行長，那麼你的反目標可能是每個月花超過十天的時間遠離家人，你的健康因壓力和長期出差而

---

2. 譯註：安德魯·威金森（Andrew Wilkinson）：加拿大的企業家兼投資者，高中開始創業，從大學輟學後創辦了頂級設計公司 MetaLab，隨後創辦 Tiny Captial，投資科技公司並獲得極大成功。

3. 譯註：查理·蒙格（Charles Munger, 1924-2023）：美國企業家、億萬富豪，曾任波克夏海瑟威投資控股公司的首席副董事長，也是華倫·巴菲特終生的合夥人與摯友。

出現問題，以及為了達成利潤目標而降低道德標準。你想要實現目標，但如果這代表有這三個負面結果，那麼就不值得。

為了要建立反目標，先看看原本設定的目標，但與其考慮這個偉大的結果，不如把問題倒過來問——用最壞的結果陳述：

- 你追求這些目標可能導致的最壞結果是什麼？
- 什麼原因可能導致最壞的結果發生？
- 你認為什麼是慘痛的勝利——贏得了戰鬥但輸掉了戰爭？

根據你對這些問題的回答，為每個長期目標選擇一到三個具體的反目標。

一旦確定了目標和反目標，你的專屬指南針就會進行校準，朝向該有的方向。

## 高槓桿系統：建構引擎

如果你的目標和反目標確定了方向，那麼高槓桿系統就是推動邁向未來的引擎。暢銷作家詹姆斯・克利爾（James Clear）在他的暢銷書《原子習慣》（*Atomic Habits*）中寫道：「你的表現不會高於你設定的目標，而總是落在你的系統水準上。」

**系統**是推動你持續進步的日常行動。**槓桿**能放大單一行動的效果。將這兩個想法結合起來，**高槓桿系統**就是經由日常行動，創造放大的、不對稱的進步速度。為了理解這一點，我們簡要回顧一位傳奇足球明星和有史以來最著名的投資者。

2022年12月18日，萊昂內爾・梅西（Lionel Messi）在卡達多哈的盧塞爾（Lusail）體育場的球場上慢慢走著。時而環顧四周，時而凝視天空。人們很容易認為這是賽前練習或比賽結束後的場景，但事實並非如

此。這是梅西在他一生中最重要的比賽（對法國隊的世界盃決賽）的第 107 分鐘時的動作，看台上有九萬名為他尖叫的球迷，全球超過十億人在觀看。

突然間，他啟動了跑動模式。彷彿足球之神附身，快速從某個角度向前衝刺，接到隊友勞塔羅・馬丁尼茲（Lautaro Martínez）的傳球，然後迅速將球傳給隊友恩佐・費爾南德茲（Enzo Fernández），費爾南德茲將球傳回給馬丁尼茲。馬丁尼茲起腳射門，但法國門將烏戈・洛里斯（Hugo Lloris）精彩撲救了這球，但球卻直接彈到梅西腳下。這個場景在他職業生涯中已經出現無數次，梅西盤了一下球就起腳射門掛網，讓阿根廷在延長賽中取得領先。隨後他們在 PK 球大戰中贏得了比賽，奠定了梅西作為有史以來最偉大足球運動員的地位。

梅西的職業榮譽長得令人咋舌，包括（在撰寫本文時）創紀錄的八次金球獎和六次歐洲金靴獎，這兩個獎項分別是授予年度最佳球員和最佳射手；他也保持著西甲聯賽、西班牙超級盃和歐洲超級盃進球最多的紀錄，以及足球史上官方紀錄的助攻數最多的紀錄。在一個由天天賦型運動員主導的職業運動世界中，在速度、跳躍和拚勁上，梅西顯得格外異類。他只有 5 呎 7 吋高，體重不到 160 磅，如果看他的比賽，大部分時間常常顯得遲鈍，甚至懶散。對於「梅西懶散」（Lionel Messi lazy）的谷歌搜索結果約有五十萬條，大多數都提到他在球場上走來走去，而他的隊友和對手卻在各個方向上拚命衝刺。這是世界上最受關注的走路習慣。在阿根廷 2022 年世界盃決賽前夕，《紐約客》發表了一篇文章，副標題提到梅西「經常被發現在球場中走神，漫步、遊蕩，有時顯得有點提不起勁」。

但事實證明，梅西的漫步絕非懶惰，而是一種策略。有趣的是，世界上最成功的投資人也採用了同樣的策略。

華倫・巴菲特被稱為「奧馬哈先知」是有原因的。在超過七十年的投資生涯中，他實現了超過 20% 的年複合報酬率，在如此長的時間內

是一項驚人的成就。更具體的說，如果你在 1965 年投資了一萬美元在巴菲特的波克夏海瑟威公司股票，今天它的價值會是驚人的三億美元。在一個由高頻交易和高科技演算法主導，目的是打敗市場和提高競爭強度的投資世界中，華倫·巴菲特顯得格外異類。他在獲得出色投資結果的同時，投資頻率卻比當沖交易者少得多。談到他的策略，他曾經打趣道：「投資的技巧就像打棒球，看著一球又一球投過來，為的是等待最適合你打的那一球。」[4]

那麼年輕的足球明星和老練的投資高手有什麼共同之處？他們都將精力集中在幾個關鍵時刻，忽略其他不重要的部分。當他們進入攻擊狀態時，會集中火力發揮最大能量；當進入暫停狀態時，他們會等待、保存能量，緩慢但有策略地將自己定位於未來有利的位置。他們聰明地工作，不是辛苦地工作。

梅西和巴菲特了解槓桿的威力。大多數人的工作在固定、對稱的投入和產出循環中——一單位的投入，對應一單位的產出——而梅西和巴菲特能分辨並集中精力於那些可能為他們的一單位投入，產生一百單位產出的行動和決策。他們從根本上打破了投入和產出之間的固定關係，創造了不對稱的結果。

如果史上最偉大的足球運動員和最偉大的投資者都擁有這一共同特質，我們應該要好好學習。本書每章節末的指南都會提供經過驗證的高槓桿系統。要建立自己的系統，可以參考這些指南，選擇對推進未來目標有意義的行動。

---

4. Kathleen Elkins, "Warren Buffett Simplifies Investing with a Baseball Analogy," CNBC, February 2, 2017, https://www.cnbc.com/2017/02/02/warren-buffett-simplifies-investing-with-a-baseball-analogy.html.

## 亮度調整：避免開／關陷阱

舊的思維方式認為，每種類型財富的養成只有二元狀態：開啟或關閉。意思是一個人最多只能開啟兩種財富類型，其他三種財富就要關掉。

這種說法的根本問題在於：如果某一類型財富長時間保持關閉，則很可能永遠無法打開。如果不在二、三十歲的時候培養人際關係，在四十多歲時也不會擁有。如果不在四、五十歲的時候投資自己的健康，在六十多歲的時候也不會擁有。如果不在六、七十歲的時候把頭腦思緒弄清楚，在八十多歲的時候也不會擁有。

本書摒棄了這種舊的思維方式，而是提出新方式：如果**擁有適當的目標、反目標和高槓桿系統**，每種類型的財富都可以有一個**亮度調整**的開關，而不是只有開／關二選一。這一轉變很重要，它能讓你在當下的情境中，決定優先考慮的價值觀和目標，而不需關閉其他領域的財富。事實證明，偏離任何一個領域會導致該領域能力的萎縮，不但痛苦而且很難逆轉。

讓我們看一個例子，更能清楚說明這個新的思維：

**階段 1**：你的職業生涯才剛開始。想建立扎實的財務基礎並培養市場技能。金錢和心理財富是主要目標。而此階段的反目標是：時間、社會和身體財富在追求這些目標的過程中萎縮，所以你採用了一些高槓桿系統來維護。在這個階段，你可以顯著提高金錢和心理財富，並維持其他財富。

**階段 2**：你開始建立家庭。想優先考慮與家人的關係，但擔心在職業和金錢上取得的進展會受到影響。時間和社會財富成為主要目標，而反目標則是讓金錢和心理財富在階段 1 後出現萎縮，此時也會採用一些高槓桿系統。在這個階段中，你有自由和精力在家庭的成長階段中積極

參與，雖然可能沒有在職業上大展拳腳，但至少保持它不會惡化。

**階段 3**：家庭對你的時間和精力的需求減少。你開始考慮自己並維持身體健康。心理和身體財富成為主要目標，而反目標是讓社會和金錢財富惡化，同樣會採取一些高槓桿系統。在這個階段，你從新的生活目標和精力中找到了新的生活能量，並且最重要的人際關係和金錢需求也維持住。

**階段 4**：進入退休生活。由於在人生的各個階段中已經走出有意識、有彈性的平衡之路，此時準備要享受努力成果。你想在最後階段重新考慮你的人際關係，社會財富成為主要目標，而反目標則是讓時間、心理、身體和金錢財富從過去三個階段累積的水準大幅下降，所以採用了一些高槓桿系統來維護這些領域。在這個階段，你會在人際關係的深度中找到真正的快樂和滿足感，而其他領域則保持在原本的水準。你將揚帆啟航（無論是字面上還是比喻上），進入人生的尾聲。

調整亮度的概念還能減輕大部分額外的個人和社會壓力，在**生活的各個方面**不斷取得進步。當我的兒子出生時，妻子伊莉莎白期盼在頭幾年盡可能地陪伴他，但這樣做就代表她得退出明星時裝設計師的激烈競爭，放棄職涯迅速崛起的可能。難的不是這個決定本身——她知道自己想要什麼——而是外界對該決定的看法讓她猶豫了一下。她感受到了文化壓力，要求她做更多、賺更多、留下更多軌跡。當我離開高薪工作去追求不同的道路時，所感受到的壓力是一樣的。我忍受著朋友和同事困惑的目光，他們認為我一定已經油盡燈枯。一位前輩認為：「這要嘛成功，要嘛將是你一生中最糟糕的決定。」然而對於我和妻子來說，這只是眾多階段的一個，我們可以優先考慮某些財富，並維持其他財富。這個想法一直深深地激勵著我。

想想衝浪者乘風破浪的心態。他們享受**浪潮**，用智慧和膽識去面對一波接著一波的大浪。他們知道，他們不必駕馭每一波大浪。他們知

道，當下一波大浪到來時，耐心和正確的定位是最重要的。他們知道，唯一的生存方式，就是下水，因為只坐在岸上遇不到任何大浪。在面對生命中的各個階段，需要用衝浪者的心態，每種財富都會有成長和維護的階段。享受每個階段應有的樣子，根據自己的價值觀和目標為未來的階段做好準備，並始終待在水中。

## 航線修正：重新校準指南針

在最佳路線上，細微的偏離會造成災難性的後果。這時需要一個即時重新校準航線的流程，在過程中不斷評估、修正和調整。

在每個月結束時，問自己三個問題：

1. **現在生活中真正重要的是什麼？目標是否與其一致？** 評估目標的品質並確認它仍在正確的方向。
2. **我的高槓桿系統與目標相符嗎？** 評估這個系統的品質，以及它們是否有持續的動力。
3. **是否有與反目標發生衝突的風險？** 評估周遭環境和決策，考量可能需要做出的任何改變。

每個月只需要三十分鐘，定期檢視，必要時進行微調，這個過程非常重要。

此外，每三個月的檢視中，增加以下四個問題：

1. **創造能量的是什麼？** 回頭檢視前三個月，哪些活動、人物或計畫在你的生活中持續創造能量？你是否在這些能量創造上花了足夠的時間，還是它們被忽視了？重新校正，在接下來的三個月中花更多時間在這些上面。

2. **消耗能量的是什麼？**回頭檢視前三個月，哪些活動、人物或計畫在你的生活中持續消耗能量？你是否允許這些消耗持續存在，還是及時斷捨離。重新校正，在接下來的三個月中花更少的時間在這些上面。
3. **誰是我的船錨？**船錨[5]是那些阻礙你發揮潛力的人。他們實際上對你的生活造成**拖累**。船錨是那些貶低、減損或壓抑你成就的人，嘲笑你的抱負並告訴你要更現實，用消極和悲觀損害你身處環境的品質，並不斷炫耀他們擁有的東西讓你感到不舒服。這時要重新校正才能在接下來的三個月中消除這些能量。
4. **我因為恐懼而在逃避什麼？**最害怕做的往往才是最需要做的。避開了恐懼，往往就限制了進步。重新校準，讓自己在未來的三個月更接近恐懼。

透過定期校準，你的人生指南針會一直保持在正確的方向。

## 答案就在你內心

2014 年 1 月 1 日，我研究所畢業，當時的我寫了一封信給未來的自己。我把信裝入一個寫著「**2024 年 1 月 1 日打開**」的信封裡，並把它放進一個小型保險箱。多年後，我早已忘記了這封信，直到兒子出生後，整理一些家庭文件時才想起它。2024 年 1 月 1 日，當我正要交這本書的定稿時，我打開了這封信，深受震撼。

---

5. 譯註：船錨（boat anchors）：船舶停靠時拋入海中，讓船穩定在原處不被漂走。隱喻拖住不讓前進的笨重之物。

2024 年 1 月 1 日

嘿，老哥：

如果你正在讀這封信，至少表示你還活著，所以我想先恭喜你。

我即將畢業進入**現實社會**，無論這代表著什麼，我想現在是對未來的我提出一些期望的適當時機：

1. 我希望你已經娶了伊莉莎白。說真的，我希望你沒有搞砸。她是你生命中最美好的事情。
2. 我希望你現在已經有了孩子。我其實不想要孩子，但我想我可能會在長大後改變主意。如果你有孩子，我希望你是一個好爸爸。如果你能有你爸爸對你的一半好，你就會很棒。
3. 我真的希望你已經努力改變自己，變得更成熟。你把許多事都藏在心裡，缺乏安全感。你習慣和每個人比較，除了你自己之外。你害怕失敗，總是選擇安全的路走。你其實還有很多事要做——不要逃避。
4. 我希望你更常告訴你的父母你愛他們。他們不知道自己對你有多重要，這真是可惜。
5. 我希望你住得離家人更近。當你在加州找那份工作的時候，你讓你媽非常擔心。她微笑著說她為你感到高興，但那是她父母在她去美國上大學時給她的那種悲傷的微笑。那是一種失去孩子、到一個新世界的微笑。不要讓這種情況發生。
6. 我希望你和索納莉的關係更親近一些。姐弟之愛是特別的，但你的競爭心態有時阻礙了這一點。我希望你已經克服了它，並以新的視角擁抱彼此。你可以從她那裡學

到更多。

7. 我希望你正在做一些有意義的事情。老實說，我甚至不知道這代表什麼意思，但我想這大概是像任意找一個星期二放鬆享受的感覺。
8. 我希望你所愛和所關心的朋友都健康強壯。我知道這不太可能，所以我想我希望你所愛和所關心的朋友知道你愛他們，關心他們。這才是最重要的。
9. 最後，我希望你一路走來的過程中玩得開心。

就這樣吧，我不知道怎麼結束這樣的信。再見了，我想。

薩希

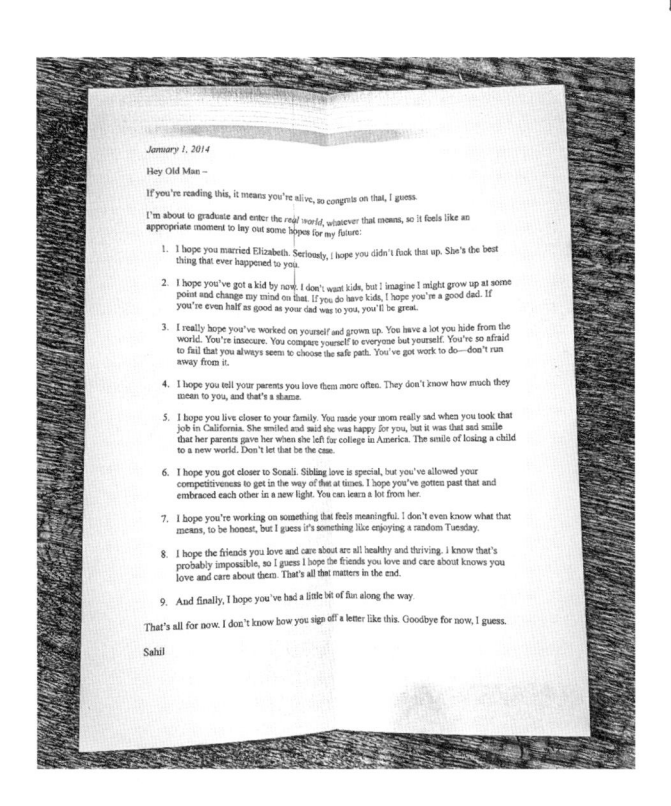

紙上寫著我年輕時的青澀，看著很礙眼。當我重讀這封信時，一段話從紙上呼嘯而過：

**答案就在你內心——你只是還沒找到正確的問題。**

當我在 2014 年寫下這封信時，是如此天真、自滿和不安，但這封信表示我尚未開展的人生。我**知道**前方有一條更光明的道路。只需要問對了問題，便能開始走上這段旅程。

這本書沒有給出答案——你心裡已經有答案了。

**它會幫你問對的問題。**

在繼續下去前，好好坐下來寫一封信給未來的自己——十年後、五年後、三年後⋯⋯等等。寫信時，想想現在的狀況以及希望達到的目標，想像那個理想的未來。

這封信才是你真正的方向。

這個想像中的未來要靠自己創造。你已有了答案；現在該開始問對的問題，把這個想像中的未來變為現實的時候了。

# 第 2 部
# 時間財富

# 第 6 章

# 大哉問

你留了多少時間給心愛的人？

年華如梭，轉瞬即逝
享受生活，享受生活，時間遠比你想的要晚
　　——蓋伊·隆巴多《享受生活（時間遠比你想的要晚）》
　　　（ Enjoy Yourself [It's Later Than You Think] ）[1]

在 2019 年初，亞莉克斯·洛克哈特在德州休士頓，過著幸福且平凡的生活。她是三個男孩的母親，分別是二十三歲、十九歲和十一歲，她很早就有一種感覺，知道與兒子們的相處時光不會太長。

「自從他們年幼以來，我就一直對自己說，你不可能陪伴孩子十八年，如果運氣好的話，大概只有十二、十三年。當他們跨過成長那條線後，你就只是一名司機、一輛計程車和一家旅館——他們需要食物、一張床和與朋友一起參加活動、運動、學校活動的交通工具，以及不久之後的工作和約會。」

正是這種認知，讓亞莉克斯充分珍惜與成長中的男孩們所擁有的每一刻珍貴時光。在那年的春假，她給他們一個大驚喜，安排了一趟科羅

---

1. 譯註：蓋伊·隆巴多（Guy Lombardo, 1902-1977）：加拿大和美國樂隊指揮、小提琴家和水上飛機賽車手，其獨特的「甜美爵士樂」風格深受觀眾的歡迎。

拉多的滑雪之旅，她稱這次旅行為「巨大的享受」，因為她的兩個大兒子當時一個在工作，一個在上學。回憶起這次冒險，亞莉克斯露出了微笑：「這是一次終生難忘的旅行，我們留下了許多回憶。」

幾週後，亞莉克斯遵循她擁抱每一刻的座右銘，為她的二兒子傑克森舉辦了一場小型生日派對。「儘管他已經『年紀太大』不需要蛋糕和派對，我們還是舉辦了家庭慶祝的聚會，準備了禮物、餅乾、蛋糕和蠟燭，為**他**慶祝。」

在她的世界裡，一切都那麼美好。直到意外發生。

2019年5月23日，無法想像的事情發生了：傑克森在慶祝二十歲生日的幾天後，在一場悲慘的摩托車事故中喪生。

我在2024年4月收到亞莉克斯的電子郵件，知道了這個故事時，我頓時停下了腳步。身為一個新手爸爸，我甚至無法想像她失去孩子時所承受的痛苦。我們稍後談到這件事，她分享了兒子們的照片，最後停在一張傑克森四歲時的照片上，照片中的他露出燦爛笑容。「我無法形容他小時候有多快樂，而且他從未失去那種快樂。」

「永遠記住，」她說，「我們所愛的每一個人，都是暫時借給我們的，時光匆匆，**他們在轉瞬間就會消失**。」

## 比你想的要晚

「美國時間使用調查」（American Time Use Survey）是一項由美國勞工統計局自2003年以來每年進行的全國性綜合調查。該調查的目的是提供人們如何在各種活動中分配時間的訊息，包括帶薪工作、家庭工作、照顧子女、主動和被動休假、個人護理等等。它的獨特之處在於，它記錄了參與調查者全天的即時活動，盡可能貼近記錄人們在平均一天

中如何花費時間，以及與誰共度時光。

在 2022 年 11 月，我發現了這個數據集[2]，讀了之後心中百感交集。

這個數據集來得正是時候：我的兒子六個月大了，作為父親改變了我生活的方方面面。我與時間的關係，具體來說是我對**時間流逝**的認識，已經從根本上改變了，從一種天真的無知轉變為一種焦慮的理解。作為父母，已經學會以週和月來追蹤和衡量與孩子相處的時間。習慣了用這種語言來計算他們的年齡，這已經成為第二天性。

時間的戳記讓你清楚意識到失去的時間——那些**永遠無法挽回的時光**。

對我來說，這些資料進一步提醒我們時間的流逝和短暫的嚴酷現實。每週和每月的流逝使我們越來越接近生命的終點，而我們永遠無法再來一次。

有一些特定的時間比你想像或承認的要短得多。在這段時間裡，某些人將占據你生命中的一段時光。你可能只有一個夏天能和所有兄弟姐妹在一起，兩次與那群老朋友旅行，剩下幾年與你那位充滿智慧的老姑姑在一起住，一隻手數得出來與你喜愛的同事相遇的次數，或是與父母再長途散步一次。如果你不能感激或把握這些時間，它們就會迅速消失。

以下是每個人都需要仔細看的六張數據圖表：

---

2. 這個數據集是由「我們的世界數據」（Our World in Data）所編纂的，這是一個將數據視覺化的網站，利用 2009 年至 2019 年的美國時間使用調查，建立了我們在一生中與誰共度時間的全面圖像化資料。他們根據時間將圖像劃分為家庭、朋友、伴侶、孩子、同事和獨處。參見 Esteban Ortiz-Ospina、Charlie Giattino and Max Roser, "Time Use," Our World in Data, February 29, 2024, https://ourworldindata.org/time-use。

## 與家人相聚的時光

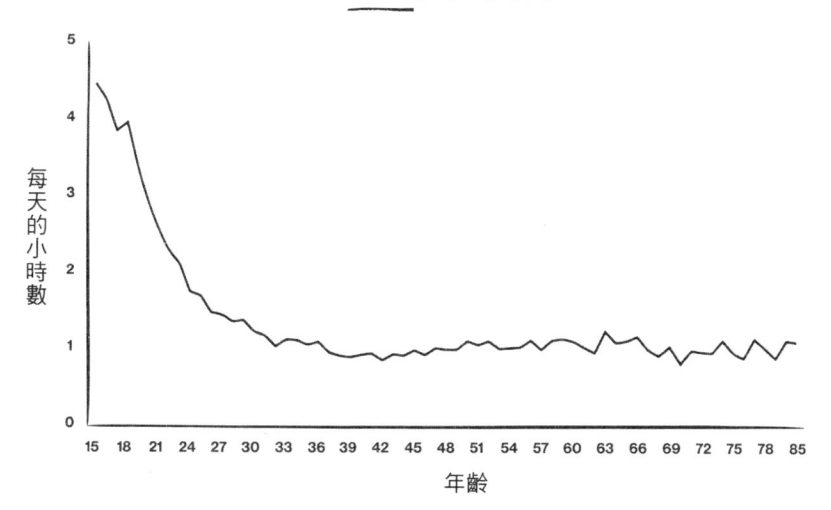

與父母和兄弟姐妹共度的時光在童年時期最多，在二十歲之後便急遽減少。當你離開家，忙於自己的生活時，常常未能意識到與家人共度的時間是如此有限。請盡可能珍惜這些關係。

## 與孩子相處的時光

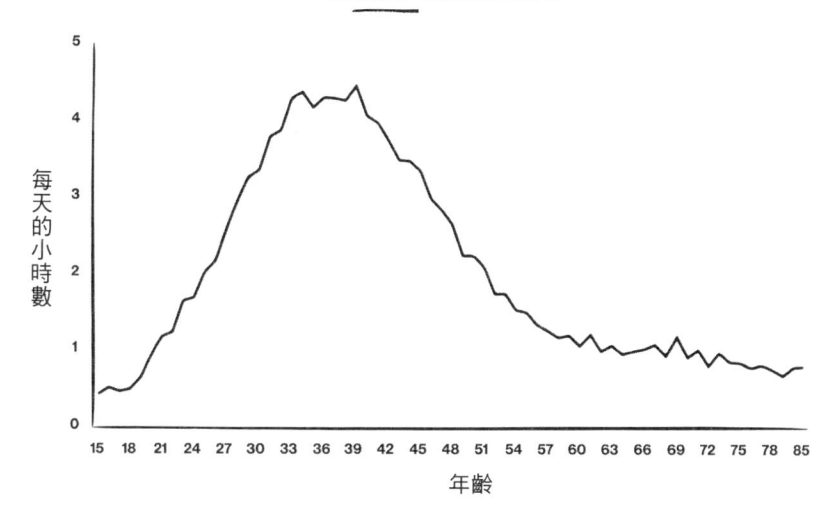

與孩子相處的時間在他們生命的早期便達到高峰，隨後便會急遽下降。在這段時間內，你是孩子的全世界，這段時間短暫得令人窒息。不要轉瞬間就錯過了。

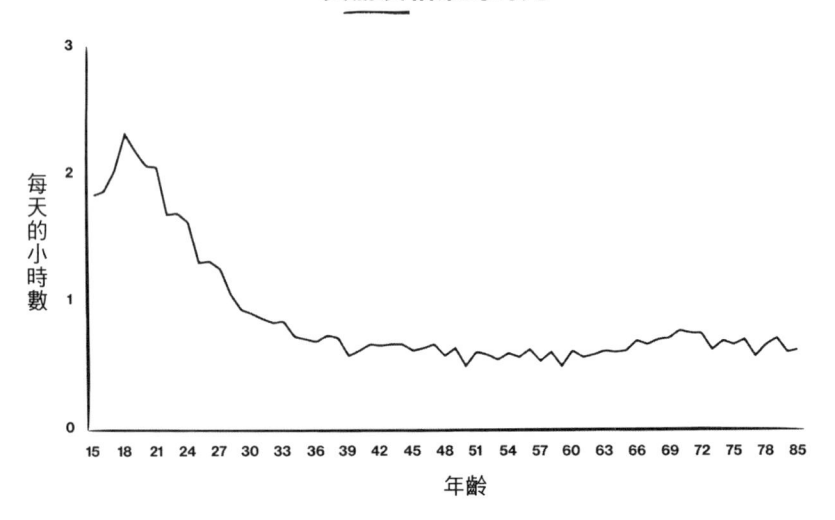

**與朋友相聚的時光**

每天的小時數 / 年齡

與朋友相處的時間在十八歲時達到高峰，然後急遽下降到最低。在青春年少時，你會花很多時間與不同的朋友相處。隨著進入成年期，你只會花一點時間與幾位摯友相處。青春時代要盡量開拓友誼的廣度，隨著年齡增長，則應優先追求友誼的深度。

**與伴侶相處的時光**

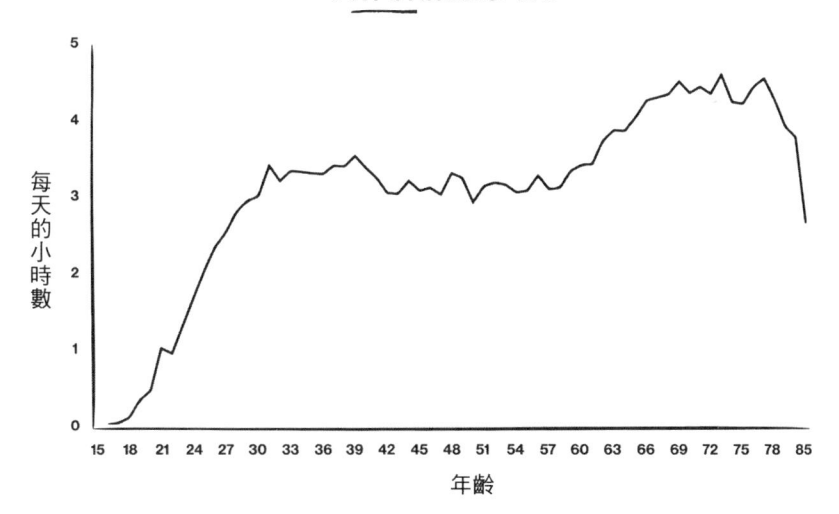

（圖：縱軸「每天的小時數」0–5，橫軸「年齡」15–85）

與人生伴侶共度的時光會持續到死亡。選擇與你一起面對生活中起起落落的人，將對你的幸福和成就產生最大的影響。請明智地選擇。

**與同事相處的時光**

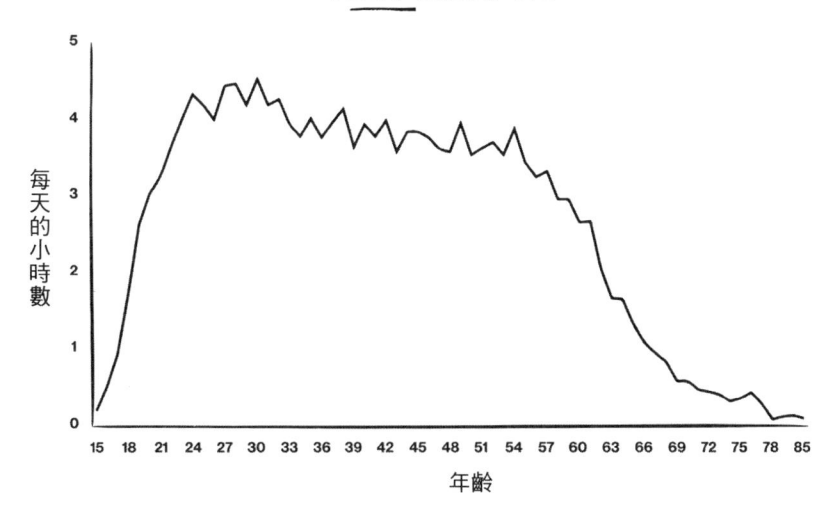

（圖：縱軸「每天的小時數」0–5，橫軸「年齡」15–85）

傳統上，一個人的黃金工作時期大約從二十歲到六十歲，與同事相處的時間是穩定的，但退休後便急遽減少。在你的一生中，工作會占掉你和家庭及摯愛的人的相處時光。如果可以選擇，請選擇認為有意義且重要的工作和同事。目標是擁有能為你的生活創造能量的好同事。

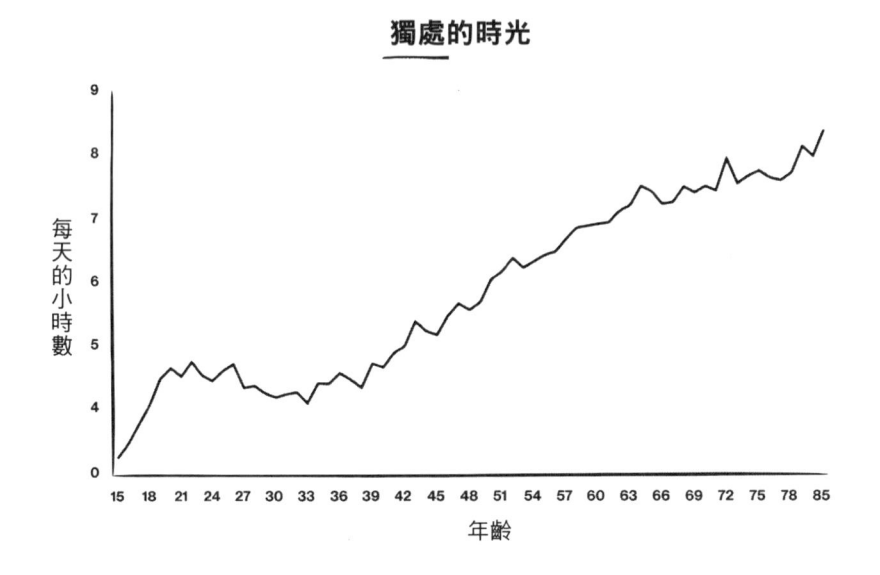

**獨處的時光**

*（圖：每天的小時數 vs 年齡，從15歲到85歲，顯示獨處時間隨年齡穩定增加的折線圖）*

你一生中獨處的時間會隨著年齡穩定增加。年輕的時候，往往會把獨處視為不合群的表現。但你要學會珍惜。在屬於自己的時間裡尋找幸福和快樂——隨著年齡的增長，這樣的時間會更多。

綜合以上，整理出六個生活的關鍵課題：

1. 家庭時間是有限的——請珍惜它。
2. 孩子們的時間是寶貴的——要陪他們長大。
3. 朋友的時間是有限的——優先考慮真正的朋友。
4. 伴侶的時間是有意義的——永遠不要將就。
5. 同事的時間是重要的——找到正能量。

6. 獨處的時間是充裕的——多愛自己一點。

無論來自哪裡，年齡多大，富有還是貧窮——時間是一個放諸四海皆準的真理。

2015 年，作家提姆・厄班（Tim Urban）發表了一篇名為〈尾聲〉（The Tail End）的部落格文章，文中他將時間軸放在與某人再次見面的機會有限的背景下。其結論與「美國時間使用調查」圖表的結果相呼應：「儘管你還沒有到生命的盡頭，但你很可能已經接近與生命中一些最重要的人在一起的時光的盡頭。」[3]

作家兼哲學家薩姆・哈里斯[4] 曾經說過：「無論你做某件事多少次，總有一天你會最後一次做這件事。」[5]

包括了：你的孩子**最後一次**要你為他們讀睡前故事，**最後一次**和你的兄弟姐妹一起去散步，**最後一次**你在家庭聚會上擁抱你的父母，**最後一次**你的朋友打電話給你尋求支持。

你與摯愛之人還剩下多少時光？可能沒有你想像的那麼多。那些平時視為理所當然的微小時刻、人物和經歷，最終都會成為我們人生中希望擁有更多的東西。

一旦接受了這個殘酷的現實，投資時間財富就是利用對時間無常的認知，進一步**採取行動**。它會是一種力量，將注意力轉移到真正重要的

---

3. Tim Urban, "The Tail End," *Wait but Why* (blog), December 11, 2015, https://waitbutwhy.com/2015/12/the-tail-end.html. 譯註：提姆・厄班（Tim Urban）：從事教輔工作，和安德魯・芬恩（Andrew Finn）創建 Wait But Why（WBW）網站，涵蓋了一系列主題，對各種主題進行深入討論，包括人工智慧、外太空和拖延症。對科學和技術的討論，引起了馬斯克的注意，二人得以訪問馬斯克，並完成了一系列關於馬斯克的文章。

4. 譯註：薩姆・哈里斯（Sam Harris）：美國著名作家、哲學家、神經科學家，和無神論者／反神論者。

5. Tim Ferriss, "Sam Harris (#342)," *The Tim Ferriss Show* (podcast), October 31, 2018, https://tim.blog/2018/10/31/the-tim-ferriss-show-transcripts-sam-harris-342/.

事情上（而忽略其餘的事情），確實控制時間，包括如何度過、在哪裡度過以及與誰一起度過。

亞莉克斯在經歷難以想像的失去兒子之前就已經接受了時間的現實。讓她最後的智慧照亮你的道路，就像它照亮我的道路一樣：

「我曾經看過一個挑戰任務，上面寫著：『現在是你發光的時刻了！你有了舞台，萬人期待你走出來，你只有一句話的時間。請問你會說什麼？』我的答案是，並且仍然是「時間比你想的要晚」。

最後，我們以蓋伊・隆巴多那首令人心酸的歌曲中的歌詞作為本章節的結束：

享受生活，享受生活，時間遠比你想的要晚。
（Enjoy yourself, enjoy yourself, it's later than you think.）

# 第 7 章

# 關於時間

> 我告訴你們一個秘密。這是他們在神廟裡不會教的。眾神都羨慕我們。祂們嫉妒我們，因為我們是凡人，因為任何時候都可能是生命的最後一刻。一切都因為注定要死亡而變得更加美好。現在是生命中最美好的一刻，因為每一刻都稍縱即逝。
>
> ——阿基里斯，《特洛伊》（2004 年電影）

在古羅馬時代，人們為了紀念這個新興帝國的偉大勝利，舉行盛大的慶祝活動。征服帝國的軍事英雄乘坐一輛精心打造的金色戰車遊行，擁戴他的市民夾道歡迎。這種特殊的待遇會讓英雄覺得自己是優越的，甚至是不朽的。羅馬人意識到人類往往會成為自己驕傲的犧牲品，因此想出了一個辦法來減輕這種驕傲的幻覺：他們在戰車旁邊安排了一個人，這個人的唯一責任，是在遊行過程中不斷在英雄的耳邊提醒一句話：「回頭看。記住你是凡人。記住你會死！」[1]

不斷地、直接地提醒英雄自己會死亡。

---

1. *Respice post te. Hominem te esse memento. Memento mori!*

「死亡示警」的概念是斯多葛哲學[2]的核心之一，它提醒人們死亡的確定性和不可避免性——提醒人們時間終會戰勝人類。近年來，「死亡示警」延伸出許多應用工具。最具代表性的是用死亡週曆（memento mori calendar）來記載每週生命的流逝。這個日曆是一個由小圓圈組成的大矩形，寬五十二列，長八十行。每個圓圈代表一週的時間，每行代表一年。人們在每一週過去時把圓圈塗滿，週曆會清楚地顯示已經過去的時間和剩餘的（平均）時間。

　　這可能看起來很誇張，甚至有些病態，但並不是什麼新鮮事。自人類踏上這顆星球以來，我們就一直在與時間搏鬥，這段漫長的過程讓我們從崇拜、衡量到理解，如今更渴望掌控時間。

　　早期人類社會開始崇拜並敬畏時間的流逝。在古印度文化中，時間被認為是一個循環，一個從創造、毀滅到重生，自然而無限的流動。這種「時間之輪」（kalachakra）概念存在於多種宗教傳統中，包括印度教、耆那教[3]、錫克教[4]和佛教。南美洲和中美洲的古代馬雅文明也有類似的輪迴時間觀。他們相信日出代表新生，太陽穿越天空的旅程代表生與死的自然循環。

　　許多古代文化基於對時間流逝的恐懼、永生的渴望，以及個人生命延續而創造出的神祇。古埃及人崇拜赫神（god Heh），意思是「洪水」，他們相信在現今世界被創造之前存在著水的混沌世界。這種混沌被認為

---

2. 譯註：斯多葛哲學（Stoic Philosophy）：古希臘和羅馬帝國思想流派之一，由哲學家芝諾（Zeno of Citium, 336B.C-264B.C）於西元前三世紀早期創立。斯多葛哲學認為不論事情的情況如何，其實本質都相同，都是意願與無法改變的事實。故提倡「義命分立」，強調「內在自由」：我們無法改變現實，但我們可以改變對事件的判斷與態度，由此建立出「勇於接納生命所有」的狀態。
3. 譯註：耆那教是起源於古印度的古老宗教之一，以正知、正見、正行為核心的教義。在它之後興起的佛教在理念發展上受其影響甚深。
4. 譯註：錫克教是一種發源自印度的一神宗教。發源於十五世紀末的旁遮普地區，是現存最年輕的主流宗教之一。「錫克」一詞源自梵文「shishya」，意思即「弟子」或「學生」。

第7章　關於時間　075

### 我的人生週曆

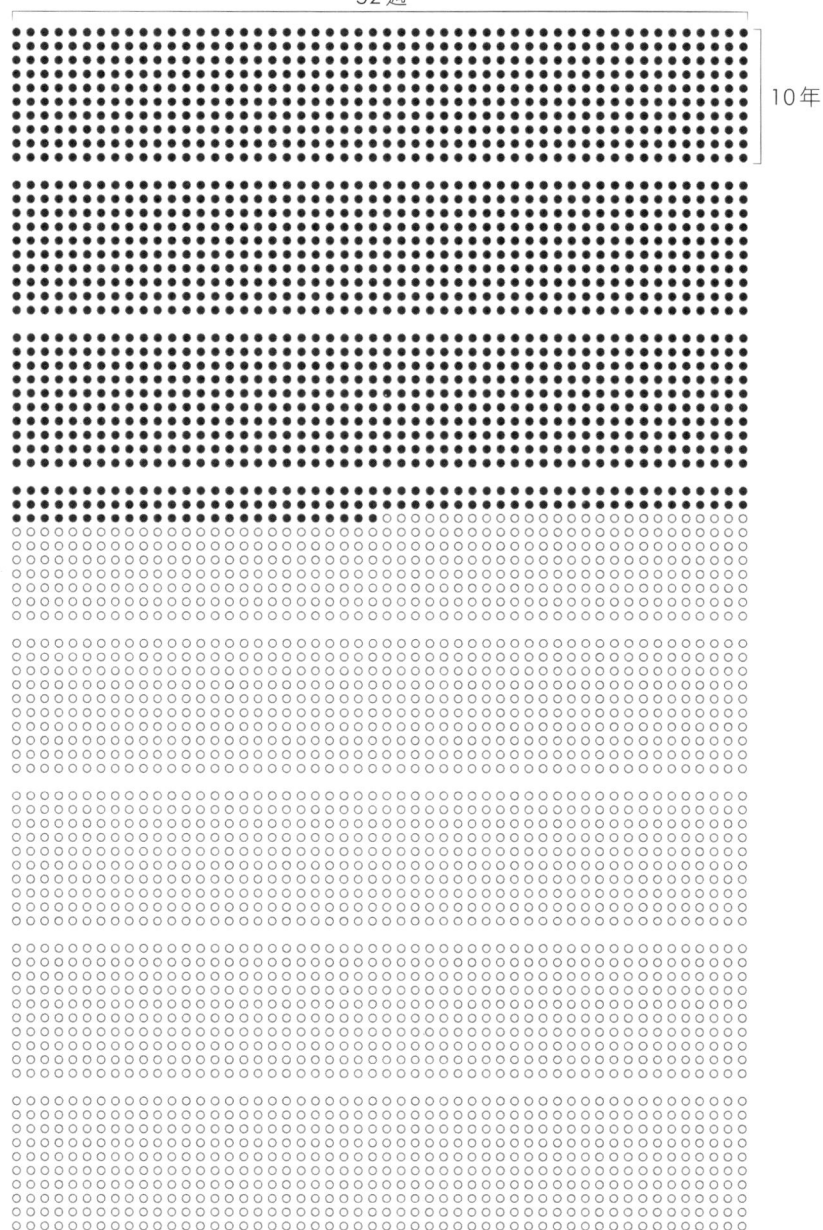

52週

10年

這是我的死亡日曆在寫這篇文章時的樣子。我的天！

是無限的，而隨之而來的世界是有限的，因此赫神被視為永恆的化身。在古老的瑣羅亞斯德教[5]的傳統中，祖爾凡神（Zurvan）與無限的時間和空間有關，是世界和萬物的創造者，負責監督時間的依序流逝，以及出生、成長和死亡的自然循環。

維京人以其強健體魄聞名，經常思考時間帶來的衰老效應。艾莉（Elli）是維京人的老年的神話化身。在維京民間傳說一個著名的故事，全能的雷神索爾（Thor）遇到了老婦人艾莉，艾莉向他挑戰摔角比賽。儘管兩人實力相差懸殊，索爾卻始終無法取勝，這故事被視為老年終將戰勝青春的象徵。維京人相信，時間的流逝最終會讓每個人，甚至是最堅強的人屈服。

隨著文明的進步，人類與時間的關係從最初的崇拜，轉而以追蹤和管理為主的**衡量**。已知最早的時鐘是古希臘、羅馬和埃及人使用的日晷。這些儀器利用太陽的位置將陰影投射到標記和被設定好的表面上，指示一天當中的時間。之後是水鐘和沙漏，它們從裝置一端的小孔流出的水或沙子來測量時間。

在十一世紀的中國，一群工程師開發了一種高達40英尺的水鐘[6]，它使用落水和獨特的水桶結構；當一個水桶裝滿時，觸發裝置內的槓桿，水桶傾倒，開始填充下一個水桶，測量的時間相當準確。

1927年，加拿大工程師華倫・馬利森（Warren Marrison）發明了石英鐘，這是鐘錶技術的重大進展。石英鐘利用受電流刺激的石英晶體產生的精確振動來追蹤和測量時間，即使過了百年，它仍然是現代鐘錶最常見的類型。原子鐘（atomic clock）是目前鐘錶技術的最新進展，它利用原子的振動來測量時間。原子鐘的準確度極高，在十億年內不會偏差

---

5. 譯註：祆教（Zoroastrianism），音譯為瑣羅亞斯德教，是伊斯蘭教誕生之前中東和西亞最具影響力的宗教，古代波斯帝國的國教。

6. 譯註：中國的水鐘又稱漏刻、漏壺。隨著時間發展，大致分為漏水型和受水型，也有二者合一。文中所提的推測是元代出現的階梯式銅壺滴漏。

一秒。

　　隨著測量時間能力的提升，人們對時間的科學**理解**也日益深入。牛頓是絕對時間觀念的主要倡導者。他認為時間獨立於任何研究之外，在整個宇宙中都是固定且不變的，以均勻的速度流逝，並且只能透過數學來解釋。牛頓的絕對時間觀（現稱為牛頓時間）是他提出運動定律和萬有引力定律的核心。直到二十世紀初，德國理論物理學家愛因斯坦的出現才對其產生了挑戰[7]。

　　愛因斯坦質疑絕對時間的看法，並提出了**時空**的概念。這個想法是空間和時間密切相關，意味著不同觀察者根據其相對運動和位置會以不同的方式體驗時間。他的相對論具有極大的開創性，相對於固定觀察者而言，時間可以過得更慢。換句話說，如果你乘坐一艘星際飛船，以接近光速的速度在宇宙中穿梭，然後返回地球，你的年齡會比那些待在地球上的人小。克里斯多福・諾蘭（Christopher Nolan）的史詩級電影《星際效應》（*Interstellar*）中生動地詮釋了這個理論，片中馬修・麥康納（Matthew McConaughey）飾演的角色從太空旅行返回，面對令人震驚的現實：他比他的女兒年輕得多。

　　我們從崇拜、衡量再到理解的過程，一路走到今天，走到了現代人對掌控的渴望。人類的壽命比以往任何時候都長；全球平均壽命在過去兩百年中持續延長[8]。我們擁有從機器到電腦再到人工智慧的科技和工具，讓我們比以往任何時候都更有效率地利用時間。但儘管所有這些進步——我們擁有更多時間和更先進的能力來有效利用時間——我們追求對時間的掌控仍然遙不可及。

　　為了理解現代世界才有的獨特困境，並試圖解決它，我們求助於一個不太靠譜的來源：歷史上最著名的兒童奇幻小說之一。

---

7. 譯註：指的是愛因斯坦於1905年提出的狹義相對論，指出對牛頓時空觀的拓展和修正。
8. Saloni Dattani et al., "Life Expectancy," Our World in Data, https://ourworldindata.org/life-expectancy.

## 為了原地不動而跑得更快

在路易斯・卡羅[9]的《愛麗絲夢遊仙境》之後，有一部暗黑且不祥的續集《愛麗絲鏡中奇遇》，其中有一段愛麗絲與紅皇后奔跑的場景，為我們現代人與時間的博弈提供了一個重要比喻：

> 她只記得，她們手牽手地跑著，紅皇后跑得很快，她只能盡力跟上：紅皇后仍然喊著「再快一點！再快一點！」……最奇怪的是，周圍的樹木和其他東西從未改變位置：無論她們跑得多快，身旁的風景似乎從來沒變過。

當愛麗絲詢問紅皇后為何她們一直停滯不前，似乎違背了物理定律時，兩人進行了一場簡短而耐人尋味的對話：

> 「嗯，在**我們**國家，」愛麗絲有點氣喘吁吁地說，「如果你持續快跑很長一段時間，就像我們一直在做的這樣，通常會到達另一個地方。」
>
> 「一個慢吞吞的國家！」女王說。「現在，在**這裡**，**你**需要盡全力奔跑才能保持在同一個地方。如果你想去別的地方，你至少要跑快一倍！」

紅皇后效應（Red Queen Effect）說的是，我們必須快跑才能留在原地，如果我們希望取得領先，就必須跑得更快。這個術語是由美國生物

---

9. 譯註：路易斯・卡羅（Lewis Carroll）：本名為查爾斯・路特維奇・道奇森（Charles Lutwidge Dodgson, 1832-1898），英國作家、數學家、邏輯學家、攝影家，以兒童文學作品《愛麗絲夢遊仙境》與其續集《愛麗絲鏡中奇遇》而聞名於世。

學家萊伊・范瓦倫於 1973 年提出[10]，當時他提出了進化生物學假說，即物種必須進化才能生存。如果一個物種的進化速度趕不上其捕食者、競爭對手或環境，它就會「落後」，無法發展出生存和繁榮所需的特性，並最終滅絕。雖然演化生物學的應用很有趣，但紅皇后效應在我們現代生活和職業中的應用肯定與這本書（以及你的生活）更相關。

如果你正在閱讀這本書，你很可能是紅皇后悖論的受害者，跑得越快只是為了留在同一個地方。

請放心，你並不孤單。

在研究過程中，我聽過數百個真實故事，這些人有著相同的感受：

- 一位四十多歲的投資銀行家，大部分時間都在飛機上度過，出差爭取新客戶，拜訪現有客戶。他二、三十歲時覺得刺激的生活方式，到了四十歲時卻產生了負面影響。「我不記得上次感覺自己**領先**是在什麼時候。每天早上醒來，都覺得自己好像已經落後，需要全力衝刺才能趕上。」
- 一位三十多歲的行銷經理，青少年時期的夢想是住在紐約市。現在她到了紐約，卻發現這裡的快節奏令人喘不過氣。她形容自己的生活就像一場乒乓球賽，在電子郵件、會議和商務晚宴之間來來回回，很少有時間照顧自己。當人們問她近況時，她總是回答「很忙」，而且她說看不到盡頭：「就連我的老闆們也很難抽出時間好好過日子。」
- 一位二十多歲的醫學院學生，發現自己被不斷的考試和住院醫師面試壓得喘不過氣。「我的父母希望我成為醫生，我也以為是這樣，但如果這就是未來，我不禁開始懷疑了。」

---

10. 譯註：萊伊・范瓦倫（Leigh Van Valen, 1935-2010），美國進化生物學家，芝加哥大學教授。

- 一位四十多歲、兩個孩子的母親,過去在雜誌出版社擔任主管,但為了撫養兩個年幼的孩子而犧牲了事業。雖然她覺得做母親非常有成就感,但同時也覺得根本永無止境:「在餐點、活動、打掃和睡前故事之間,我總是落後,永遠趕不上。」
- 一位三十多歲的私人教練、同時是有抱負的內容創作者,喜歡幫助他人,卻找不到能夠擴大自己影響力的辦法,因為時間被綁住,必須完成的事太多了。「我只是覺得被困住了,感覺時間把我綁在緊身衣裡,我像是沉到河裡,但沒有任何魔法可以掙脫。」

有一則古老的故事是這麼說的:當瞪羚在清晨醒來時,牠知道必須跑贏獅子,否則就會被吃掉;當獅子在清晨醒來時,牠知道必須跑贏瞪羚,否則就會餓死。所以,無論你是瞪羚還是獅子,當清晨來臨,你最好開始奔跑。跑是一定要跑的,但就像愛麗絲和紅皇后一樣,卻不清楚是否真的有所收穫。

在過去一個月裡,有多少次被問到「你最近過得如何?」這個問題,你回答「很忙!」?我敢打賭次數很多,可能遠多於你願意承認的數字。問題是:你想掌控一切,但舊的記分板完全以「金錢財富」作為價值衡量標準,如果你不是「很忙!」,你就會被視為失敗者。社會告訴你,只要時間不足是因為追求更多金錢,那麼感到時間不足是可以接受的。**忙碌**已成為標準配備,既是現實,也是偽反烏托邦式[11]的身分象徵,因為看不見的手正在默默地加快你跑步機的速度。

諷刺的是,這種忙碌以及它所造成的注意力分散,正是你無法掌控

---

11. 譯註:偽反烏托邦式(pseudo-dystopian):反烏托邦是一種想像中的極端糟糕且可怕的社會,是烏托邦的反義詞。偽反烏托邦是指假裝極端糟糕且可怕的社會是真實世界樣貌的主張。

時間的原因──它**造就**了現代人的困境。

你現在比以往任何時候都更容易分心。即使你正在閱讀關於注意力的文字，你可能還是會有想要滑手機的衝動。**注意力殘留**的概念最早由華盛頓大學商學院教授蘇菲・勒羅伊（Sophie Leroy）於 2009 年提出。在最初的論文中，勒羅伊博士將注意力殘留定義為「即使你停止了工作 A 並且目前正在執行工作 B，關於工作 A 的認知活動仍然持續存在」。換句話說，從一項任務轉移到另一項任務需要認知轉換成本[12]。當你的注意力轉移時，一部分注意力殘留在之前的任務，並損害對新任務的認知能力。你可能認為你的注意力已經完全轉移到新任務上，但大腦卻有延遲。這種延遲在現代數位世界中變得更加明顯，你隨身攜帶（並佩戴）多個裝置和工具，它們不斷透過通知、嗶嗶聲和引人注目的燈光吸引你的注意力。

生活中很容易找到這樣的例子：

- 連續開好幾個會，發現自己在目前的會議中仍在思考上一個會的議題。
- 從一個孩子的活動匆匆忙忙趕到另一個孩子的活動，但記不清自己是如何到達那裡的。
- 一則電子郵件通知彈出，不得不去處理，完全打斷了原本的工作。
- 在課堂上偷偷在桌子底下查看手機，發現自己無法重新專注於教授講的話。
- 正在與朋友或伴侶交談，但思緒卻在剛收到的工作郵件上，而不

---

12. Sophie Leroy, "Why Is It So Hard to Do My Work? The Challenge of Attention Residue When Switching Between Work Tasks," *Organizational Behavior and the Human Decision Processes* 109, no. 2 (July 2009): 168–81.

是在對方口中所講的話。

　　研究顯示，工作轉換是大轉換（例如，從一個主要工作轉換到下一個主要工作）還是小轉換（例如，暫停一個主要工作以快速檢查一些次要工作）似乎並不重要。停下來檢查電子郵件或訊息，與從一個主要專案恍神到另一個主要專案一樣糟糕。暢銷作家卡爾・紐波特[13]在談論「只是檢查」手機或電子郵件通知的文化傾向時，說得很好：「如果你像大多數人一樣，很少超過十到十五分鐘不**檢查**手機，你事實上已經處於一種自我造成的長期認知障礙的狀態。當然，另一方面，我們可以想像一下，將這種影響降低，會帶來認知能力增強」[14]。

　　現代的社會的困境──永無止境的忙碌、數位推播和分散的注意力──是很可怕的。哈佛商學院研究員兼教授艾希莉・威蘭斯（Ashley Whillans）在《從容心態》一書[15]中指出，時間匱乏感帶給個人巨大的成本：「我和其他學者研究的數據顯示，時間匱乏與痛苦之間存在相關性。時間匱乏的人不那麼快樂，生產力更低，壓力也更大。他們運動量較少，吃的食物較油膩，心血管疾病的發生率較高。」

　　2009年的一項調查顯示，75%的英國父母表示他們太忙，無法為孩子讀睡前故事[16]。根據超人類（Superhuman）電子郵件平台2021年的報告，82%的知識工作者在醒來後的最初三十分鐘內查看電子郵件，其中

---

13. 譯註：卡爾・紐波特（Cal Newport）：喬治城大學電腦科學系副教授。著有《深度學習力》（時報文化，2024/03/11）。
14. Cal Newport, "A Productivity Lesson from a Classic Arcade Game," *Cal Newport* (blog), September 6, 2016, https://calnewport.com/a-productivity-lesson-from-a-classic-arcade-game/.
15. 《從容心態》（天下雜誌，2023/04/27）。
16. "Three-Quarters of Parents Too Busy to Read Bedtime Stories," *Telegraph*, February 27, 2009, https://www.telegraph.co.uk/women/mother-tongue/4839894/Three-quarters-of-parents-too-busy-to-read-bedtime-stories.html.

39% 的人在醒來後的五分鐘內查看[17]。84% 的美國高階管理者曾經取消了休假回到公司工作[18]。令人驚訝的是，80% 的專業人士表示根本沒時間做他們想做的事[19]。較早幾代人的孩子被鼓勵探索他們的好奇心，而當代的孩子則被要求把履歷表填滿所有可能的課後活動，還有虛假的社區服務時數。所有這些都是為了朝著相同的目標，並且希望比其他人跑得稍微快一點。

你比你的祖先輩擁有更多時間，卻無法控制如何使用它。有了更多時間，但不知為何，卻少了時間去做真正重要的事情。

**我們竭盡所能地奔跑，卻只能停留在原地。**

你跑得更快，跑得更久，卻沒到達任何地方——至少不是值得去的地方。

但有一個解決方法。

從科學的角度來看，愛因斯坦關於時間是相對論的理論是革命性的，但從哲學的角度來看，**並不是所有時間都平等**的概念已經存在了數千年。古希臘人對時間有兩個不同的詞：**時間**（chronos）和**時機**（kairos）。時間指的是連續的、可量化的時間——時間自然地依序流逝，每個單位都是均等的。時機指的是一種更有起伏、質化的時間——某些時刻比其他時刻更重要，不同時間並不相同的觀念。時機的觀念讓時間不僅僅是流逝和流動的概念，它具有實質、感受和重量，但只有當我們足夠敏銳地認知到（並利用它）時才如此。時機認為特定時刻具有

---

17. Rahul Vohra, "The State of Your Inbox in 2021: Email Burnout and Browsing in Bed," *Superhuman* (blog), April 20, 2021, https://blog.superhuman.com/the-state-of-your-inbox-in-2021/.

18. Emma Seppälä, "Three Science-Based Reasons Vacations Boost Productivity," *Psychology Today*, August 17, 2017, https://www.psychologytoday.com/us/blog/feeling-it/201708/three-science-based-reasons-vacations-boost-productivity.

19. Ashley Whillans, "Time for Happiness," *Harvard Business Review*, January 4, 2019, https://hbr.org/2019/01/time-for-happiness.

獨特的屬性——在正確的時刻採取正確的行動，可以創造超出預期的成果和成長。

例如：上一章的圖表顯示，並非所有時間都是相等的。在一些特別重要的窗口和時刻（關鍵時刻），投入精力可以獲得最大可能的報酬。

這個洞察力是解決現代困境的基礎：分辨哪些時間是有最大槓桿、最有效益的時刻，並將注意力集中在這些時刻。

你不必感覺落後。你可以超前。

現在應該要停止快跑，而是開始**更聰明**的跑。

# 第 8 章
# 時間財富的三大支柱

戴夫・普勞特（Dave Prout）是一位經驗豐富的電玩業經營者，擁有超過二十年的經驗；他構思、設計、開發並推出了一系列世界上最受歡迎的遊戲，如《決勝時刻》（Call of Duty）、《最後一戰》（Halo）和《榮譽勳章》（Medal of Honor）等等。他在華盛頓州的西雅圖出生長大，但和許多孩子一樣，十八歲時便離家，從此再也沒有回去。他在德州的奧斯汀落地生根，並且愛上了這座城市，奧斯汀的生活空間較大，生活成本相對較低，這使他能夠按照自己的規畫撫養四個孩子。

他的父母仍然住在西雅圖，考慮到生活上的種種限制，戴夫告訴我他每年只見他們大約兩次。他的母親於 2020 年被診斷出患有癌症，但他和家人認為，只要能夠有高品質的照護，母親應該沒什麼大礙。到了 2022 年初，各種療法已經多次緩解癌症的症狀，但過沒多久都會復發。

2022 年 5 月，戴夫的母親在西雅圖接受另一輪治療，他在瀏覽推特時看到了我在該平台上寫的一篇文章：

> 「多打電話給你的父母吧，他們不會永遠在身邊。當你年輕而自負時，死亡只是一個理論上的概念。你得知道你所愛的人不會永遠活著。如果你的父母已經六十歲，而你每年只探望他們一次，那麼你一生中可能只會再見到他們二十次而已。」

讀完後，戴夫心想：**天啊，我想知道對我來說那個數字會是多少。** 他意識到與他們相處的時間是有限的，特別是想到他母親最近的癌症再度復發，他決定必須做出改變。

「我開始每六個星期就去看望我的父母一次，2022 年就有好幾次。如果不是因為看到那篇貼文，這就不會發生。」

不幸的是，2023 年 1 月，醫生團隊告訴家人，他的母親已經沒有太多治癒的機會。她沒有轉入安寧療護，而是回到了他們的童年家中，度過她剩下的時間。家人輪流照顧他的母親度過最後的時光，並陪伴他的父親，戴夫也因此提高了回家的頻率。

2023 年 5 月 28 日，戴夫的母親在家中安詳去世。難過但也很美好的是，那天是他父母的結婚紀念日。她去世幾個小時後，戴夫獨自走了很長一段路來處理他的悲傷。「我發覺那天是一個美麗的春天。我非常感激，因為她能夠在自己的家裡，她的家人在身旁，而且天氣一樣美好。從某種意義上說，這是完美的。」

當天晚些時候，戴夫在推特上分享了這個悲傷的消息，他引用了我 2022 年 5 月的貼文，同時回想因為增加回家的頻率，與母親共同**創造的**時光：

> 「幸好我看到這個貼文，我從去年開始更頻繁地回家探望我的父母……我媽媽今天早上去世了。多虧了這個，我至少比原本多探望了我父母兩倍的次數。總共大約十次。因為這樣，我現在擁有了一整套關於媽媽的回憶，而不僅僅是她在最後幾週變得虛弱時的回憶而已。」

這個故事完美地介紹了時間財富的三個核心支柱：

- **理解**：對時間的有限、無常的理解。

- **專注**：能夠將注意力集中在重要的事物上（並忽略其他）。
- **掌控**：擁有自己的時間並自由決定如何運用。

時間財富的三大支柱——理解、專注與掌控——每一項都很重要，但最好將它視為一個漸進的過程：理解第一，專注居次，掌控最後。每個支柱都建立在其他支柱的基礎上。從理解（建立對剩餘短暫時間的理解）到專注（縮小目標以專注於真正重要的事物）再到掌控（根據目標和價值分配時間），戴夫培養了他的時間財富，你也可以。

想要建立時間財富，三大支柱提供了正確的行動藍圖。透過建立這些支柱以及運用高槓桿系統，你也可以開始打造好的結果。

## 理解：時間是你最珍貴的資產

理解是了解和欣賞時間的無常、寶貴的本質——時間作為資產的有形價值和重要性。東石資本（East Rock Capital）的投資者兼聯合創始人葛拉漢・鄧肯（Graham Duncan）提出**「時間億萬富翁」**（time billionaire）一詞，指的是生命中還剩下超過十億秒的人。2019年在《提姆・費里斯秀》播客[1]的一集中，他也提到這一概念：「多數人對金錢文化都相當痴迷。我們常以某種方式神化美元億萬富翁……而當我看到二十幾歲的年輕人時，我想到的是時間億萬富翁——我想到的是他們可能還剩下二十億秒。但他們並不知道自己是**時間億萬富翁**。」

當你年輕的時候，你就是一位時間億萬富翁——名副其實的時間富翁。二十歲時，你大概還剩下二十億秒的生命（假設你活到八十歲）。到了五十歲時，只剩下十億秒了。

---

1. 譯註：《提姆・費里斯秀》（*The Tim Ferriss Show*）：由提姆・費里斯主持的播客節目，該節目連續數年蟬聯iTunes的最佳節目，被媒體稱為「音頻界的歐普拉」。著有《一週工作4小時》（平安文化，2014/01/06）、《人生勝利聖經》（三采，2018/12/07）。

當我問鄧肯這個術語背後的靈感來源時，他回答說，這是他多年來從數百位來到他公司面試的年輕分析師身上看到的。「我很驚訝他們都有一個隱含假設，認為如果能賺到十億美元，他們就會快樂。我以前也有這種類似的假設。但後來我理解到，如果你去問巴菲特，是否願意用十億美元換取十億秒，他會選擇時間而不是金錢。」

你會和巴菲特交換生命嗎？他擁有大約一千三百億美元的淨資產，可以接觸到世界上的任何人，並且每天都在閱讀和學習。這聽起來不錯，但我敢打賭，你們之中很少有人會同意與他交換生命。

為什麼不？在撰寫本書時，巴菲特已經九十四歲高齡。無論他有多少錢、名氣或機會，你可能不會同意用你剩下的時間來交換他的。另一方面，正如鄧肯所說的，巴菲特有很大的可能性會用他所有的**數十億美元**來換取**你的**時間。

這出現了一個矛盾——我稱之為時間的矛盾：你在潛意識中理解時間的巨大價值，但經常有意無意忽略這種價值，把時間花在無意義的活動。古羅馬斯多葛主義哲學家塞內卡在他的《論生命的短暫》（*On the Shortness of Life*）中寫道：「我們的生命並不是短暫的，而是我們把它變得短暫；我們不是供給不足，而是浪費了它。」你知道你的時間有多重要，卻忽略了它的流逝，忙於那些低價值的活動，讓你遠離真正重要的事情。

理解擁有時間的珍貴性是重要的。缺乏這種理解，你永遠不會重視時間，直到突然在最後一刻，它成為你重視的一切。

真正的理解是必要的第一步，但沒有專注力的理解是不完整的。如果你想改變生活，就必須改變專注力。

## 專注：解鎖不對稱輸出

1666 年，當黑死病席捲倫敦及其周邊城市，迫使大學關門並送學生

回家時,劍橋大學三一學院的一名二十三歲學生逃到了 50 英里外的小村莊。正如我們在新冠大流行的最初幾個月一樣,年輕的學生因疾病大流行而被迫暫停自己的日常生活,進入封城狀態。

但是,這個特別聰明的年輕人並沒有沉溺在與世隔絕的環境中,而是擺脫了被迫封城的約束,在創造性和智力奔放的狀態中度過了這一年。儘管沒有正規的上課,但他沉浸在書籍、研究和實驗中,以強烈的專注和熱情追求他的好奇心。

在被封城的一年裡,這位年輕的學生在科學和數學領域取得了突破性的發現,其中包括:

- 發展微積分的初始原理。
- 制定萬有引力定律。
- 定義三大運動基本定律。
- 奠定光的運行的理論基礎。
- 設計反射望遠鏡。

這位年輕的學生就是艾薩克・牛頓,1666 年被稱為他的「奇蹟之年」(拉丁語 annus mirabilis),以彰顯他在短時間內取得如此豐碩的成果,影響後世科學既廣且深。在這一年之內,他就創造了幾個令人難以置信的終生成就。

**專注力**是將心思用於某事的狀態或行為。這種心理能量的應用是我們進步的動力,你選擇如何以及何時應用有限的專注力,決定了成果的品質。

皮克斯的經典動畫電影《玩具總動員》中,高潮迭起的最後一幕提供了一個貼切的類比。

兩位主角胡迪和巴斯光年正試圖點燃一枚小型火箭,以便將他們推回安全的地方,但他們的火柴熄滅了。胡迪抬頭望著太陽,想到了一

個主意：他抓住巴斯，將他的玻璃頭盔對準天空，製作一個臨時的放大鏡，並將太陽能量的集中光束對準火箭的引信。引信迸發出火焰，最後兩人成功地為這場奇幻的冒險畫上了圓滿的句點。

雖然這部電影是給兒童看的，但背後的寓意很重要：透過頭盔放大鏡的太陽聚焦的、集中的能量，比其分散的、不集中的能量要強大得多。

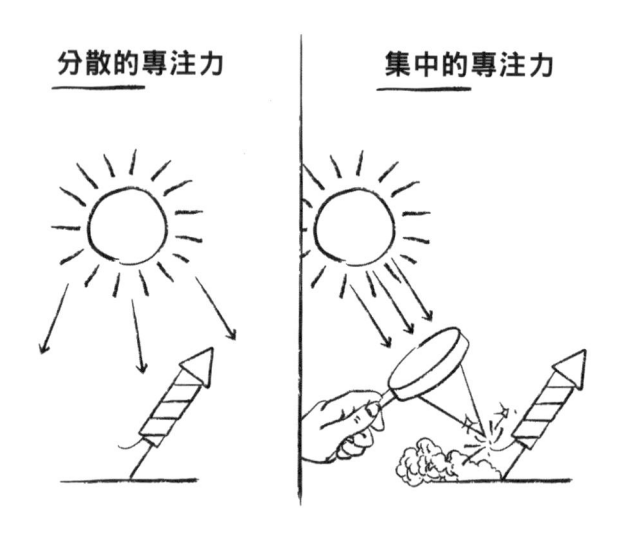

**分散的專注力** | **集中的專注力**

相同的方法也適用於你的專注力：專注、集中注意力的力量，遠遠超過分散、無法集中注意力的力量。

專注力影響結果。分散的專注力導致隨機的、普通的結果；集中專注力則導致聚焦的、傑出的結果。我們在年輕牛頓的故事中看到了完美的例子：在一段短暫、獨處的時間裡（無雜事干擾的疫情封鎖環境），投入深刻、強烈、有目標的專注，從而創造了驚人的結果。

在一般環境中，投入和產出大致是固定的：一單位的投入創造一單位的產出。如果要建立兩個單位的產出，則需要產生兩個單位的投入。這種固定的關係讓你忙碌、分心和被束縛——你跑得越來越快，但永遠

無法達到十個或一百個單位的產出,而這才是真正的進展。

以《玩具總動員》類比,太陽可以在火箭引信上照射幾個小時,但永遠不會點燃它。太陽的投入與引信上相應的熱產出之間的固定關係,並不足以創造出需要的結果。然而,放大鏡改變了遊戲規則;它集中太陽的能量,使得同一單位的投入,在引信上創造出一百單位的熱產出。固定的關係被打破,解鎖了不對稱的產出並實現需要的結果(引信點燃了)。

牛頓、梅西和巴菲特之所以成功,是因為他們將專注力集中在有限的時刻和機會上,以持續創造每單位投入超過一千單位的產出。

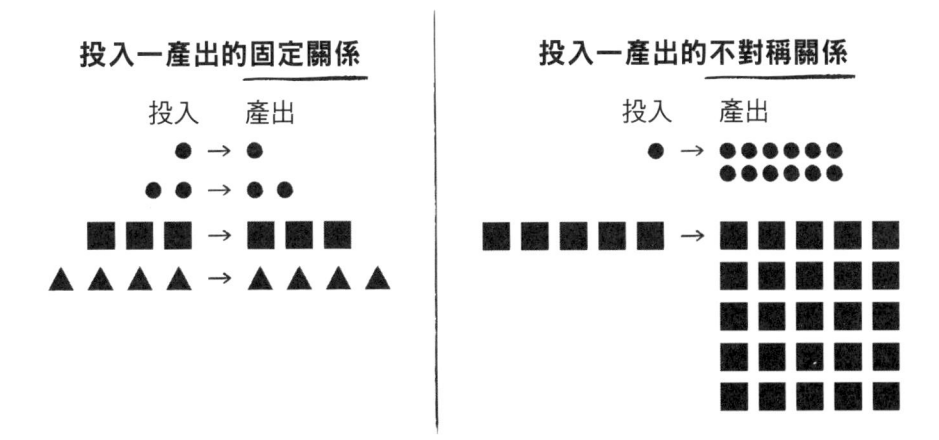

**投入—產出的固定關係**　　　　**投入—產出的不對稱關係**

在你的生活中,集中專注力是指對真正重要的計畫、機會、人物和時刻採取高槓桿的深度聚焦。專注使你能夠超越,停止更快地跑(更多的投入單位),開始更聰明地跑(每單位投入的更高產出)。這需要好好挑選甚至拒絕——對少數可以運用槓桿的事物說「是」,對其他所有事物說「不」。

專注力需要被引導、管理和利用。

當專注力被有效地聚焦到關鍵時刻或重要的機會——也就是**時機**(kairos)——時,就相當於打破了生活中投入和產出之間的固定關係。

輸入相同的投入，但會輸出更多的產出——同樣的努力會產生顯著改善的結果。透過這種根本性轉變，時間從必須**擁有**（take）的固定資產轉變為可以**運用**（make）的動態資產。

時間才能真正為你所掌控。

## 掌控：終極目標

加州大學洛杉磯分校安德森商學院的行銷和行為決策教授、《更快樂的 1 小時》（*Happier Hour*）一書[2]的作者凱西．霍姆斯（Cassie Holmes）對空閒時間影響幸福感進行了廣泛的研究。2021 年在《人格與社會心理學雜誌》（*Journal of Personality and Social Psychology*）上發表的一篇論文，回顧了有 35,375 名美國人的兩個大型資料庫，霍姆斯博士和她的論文共同作者發現，空閒時間和幸福之間的關係呈現倒 U 形，意思是空閒時間太少和太多都會導致不幸福。

結論是：每個人都有一個**恰到好處**的空閒時間水準。

掌控讓你掌握主導權，以確定標準並保持一致。掌控是期望的最終狀態——選擇做什麼以及何時做的能力。你擁有自己的時間，並自行決定如何支配它。沒有掌控，你的時間就不再是你的，而是別人的，無論是實際上還是意義上。你成了一個**時間的接受者**——時間是根據別人的指示來分配的。掌控讓你變成一個**時間的創造者**——你決定擁有的時間以及如何分配時間。理解和專注創造了從**接受者**轉變為**創造者**的條件。

想想下面的例子：

- 原本，為了創造十個單位的產出（履行職責所需的產出），必須

---

2.《更快樂的 1 小時》（先覺出版，2022/11/01）。

提供十個單位的投入（1：1 的比例）。
- 對最重要的專案、機會和時刻，提高理解和專注力，運用高槓桿系統，假設十個單位的產出只需五個單位的投入就行（2：1 的比例）。
- 產出效率改善後，剩下的五個未使用的投入單位，代表了可以根據能力和目標自由分配的時間。你可以利用這段時間創造更多的專業成果，或將其分配到其他領域。一切由你掌控。

根據你的偏好自由分配時間，選擇如何度過、在哪裡度過以及與誰一起度過──這是最終目標，是真正掌控時間的理想狀態。

───────

在了解這三個時間財富的支柱後，我們可以進入〈時間財富指南〉，該指南提供了具體的工具和系統，以建立這些支柱並培養富足的生活。

# 第 9 章

# 時間財富指南

## 邁向成功的法則

　　本章提供具體的高槓桿系統,來建立時間財富的三個支柱。這些做法有明確的研究背景,並經過我個人的實戰經驗測試,我會在本章分享這些經驗。但要提醒大家:這不是適用於每個人,不必強迫自己讀每個步驟,仔細研究並選擇與你最相關且最有用的內容即可。每個人的起點不同,本章每個段落都希望你在過程中「創造屬於自己的經歷」。

　　當你思考和執行本章指南提供的成功法則時,請參考本書前面財富分數測驗中,每個時間財富題目陳述的回答,將注意力集中到需要取得最大進展的部分(就是你回答**非常不同意、不同意**或**中立**的那幾題)。

1. 我深刻了解時間是有限的、無常的,而且是最寶貴的資產。
2. 我清楚了解個人和職業生活中的兩到三個最重要的優先事項。
3. 我能夠一直將注意力集中在確定的重要優先事項上。
4. 我很少感到太忙碌或分心,而無法花時間處理最重要的優先事項。
5. 我可以掌控自己的行程和優先事項。

同時，在過程中要避免的一些常見時間財富反目標：

- 花太多時間在低價值、耗費精力的活動上。
- 我忙到無法優先安排與真正重要的人在一起。
- 當追求最重要的優先事項時，我的生活失去了自主性。

以下是十二個積累時間財富的有效做法。

1. 時間財富的重新設定｜**理解**
2. 能量日曆｜**理解與專注**
3. 兩份清單練習｜**理解與專注**
4. 艾森豪矩陣｜**理解與專注**
5. 待辦事項索引卡｜**專注**
6. 帕金森定理｜**專注**
7. 反拖延方法｜**專注**
8. 啟動心流程序｜**專注**
9. 有效的授權｜**專注與掌控**
10. 拒絕的藝術｜**掌控**
11. 時間分配和四種專業時間｜**掌控**
12. 能量創造者｜**掌控**

## 時間財富的重新設定
### 支柱：理解

當我計算出與我最愛的人此生中僅剩的見面次數時，我整個生活都改變了。這無疑重新設定了我的人生。這是一種情緒上的挑戰，卻是必

要的刺激，激發我對生命新的理解和重新排列人生的優先順序。

我希望你透過這個簡單的練習來面對同樣的現實：

首先寫下你深愛但不常見的一位朋友或家人的名字，計算你每年見到那個人的次數，然後把這個數字寫下來。

接下來，寫下你的年齡和那個人的年齡。從八十中減去年齡較大的那個人的年齡[1]。

現在，做一下基本的數學計算：將每年見到那個人的次數乘以前面計算的剩餘年數，你就得到在生命結束前你會見到你所愛那個人的次數。

這是我在2021年進行重新設定時的計算實例：

- 我大約每年見我父親一次，當時我們住的地方相距3,000英里。
- 他當時六十五歲。從八十減去這個數字，我得到了十五。
- 將十五乘以我每年見他的次數，我得出結論，在他離開人世之前我還會再見他十五次。

請留意，這些數字並不是固定不變的，有時候你可以控制。當我和妻子橫跨美國搬到我們的父母身邊，離我父母和岳父岳母更近的時候，我在生命結束前再次見到父親的次數從十五次增加到了數百次。

一個行動——搬家——確實增加了與我們所愛的人在一起的時間。

這是我們生命中巨大但必要的變化，而你的改變可能不需要如此重大。有些人需要看到計算結果，才會考慮先安排與朋友定期共進午餐、與兄弟姐妹多散步或與家人每年團聚。重點很簡單：一旦你看到這個計算結果，你會受到刺激，**增加更多時間**與你最愛的人在一起。

---

1. 注意：八十是成年人預期壽命的粗略估算。如果你或對方超過八十歲，或者如果你很樂觀，可以用一百作為參考數字。這是你與這個人能見面的剩餘年數的估算值。

**時間財富的重新設定**

朋友或家庭成員的姓名：__父親__
每年見面次數：__1__

你的年齡：__33__　　朋友或家庭成員的年齡：__65__

用80減去年紀較大那位的年齡

$$80 - 65$$

剩餘年數：__15__
每年見面次數：× 1

（15）

離開人世前你能見到所愛的人的次數

只要行有餘力，你應該為每個所愛的人都計算一次剩餘的見面次數，你會因此重新設定，對生命有新的理解和重新排列人生的優先順序。

## 如何建立你的基準：能量日曆
## 支柱：理解與專注

在能夠有效利用專注力之前，你需要理解如何度過時間以及應該如何度過的問題。

這裡有兩個挑戰性的問題：

1. 建立如何有效運用時間的基本底線。

2. 在每天排滿的行程中分辨出優先處理、委由他人處理或剔除不處理的內容。

要解決以上問題，得運用本節介紹的**能量日曆**。

在一週的每個工作日結束時，回顧當天行事曆，並對每件工作進行顏色分類：

- **綠色**：能量創造──做這些事讓人感到精力充沛。
- **黃色**：中性──做這些事讓人感覺不好不壞。
- **紅色**：能量消耗──做這些事讓人感到疲憊不已。

不要太拘泥在顏色間的差別，相信你在做完這些事之後的直覺。

到了週末，把整個星期的工作展開，看看行程表，問自己幾個問題：

1. 常見的能量創造（綠色）活動有哪些？
2. 常見的中性（黃色）活動有哪些？
3. 常見的能量消耗（紅色）活動有哪些？

有了答案之後，接下來可以為你的時間制定行動計畫：

- 優先考慮並增加能量創造的活動。思考要如何花更多的時間在這些活動上？
- 維持或委派中立性質的活動。思考如何慢慢地委由他人處理其中一些中性活動，以騰出時間進行更多能量創造的活動？
- 盡量委派、排除或調整能量消耗的活動。思考如何慢慢地將其中一些活動外包、委派或排除？有沒有辦法逐步調整這些能量消耗

的活動，至少讓它們上升到中性活動（例如，從能量消耗的視訊會議轉變為中性的電話會議）？

能量日曆的建立，能讓你了解運用時間的基本底線和所付出的能量，發掘改善當前基本底線的問題。目標不是消除所有中立和耗能活動（這很可能是個不實際的目標），而是慢慢調整創造能量工作與消耗能量工作的比例（即綠色與紅色的比例）。

## 如何設定優先順序：兩份清單的練習
### 支柱：理解與專注

兩份清單練習源自傳說中巴菲特和他的私人駕駛麥克‧弗林（Mike Frint）之間的對話。有一天，弗林感歎個人抱負和工作目標都不夠清晰，巴菲特則要求他完成一個三步驟流程，應該會有所幫助。

首先，巴菲特要求弗林寫下二十五個工作目標，也就是他在未來幾個月和幾年想要專注和完成的所有事情。接下來，他要求弗林圈出清單中排名前五個目標。弗林認為所有目標都值得關注，因此花了一些時間篩選。最終，弗林選出了他的前五個目標。最後，巴菲特要求弗林將其分為兩部分。他先問弗林會如何處理未圈選的目標。弗林回答，他有空閒時才會進行。巴菲特此時搖頭回答，所有弗林沒有圈選的目標應該列為「絕對避免清單」。這些目標在達成前五個目標之前，都不應獲得任何關注。

上述的重點：最重要的項目已被標記出來；其他的都只是會破壞弗林堅持下去的噪音。

每個成功人士會用不同的說法提出相同的建議：專注於最重要的事情就好。但問題是要如何分辨什麼是重要的事？如何確認應該專注的專案、機會和目標？有哪些領域可能會為你個人或工作上中帶來倍數的報酬？

兩份清單練習的策略，是用來分辨最重要的工作並運用你的專注力：

1. **列出清單**：針對個人工作順位建立全面的優先工作清單。並根據個人工作順位的調整反覆檢視。
2. **縮小清單範圍**：根據專業優先工作清單，圈出前三到五順位的工作。這些應該是工作上絕對的首要優先順位，對未來的發展影響最大——也就是能驅動長期價值成長。這些真正重要的工作，要根據個人工作順位的調整反覆檢視。
3. **分類清單**：在一張新的紙上，將圈出的三到五個優先順位工作寫在左側，將其餘的工作寫在右側。將紙的左側標記為**優先事項**，右側標記為**絕對避免事項**。同樣的，根據個人工作順位的調整反覆檢視。

為了具體化表示，以下是這個過程的示例：

## 列出清單

**專業優先事項**

1. 改造公司網站和社群平台
2. 學習一種新語言以拓展機會
3. **研習軟體以增進效率**
4. 追求更高的學歷，例如碩士學位
5. 尋求有經驗的專業人士指導
6. 在董事會或委員會任職以強化個人資歷
7. 成為併購上的專家
8. 在公司內部成立學習小組

9. 發行或負責創新產品的推出
10. **培養公開演說技巧，增強自信心**
11. **規畫彈性工時，開拓個人生活空間**
12. **報名參加衝突調解的訓練課程**
13. 設計健全的員工評估計畫
14. **與其他部門建立有益的合作關係**
15. 定期投資退休帳戶
16. 獲得一個承擔國際業務責任的職位
17. 增加年收入或薪水的40%
18. 為團隊建置遠端工作的選項
19. 增進業務的溝通技巧
20. 強化個人人脈

## 聚焦清單

### 專業優先事項

1. 改造公司網站和社群平台
2. 學習一種新語言以拓展機會
3. 研習軟體以增進效率
4. 追求更高的學歷，例如碩士學位
5. 尋求有經驗的專業人士指導
6. 在董事會或委員會任職以強化個人資歷
7. 成為併購上的專家
8. 在公司內部成立學習小組
9. 發行或負責創新產品的推出

⑩ **培養公開演說技巧，增強自信心**

⑪ **規畫彈性工時，開拓個人生活空間**

12. 報名參加衝突調解的訓練課程

13. 設計健全的員工評估計畫

14. 與其他部門建立有益的合作關係

15. 定期投資退休帳戶

16. 獲得一個承擔國際業務責任的職位

17. 增加年收入或薪水的40%

18. 為團隊建置遠端工作的選項

19. 增進業務的溝通技巧

⑳ 強化個人人脈

## 分類清單

### 優先事項

1. 尋求有經驗的專業人士指導

2. 發行或負責創新產品的推出

3. **培養公開演說技巧，增強自信心**

4. **規畫彈性工時，開拓個人生活空間**

5. 強化個人人脈

### 絕對避免事項

1. 改造公司網站和社群平台

2. 學習一種新語言以拓展機會

3. **研習軟體以增進效率**

4. 追求更高的學歷，例如碩士學位
5. ~~尋求有經驗的專業人士指導~~
6. 在董事會或委員會任職以強化個人資歷
7. 成為併購上的專家
8. 在公司內部成立學習小組
9. ~~發行或免費創新產品的推出~~
10. ~~培養公開演說技巧，增強自信心~~
11. ~~規畫彈性工時，開拓個人生活空間~~
12. **報名參加衝突調解的訓練課程**
13. 設計健全的員工評估計畫
14. **與其他部門建立有益的合作關係**
15. 定期投資退休帳戶
16. 獲得一個承擔國際業務責任的職位
17. 增加年收入或薪水的40%
18. 為團隊建置遠端工作的選項
19. 增進業務的溝通技巧
20. ~~強化個人人脈~~

透過將清單區分**優先事項**和**絕對避免事項**，我們畫出一條非常明確的界線，將專注的工作與委外或剔除的工作分開。

這會是你的第一道防線：當新機會出現時，用兩個清單來對照，快速評估它是否屬於你的優先事項，或者是否應該絕對避免。

使用兩個清單練習來提高專注力，作為打破投入和產出之間固定關係的起步。

## 如何管理優先事項：艾森豪矩陣
## 支柱：理解與專注

德懷特・D・艾森豪（Dwight D. Eisenhower）總統是美國軍事家和政治家，1890 年出生於德州的德尼森市。

他的人生成就清單很長：

- 畢業於西點軍校，在軍隊中逐步晉升，最終成為美國陸軍的五星上將。
- 在第二次世界大戰期間，他擔任盟軍遠征軍在歐洲的最高指揮官，策畫了著名的諾曼第登陸行動。
- 曾擔任哥倫比亞大學校長和北約首任最高指揮官，於 1953 年至 1961 年擔任美國第三十四任總統。

正如他在軍事和文職方面的成就，艾森豪是一位高效的領導者和執行者。他以多產、幾乎超人的工作效率而聞名。他的秘訣是：從不將緊急與重要混為一談，他有一句廣為人知的名言：「重要的事情很少是緊急的，而緊急的事情很少是重要的。」

我們可以這樣定義**緊急**和**重要**：

- 緊急：需要立即關注的任務。
- 重要：增進長期價值或目標的任務。

艾森豪矩陣是一種生產力工具，由作家史蒂芬．柯維在其暢銷書《與成功有約：高效能人士的七個習慣》[2]中提出，將事情區分成緊急與重要，以更有效地優先排序和管理你的時間。兩份清單練習幫助你在廣度上維持專注，艾森豪矩陣則在深度、日常層面上運用你的專注力。

你可以利用這個二乘二的矩陣將工作歸類到四個象限之中：

## 艾森豪矩陣

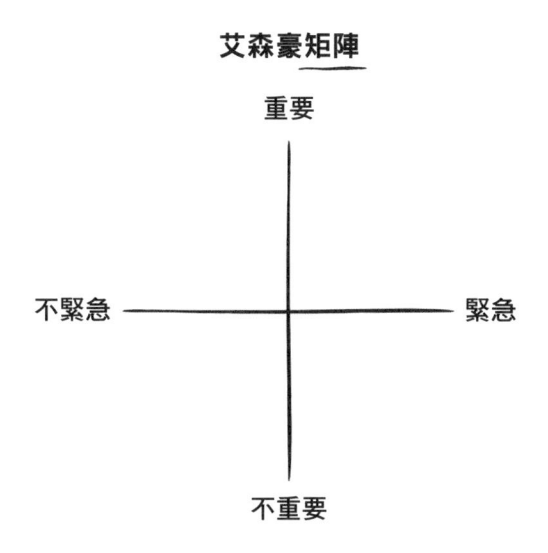

```
            重要
             |
             |
不緊急 ———————+——————— 緊急
             |
             |
            不重要
```

- **重要且緊急**：這些工作需要立即集中精力，同時也有助於你的長期使命或目標。這些是要**立刻進行**的任務。目標是：在短期內，希望立即處理；在長期，要管理這些重要任務，**讓它們不要變得緊急**。
- **重要但不緊急**：這些工作有複合成長性——能為你建立長期價值，也是你希望專注的專案和機會。目標是：在這些工作上花更多時間——能夠深入執行。在長期，這應該是你花費大部分時間和精力的地方。
- **不重要但緊急**：這些工作歸類為**留意**——它們可能會消耗時間和精力，但不會對你的長期目標或願景有所助益。這些大都是能委派他人執行的任務。目標是：在這裡花少一點的時間，並慢慢嘗試建立系統，能夠將這些任務交付給認為重要的人。

---

2.《與成功有約：高效能人士的七個習慣》(天下文化，2020/10/30)。

- **不重要且不緊急**：這些是浪費時間的工作和活動，消耗精力同時降低生產力。這些是該**剔除**的工作。目標是：花的時間越少越好。

### 艾森豪矩陣

```
                          重要
   需要長時間 ↘
              ┌─────────┬─────────┐
              │         │         │
              │  決定   │ 立刻進行 │ ← 管理它
              │         │         │
   不緊急 ────┼─────────┼─────────┼──── 緊急
              │         │         │
              │  決定   │ 立刻進行 │
              │         │         │
              └─────────┴─────────┘
   時間越少 ↗                        ↖ 時間越少
   越好                                越好
                         不重要
```

艾森豪矩陣提供了視覺化的分類，顯示出不同工作類型所應花費的時間。讓你能根據需要調整，將大部分時間花在重要的、長期的計畫和機會上。

總結艾森豪矩陣的三個關鍵目標：

1. 管理右上角象限。
2. 將大部分時間花在左上角象限。
3. 減少在下半部象限的時間。

在了解時間的重要和引導專注力方面，艾森豪矩陣是我認為最有用的工具。當我有很多事情要做，需要重新調整專注力時，我會重新看一次這個矩陣。

## 如何簡化待辦事項：待辦事項索引卡
## 支柱：專注

你可以嘗試世界上每一個複雜的生產力系統，或者只用下面這個簡單策略：索引卡，它對初級分析師和億萬富翁都很有效。

科技公司創辦人和投資者馬克・安德森（Marc Andreessen）是這個簡單策略的支持者。在他關於個人生產力的文章中寫道：「每晚在上床睡覺之前，準備一張三乘五的索引卡，上面列出三到五件你第二天要做的事情[3]。」理想情況下，列出的事情大都是關於長期價值或目標的重要任務清單（也就是艾森豪矩陣上半部的工作），避免那些瑣碎的、緊急但不重要的工作。

**待辦事項**　　　　　　　　　　3/21

① 完成三項支柱
① 活出天命
① 錄音
① 寫財務自傳
①
①
①
①
①
①

---

3. Marc Andreessen, "Pmarca Guide to Personal Productivity," Pmarchive, June 4, 2007, https://pmarchive.com/guide_to_personal_productivity.html.

早上，從清單的第一項工作開始，然後一件件往下，完成重要工作時就畫掉，目標是在一天結束前把清單上的工作都畫掉。如果完成了全部工作，這一天就算是成功了，因為這是三到五項真正重要的工作，提高價值或接近長期目標。

我們往往會高估一天內能完成的事情，因此請刻意保守列出工作的數量。經驗告訴我們，它通常三個就夠，除非有非常具體的理由才會更多。

最好的生產力系統通常需要複雜的設計和維護。如果花太多時間在生產力系統上，你專注的是行動本身而不是進展。簡單的索引卡以聚焦和激勵的原則為核心，讓你可以完成更多重要的事情。

永遠記住：簡單就是美。

## 如何不浪費時間：帕金森定理
## 支柱：專注

帕金森定理是指工作會自我增加，以填滿完成所需的時間。這一觀念是由英國作家西里爾・諾斯科特・帕金森[4]在1955年《經濟學人》的一篇諷刺文章中提出的。雖然文章的主旨是對官僚主義的無能進行幽默的批判，但這一原則適用於很多複雜的情境，從個人時間管理到大型專案。

這在很多地方都得到印證：

- 如果有一整天的時間來處理電子郵件，會發現自己整天都在發郵件。如果你只有三十分鐘來處理電子郵件，你會迅速處理完所有郵件。
- 如果有幾個月的時間來完成一項任務，人們會拖延到最後一刻才

---

4. 譯註：西里爾・諾斯科特・帕金森（Cyril Northcote Parkinson, 1909-1993）：英國作家、社會學家、管理學家，劍橋學者，以帕金森定理聞名。

完成。如果只有兩天的時間來完成這個任務，往往會高效率地在兩天內完成。

充裕的時間往往代表很多工作但很少進展——這就是忙碌工作的文化。當限制變多，往往就能很有效率；當時間緊迫，也會專注於**重要的事情**。

我們可以將帕金森定理運用在工作和個人生活中，增加效率並提高效用：

- 為不重要但必要的任務設定更短的時間。利用人為壓力來避免拖延，並騰出時間來完成重要、高價值的任務。
- 每天設定一到三個短暫且有限的時段處理大量電子郵件。如果讓自己整天都在看電子郵件，會有注意力殘留的困擾，永遠無法完成工作。將處理過程壓縮在較短的時間內，能提高效率並避免任務轉換過程帶來的負面認知影響。
- 將標準會議縮短在二十五分鐘內。更短的時間可以讓與會者更有效率（避免「今天天氣怎麼樣」的寒暄），並且能在會議之間有五分鐘的休息時間來重新調整思緒。
- 在一到三個小時的時間內專心處理大型專案。在電腦或手機上安裝一個番茄工作法[5]應用程式並設定計時器。從六十分鐘開始，然後逐漸增加。限制時間會讓人更有效率，而中間的休息能讓你恢復精神體力。
- 將個人家務（整理、洗衣、洗碗等）分散到簡短的專門時段中。

---

5. 譯註：番茄工作法：由 Francesco Cirillo 在 1980 年代創立，是一種時間管理方法。這種方法的核心在於將工作分成二十五分鐘的時間段，每個時間段稱為一個「番茄」。每完成一個番茄後，可以休息五分鐘，完成四個番茄後，則可以休息更長時間（十五至三十分鐘）。

這些工作在短期內的效果比長時間要高得多。

我在日曆中利用了帕金森定理，將精力集中在優先工作上。一天的前三個小時——早上五點到八點——專門用於我最重要的創意項目（現在是這本書！）。時間限制的強制性產生了強度，顯著提高了我的產量和品質。

當你設定了很長的時間來完成一項工作時，你會發現大量的無效率工作被用來填補時間——你工作的時間更長，但完成的工作卻更少。用企業家納瓦爾‧拉維坎[6]的話來說，更好的方法是像獅子一樣工作：衝刺、休息、重複。

利用帕金森定理成為更有效率、更專注、更健康的專業人士。

## 如何停止拖延：反拖延系統
### 支柱：專注

**拖延**是推遲或延遲某事的行為。古希臘哲學家稱之為 akrasia，意即明知對自己有益，卻做出相反的行為。當你更容易將工作交給未來的自己時，你就會拖延。拖延的傾向其實是根植於我們的 DNA 中。我們重視眼前的快樂，即使明知從長遠來看並不一定是最好的。不幸的是，拖延限制了成長，阻礙了潛力，所以需要一個方法來對抗它。

反拖延方法涉及三個核心步驟：

1. 解構。
2. 制定專案並設立關卡。
3. 行動。

---

6. 譯註：納瓦爾‧拉維坎（Naval Ravikant）：矽谷傳奇天使投資人，AngelList 的共同創辦人、董事長兼前執行長。他早期投資了 Uber、FourSquare、Twitter、Postmates、SnapLogic 和 Yammer。

**步驟 1：解構**

拖延往往是恐懼的直接副產品。在一場超過七千萬次觀看的 TED 演講中，作者提姆・厄班用畢業論文的例子來說明這一點。如果你將專案定為「我要寫一篇一百頁的畢業論文」，你其實已經預設了拖延的模式。

對於拖延者來說，大型的、長期的計畫是一個巨大的、可怕的黑盒子。你的想像力會將那個盒子填滿了無窮的複雜和恐懼，令人望而生畏。所以乾脆把它推給未來的自己。

將大而可怕的專案解構為小且可單獨管理的任務。

因此，在畢業論文的範例中，專案可能解構成：

- 建立隨手筆記。
- 收集重要的研究資料。
- 註解關鍵的研究資料。
- 編寫論文大綱。
- 撰寫論文草稿。
- 編輯並完成論文。

這個步驟的目標，是將龐大且令人望而生畏的專案簡化為小而可管理的數個小任務。

**步驟 2：制定專案並設立關卡**

接下來，要制定一個專案，檢查上面的解構清單。

細部的工作為：

- **具體**：要做什麼。
- **時限**：要何時做完。

設定時間限制時，要在每個細部工作累積小成果，一項項逐步完成。不要在小任務上設定大目標，在可實現的前提下設定時間限制。

建立專案文件：

- 在專案中的每個小項目都寫下具體任務。
- 寫下每項工作的時間表。

建立一些指標行為以達到更好的結果：

- **公開**：在社交媒體、LinkedIn 上發布，說明專案流程和目標；或是和朋友們聚餐時告訴他們，強迫自己說到做到。
- **同儕壓力**：可以規畫和朋友安排時間和地點見面，在朋友的關注下啟動專案，並確定到時候要處理的具體任務。
- **獎勵**：如果達到階段目標，給自己一個獎勵。允許自己享受一次愉快的散步、咖啡休息或與朋友共進晚餐。
- **處罰**：如果沒有達到階段目標，給自己一個罰則。

用指標行為把大計畫變成闖關遊戲，這可能非常有效。

## 步驟3：行動

行動往往是最困難的部分。具體來說，是第一個行動——起頭的第一步。要讓計畫開始，可以嘗試以下方法：

- **計畫一次同步會議**：類似於上述指標行為中的同儕壓力，與朋友見面時開始計畫。
- **獎勵起步**：用小獎勵犒賞自己有個好的開始（例如，外出散步）。
- **獅子狩獵技巧**：一次短時間（三十分鐘）拚命工作，然後充分休息。

萬事起頭難。給自己一個短期勝利，大的勝利是所有小勝利持續累積的結果。

**內容整合**

反拖延系統的三個步驟：

1. **解構**：將大而生畏的專案拆解為小而可管理的任務。
2. **制定專案並設立關卡**：建立專案文件，包括具體的、有時間限制的任務；建立關卡和獎勵把工作遊戲化。
3. **行動**：只要開始行動就容易一直做下去。建立能刺激第一步行動的方法，設計小勝利（隨著時間經過，它們會變成大勝利）。

這正是我用來克服自己寫這本書時拖延症發作的真實經驗。我將本書的工作分成幾個部分，然後進一步分解為章節，這減少了一開始計畫這本厚書的恐懼感，讓整個工作變得可管理。我建立了一個專案檔，設置了截止日期，並設定小獎勵（通常是在每次達到截稿日期後允許自己購買一些東西）。最後，我每天行動，每天早上醒來後立即寫作。這個大專案在每天的開始就給自己一個小小的勝利，隨著每日、每週和每月的推進，小勝利不斷強化。

整個反拖延方法的運作是動態調整和反覆檢驗。在處理大型計畫時，務必不斷評估和調整專案和流程。尋找新的方法來建立新關卡，並開始行動。它並不完美，但這個方法會幫助你衝破拖延症的桎梏。而你目前正在閱讀的這本書就是一個很好的例子！

## 如何集中注意力：啟動心流程序
### 支柱：專注

卡爾・紐波特在他的暢銷書《深度工作力》[7]中強調了專注、不間

斷、不分心地處理最重要的優先事項,這是在現代經濟中成長和繁榮的唯一途徑。用紐波特的話來說,「深度工作假說:執行深度工作的能力變得越來越稀有,而它在我們的經濟社會中也變得越來越有價值。因此,少數培養這項技能並將其作為工作生活核心的人將非常珍貴。」

高度集中注意力並深度專注——稱為「心流狀態」——是時間財富的精華[8],它能夠打破投入和產出之間的固定關係。深度聚焦工作一開始並不容易。因為你得強迫自己避開應用程式、數位工具和社交平台的誘惑。

逐步訓練專注力的方法有:

- 每天練習專注三十分鐘在工作上。
- 到第一個月結束時,將時間增加到每天兩到三次,每次一小時。
- 隨著專注力增強,將時間延長到兩小時(我個人的最大值)或四小時(這是一個雄心勃勃的目標)。

方法計畫好了,接下來你需要一種進入深度專注狀態的方法,讓工作品質提升。想像一下,當你打開電腦,不耐煩地盯著螢幕等待時,電腦內部其實正在做一件非常重要的事情:啟動開機程序。啟動開機程序是一組固定的操作流程,是啟動和準備作業系統以供使用。這個程序能確保作業系統適當地啟動,準備好用戶接下來的各種指令。人與電腦沒有什麼不同,在處理重要工作時保持最佳狀態,需要啟動作業系統。

你需要啟動個人作業系統。

個人作業系統是一組固定的行動和背景設定,心理和生理上會因而

---

7. 《深度工作力》(時報出版,2021/11/09)。

8. 譯註:心流狀態(flow state):心理學名詞。指一種高度專注在某事的感受,達到這種境界時,所有外界事物都彷彿消失不見,徹底沉浸於當下正在進行的工作中,可能因此忘了時間,或忽略外界干擾,對手上的工作非常專注,有一種毫不費力的感受。

開啟。雖然技術上它可以用於任何環節，但我發現啟動特定程序時特別有價值。這個程序成為進入心流的入口，一個有效、可重複的流程可以讓人進入心流狀態，並且快速、持續地對最重要的工作進入深入、專注的狀態。

這個程序圍繞五個核心感官：

1. **觸覺**：開始前進行了哪些身體的動作。
2. **味道**：像是喝的、吃的零食。
3. **視覺**：在周遭看到的東西。
4. **聽覺**：在周遭聽到的聲音。
5. **嗅覺**：在周遭聞到的氣味。

使用這個簡單的框架，我建立了一個個人啟動程序，如下所示：

1. **觸覺**：在開始深度工作之前，我會先出去散步五分鐘，或者泡三分鐘冷水澡。這兩個動作能夠釋放我的創造力，並做好準備。
2. **味覺**：在工作開始前，我總是會喝一杯冷萃黑咖啡，並放在身邊。咖啡因有幫助，但主要是心理上的，因為我很少喝完。
3. **視覺**：我的寫作桌子面對一扇窗戶，兩側是深色牆壁，還有一些植物和中性的藝術作品。
4. **聽覺**：我在 Spotify 上有一個名為「古典精華」（Classical Essentials）的播放列表。
5. **嗅覺**：我喜歡木頭的氣味，所以我的寫作角落有雪松／檀香的蠟燭或精油。

我通常每天進行兩次，早上第一次（大約早上五點）開始第一次深度寫作，午餐後（大約十二點三十分）開始第二次深度寫作。這個程序

已經成為一個非常有效的例行公事，使我快速進入心流狀態。

要建構屬於自己的序列，請靜下心，坐下來好好檢視五種感官。對於每種感官，回想你處於心流中的狀態。在工作時（或之前）這種感官的變化如何？把心流時期前後的感官差異寫下來，了解可以使用的選項範圍，最後為每種感官選擇最具可操作性和可重複性的選項。如果必須坐在義大利波西塔諾（Positano）的一家咖啡館裡俯瞰地中海，啜飲著二十歐元的濃縮咖啡才能進入心流狀態，很明顯那只能偶一為之（如果是這樣，我願意跟你換！）。如果在附近的咖啡店裡，聽著最喜歡的室內音樂時處於心流狀態，那可能可以常常去。

一旦為五種感官建立了可操作、可重複的方法，就可以訂出完整的個人啟動順序。在它成為習慣之前，請依照清單的順序啟動以進入深度工作狀態。

## 如何創造時間槓桿：有效的授權
### 支柱：專注與掌控

艾森豪矩陣建議將特定任務授權給對他們來說很重要的人，這種有效的授權並不是學校的標準課程，因此大多數人不知道如何做。本段會討論這個極有用的方法。

有效授權有三個核心原則：

1. **適當的任務分級**：根據任務的風險和可逆性來分析授權任務。將低風險、高可逆性的任務授權給他人，不太需要花力氣監督；但授權高風險、低可逆性的任務就需要大量監督。例如，日曆管理通常是低風險且可逆的，因此可以在最少的監督下進行授權，而關鍵客戶溝通具有高風險且不可逆，因此應該在大量監督下才能授權。在授權之前先明確分析，對於設定預期效果相當重要。
2. **明確的完成標準**：為每項任務建立明確的完成標準，包括可交

## 授權的層級

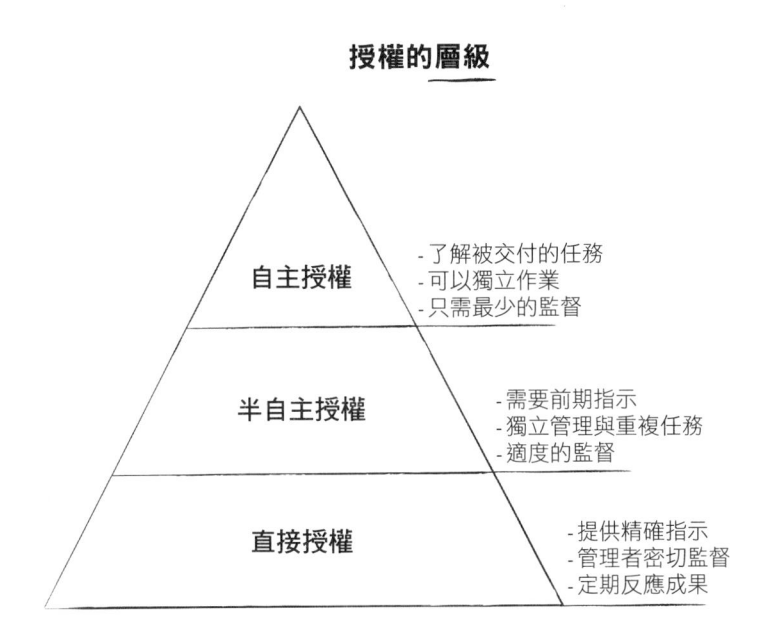

```
          自主授權
            /\       - 了解被交付的任務
           /  \      - 可以獨立作業
          /    \     - 只需最少的監督
         /_____\
        半自主授權
        /        \   - 需要前期指示
       /          \  - 獨立管理與重複任務
      /            \ - 適度的監督
     /_____\
         直接授權
      /              \ - 提供精確指示
     /                \- 管理者密切監督
    /_____\- 定期反應成果
```

付的成果、時間表、預期回饋循環和風險狀況。例如，要求某人「做客戶報告」比要求某人「在星期二中午之前建立客戶報告供執行團隊審查，然後在星期三與董事會的會議上做摘要報告」要差得多。前者是模稜兩可的；後者提供了明確的時間、重要性和用途，提高了高品質產出的可能。在繼續之前，請務必要求被授權的人用自己的話重複完成的標準，以確認彼此認知相同。

3. **持續的回饋循環**：最有效的授權是不斷的回饋循環，隨著增加新資訊的收集，參與工作的人變得更聰明、表現會更好。哪些進展順利、哪些出現缺失，以及如何改善整個流程進行協作。根據工作的不同，建立明確的監督、回饋和調整節奏，頻率可以是每日、每週或每月。

利用上述三個核心原則，可以將授權從基礎層級逐步提升到高等層

級。這三個級別如下所示：

- **基礎層級**：直接授權。提供完成任務的精確指示、密切監督、按照時間表定期反應成果，根據這個流程重複下去。
- **中等層級**：半自主授權。在適度的監督或干預下，提供被授權者任務的前期指示，擁有管理和重複任務的獨立性。
- **高等層級**：自主授權。參與者完全了解所需的任務，並在最小的監督或干預下獨立運作。

上述的授權方法，是在一段時間內，從基本的直接授權依序發展到上層的自主授權，利用有效授權有三個核心原則建立的架構，讓工作和生活有個全新的開始。

### 如何簡化承諾：拒絕的藝術
### 支柱：掌控

在《更快樂的1小時》一書中，作者凱西・霍姆斯提到了一種心理學家稱之為「好的—該死效應」的現象[9]。這個想法最早由北卡羅來納大學的加爾・札伯曼（Gal Zauberman）和杜克大學的約翰・林奇（John Lynch）提出，認為人類經常高估了他們未來將擁有的時間，因此常對未來的事情說「好」，因為假設他們有的是時間；但當未來的日期接近時，他們才發現自己錯了。換句話說，你一開始說：「好的」，然後未來的日期到了，你會說：「該死！」

---

9. 譯註：「好的—該死效應」（Yes-Damn Effect）：也有人譯成「好—幹效應」。是一種對未來時間過度樂觀導致過勞的現象，時間越長，這樣的現象越嚴重。因為低估未來會出現的任務，假設現在的忙碌只是暫時，未來就會消失。

想要掌控自己的時間，需要學會**拒絕的藝術**。

這裡有兩個簡單的方法：

對於個人承諾，使用「現在─立刻─馬上」（Right Now）測試法：

- 在決定是否接受某件事時，問自己：「**我現在立刻就會動手做嗎？**」在認知上，「現在─立刻─馬上」的意思可以是今天或明天。這個測試的目的是消除心理學家觀察到的未來時間扭曲現象；將要做的事放在當下，你會做出更清晰、理性的決定。
- 如果對「**我現在立刻就會動手做嗎？**」的回答是否定的，那就說不。
- 如果答案是肯定的，那就接受吧。

### 現在立刻馬上測試法

我現在立刻就會動手做嗎？

- 是 → 接受
- 否 → 說不

對於專業上的承諾，使用「新機會」（New Opportunity）測試法：

## 新機會測試法

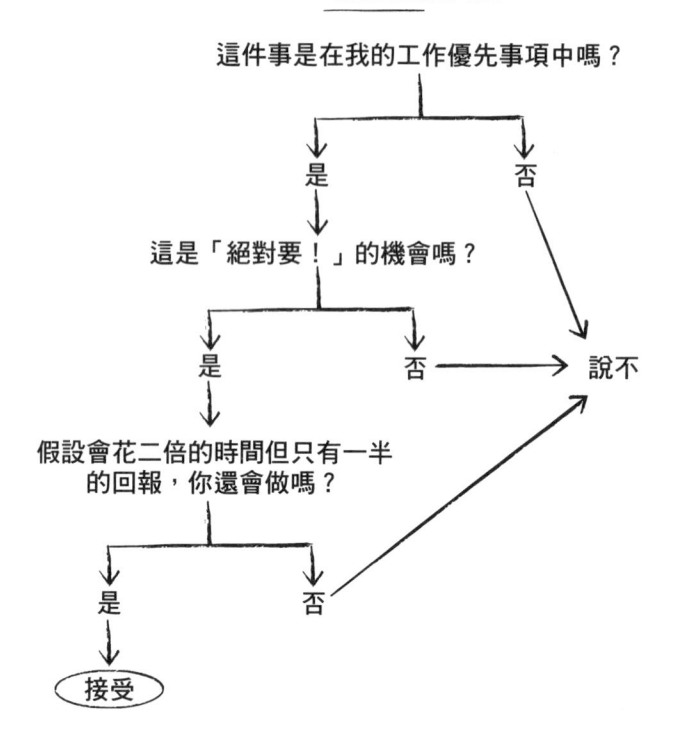

```
          這件事是在我的工作優先事項中嗎？
                    ↓         ↓
                   是         否
                    ↓                    ↓
         這是「絕對要！」的機會嗎？        
              ↓         ↓               
             是         否 ────→ 說不
              ↓                    ↑
    假設會花二倍的時間但只有一半      │
        的回報，你還會做嗎？          │
              ↓         ↓           │
             是         否 ──────────┘
              ↓
           ( 接受 )
```

**步驟 1**：參考先前練習中的兩份清單。這個機會是否屬於優先專業項目？如果不是，請說不。如果是，請到步驟 2。

**步驟 2**：這是一個「絕對要！」的機會嗎？作家德里克・西弗斯（Derek Sivers）提出了一個簡單的規則：如果某件事不是「絕對要！」，那就是不。如果是一個「絕對要！」的機會，請到步驟 3。

**步驟 3**：假設這個機會所需的時間是預期的兩倍，而回報卻只有一半——你還會做嗎？因為人類在接受新事物時往往過於樂觀。經由降低期望來強迫決策過程中加入一定程度的理性。如果現在的答案是「不」，請說不。如果答案是

「是」，那就去做吧。

使用這兩個簡單的方法——「現在—立刻—馬上」測試法和「新機會」測試法——可以掌握拒絕的藝術，並開始掌控屬於自己的時間。

## 如何管理時間：時間分配和四種專業時間

### 支柱：掌控

研究過去，可以應用於未來。班傑明・富蘭克林[10] 在他的自傳中分享了他的日記和日常生活作息的情況。富蘭克林使用時間分配的方法處理例行公事（如下所示），這是一種簡單的每日時間管理和工作策略，可以為特定活動設定處理的時間。

他的一整天被分成六個時段：

上午 5:00 到 8:00：起床、漱洗、禱告；規畫今日工作，要求當天完成；進行目前的研究；吃早餐。

上午 8:00 到中午 12:00：工作。

中午 12:00 到下午 2:00：閱讀或查看個人帳目；吃午餐。

下午 2:00 到 6:00：工作。

下午 6:00 到 10:00：放下工作，吃晚餐、音樂、休閒娛樂或和人聊天；檢視今日的工作。

晚上 10:00 到早上 5:00：睡覺。

富蘭克林的日常生活顯然省略了許多我們當前面臨的生活樣貌（養兒育女、家庭責任等），但我們可以利用它的結構來改善我們處理日常

---

10. 譯註：班傑明・富蘭克林（Benjamin Franklin, 1706-1790）：美國開國元勳之一，具有多重身分，也是科學家、出版商、記者、作家、慈善家；更是傑出的外交家及發明家。

## 富蘭克林的每日排程

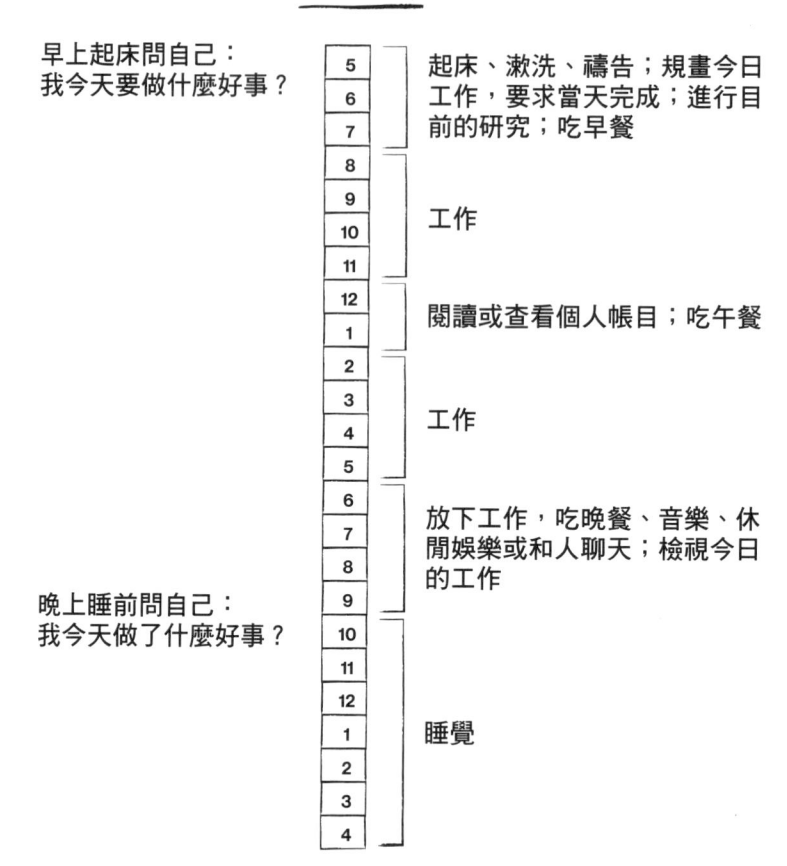

早上起床問自己：
我今天要做什麼好事？

| 時間 | 活動 |
|---|---|
| 5, 6, 7 | 起床、漱洗、禱告；規畫今日工作，要求當天完成；進行目前的研究；吃早餐 |
| 8, 9, 10, 11 | 工作 |
| 12, 1 | 閱讀或查看個人帳目；吃午餐 |
| 2, 3, 4, 5 | 工作 |
| 6, 7, 8, 9 | 放下工作，吃晚餐、音樂、休閒娛樂或和人聊天；檢視今日的工作 |
| 10, 11, 12, 1, 2, 3, 4 | 睡覺 |

晚上睡前問自己：
我今天做了什麼好事？

工作的方式。

時間分配的概念很簡單：將時間劃分成一段段區間，用於處理不同的工作。與其用待辦事項清單來管理生活，不如用日曆。時間分配利用了一個有效的心理學原則，為每段時間設定目標以推動工作進展。用這種方法計畫一天的工作，能夠讓你深入專注在每段時間的具體任務上，限制干擾的負面影響，並讓你對自己做什麼以及何時做有一定的掌控。

至於我自己，我將時間分配用在專業工作上，在個人時間上就不

這麼做（我不太喜歡在家庭、運動和休閒等事情上分配時間）。對於專業時間的分配，我用了一個自己開發的模型，將專業時間劃分為四個領域。

## 四種專業時間

專業時間有四種類型：

1. 管理。
2. 創造。
3. 運用。
4. 思考。

讓我們逐一了解各個類型，以便更清楚明白並運用。

### 類型 1：管理

**管理時間**是大多數人在專業時間上花費最多的，是大型組織的主要運作。

管理時間的典型活動包括：

- 會議。
- 通話。
- 簡報。
- 電子郵件處理。
- 團隊和人員管理。

它可以有很好的效率和高生產力，但也可能會讓團隊原地打轉而非持續前進。

### 類型 2：創造

**創造時間**是第二常見的專業工作時間類型。大多數人通常在管理時間的空檔時，努力想擠出時間來。

創造時間的典型活動包括：

- 記錄。
- 編碼。
- 建造。
- 準備。

創造是進步的來源。蓬勃發展的組織會專注在「創造時間」，並確保「管理時間」不會占用「創造時間」。

### 類型 3：運用

**運用時間**是兩種常被忽略的專業工作時間之一。這是創造和成長的新想法所產生的源頭。

運用時間的典型活動包括：

- 閱讀。
- 聆聽。
- 學習。

用《原子習慣》作者詹姆斯·克利爾的話來說，你所創造的一切，其實都來自你所**攝取**的內容[11]。能夠好好利用上游輸入的時間，以確保下游輸出的品質夠好。

---

11. Tim Ferriss, "James Clear, *Atomic Habits*," *The Tim Ferriss Show* (podcast), January 6, 2023, https://tim.blog/2023/01/06/james-clear-atomic-habits-transcript/.

## 類型 4：思考

**思考時間**是第二種常被忽略的專業工作時間。它是培育和發展新創意的關鍵時刻。

思考時間的典型活動包括：

- 腦力激盪。
- 寫日記。
- 散步。
- 自我檢視。

大多數人在日常專業生活中幾乎沒有靜心思考的時間，因此只能維持線性的進步模式，錯過那些需要創造性、非線性思維的不對稱機會。思考時間就是讓自己暫停和檢視。

在精進自己的專業時間管理之前，需要了解自己目前的狀況。我從一個簡單的日曆練習開始，以確定在四種專業時間類型的分配狀況。

從星期一開始，在每個工作日結束時，對當天的工作進行顏色的分類：

- 紅色：管理。
- 綠色：創造。
- 藍色：運用。
- 黃色：思考。

在一週結束時，查看日曆上顏色的整體分配，重點在觀察分配的趨勢。

- 哪種顏色占了日曆的大部分？
- 是否有留給創造時間？
- 顏色是有組織的還是隨機散布的？

這個簡單的練習能讓你清楚了解自己目前專業時間的分配狀況。從這個基準出發，朝著更理想的平衡分配努力。

## 達到最佳平衡的三個技巧

| | 星期一 | 星期二 | 星期三 | 星期四 | 星期五 |
|---|---|---|---|---|---|
| 7<br>8<br>9 | **創造**<br>1.編寫內容<br>2.影片拍攝 | **管理**<br>1.處理電子郵件<br>2.工作會議<br>3.團隊指示<br>4.財務工作 | **思考**<br>1.新的想法<br><br>**管理**<br>1.團隊指示<br>2.財務工作 | **創造**<br>1.編寫內容<br>2.影片拍攝 | **運用**<br>1.學習<br>2.閱讀<br>3.聆聽<br>4.觀察 |
| 10<br>11 | **管理**<br>1.處理電子郵件 | | | **運用**<br>1.閱讀 | |
| 12<br>1<br>2<br>3 | **運用**<br>1.學習<br>2.閱讀<br>3.聆聽 | **創造**<br>1.影片拍攝<br><br>**思考**<br>1.自由活動<br>2.創造性的思維 | **運用**<br>1.學習<br>2.閱讀<br>3.聆聽<br>4.觀察 | **管理**<br>1.處理電子郵件<br>2.工作會議<br>3.團隊指示 | **思考**<br>1.創造性思維<br><br>**管理**<br>1.工作會議<br>2.團隊指示 |
| 4<br>5<br>6<br>7<br>8 | **思考**<br>1.新的想法<br>2.自由活動<br>3.創造性思維 | **運用**<br>1.學習<br>2.閱讀<br>3.聆聽 | **創造**<br>1.編寫內容<br>2.影片拍攝 | **思考**<br>1.自由活動<br>2.創造力<br>3.挑戰性<br>4.機會 | **運用**<br>1.學習<br>2.閱讀<br>3.聆聽 |

### 技巧1：集中管理時間

**管理時間**對大多數人來說都是必要的，但如果讓管理時間占據了大部分，不但耗費精力，也浪費寶貴的時間。其中電話、會議、簡報和電子郵件往往無時無刻不存在，感覺自己一直很忙，跑得越來越快，卻一事無成。

利用帕金森法則，朝著集中時間表努力：

- 每天建立明確的管理時段，處理主要的管理活動。
- 每天有一到三個處理電子郵件的時段。
- 每天有一到三個處理電話和會議的時段。

集中時間表的目標是避免紅色區塊占據了每一天的時間表。我們試著讓管理時間的時段盡可能明確，為其他類型的時間創造空間。

註：隨著個人的職業發展，能力會漸漸提高。剛開始，細微的、漸進的集中管理時間是你的制勝法寶。當職業生涯更進一步時，你能夠做出更大的集中管理，工作效率將突飛猛進。

**技巧2：增加創造的時間**

創造是推動我們向前發展的動力，帶來更有用的計畫和機會。事實上，每個人都需要在日常生活中增加創造時間。

當你做到集中管理時間時，就能為創造時間騰出明確的時段。在日曆上標示出來。在創造時間內不要查看電子郵件或新聞，只專注於創造。

**技巧3：為運用和思考創造空間**

運用和思考是被遺忘的時間類型，因為多數人很少特別為它們留下時間，但它們有利於長期、累積的進步。歷史上最成功的人都養成了閱讀、聆聽、學習和思考的習慣。我們可以從中吸汲教訓。

首先，每週安排一個短暫的時間來好好運用和好好思考，並堅持要設定特定時段。先求有，再求多。

請牢記這三個技巧，就可以在四種類型的專業時間之中找到更好的平衡。試著去做，立即就能體驗到它的好處。

## 如何填滿新創造的時間：能量創造者
## 支柱：掌控

透過提高認知和集中注意力，本章〈時間財富指南〉中簡單、可操作的方法讓你能夠**創造出新的時間**。

接下來的關鍵問題就變成：你該如何利用這個新創造出來的時間？

- 應該參加哪些活動？
- 要追求什麼目標？
- 應該花更多的時間和誰在一起？

這就是掌控時間的力量：你有自由選擇如何支配。

以下是一個簡單的練習，幫助你面對接下來的章節時先理清思緒，考慮以下這個更長期的、放大視角的**能量日曆**：

回頭看前一年的日曆。個人和職業生活中的**能量創造者**是什麼？

- 工作以外有哪些活動讓人感到充滿活力與快樂？
- 誰讓你感到活力無窮？
- 哪些新的學習或心靈追求激發深入研究的興趣？
- 哪些場合創造了更平靜、更安寧和更清晰的思緒？
- 喜歡哪些運動？
- 哪些職業或金錢上的追求感覺很輕鬆（甚至有趣）？

回答這些問題的目的，完全是為了確定能讓你感到充實的事物為何，能夠決定什麼能為你的生命帶來活力，能將新創造的時間投入這些活動、人物和目標中。

接下來的四個部分——關於社會財富、心理財富、身體財富和金錢財富——將更深入地探討你可能希望分配一些新創造的時間給哪些領域。

旅程才剛剛開始，好戲還在後頭。

# 第 10 章

# 時間財富摘要

## 時間財富概覽

**大哉問**：你留了多少時間給心愛的人？

**時間財富的三大支柱**：

- **理解**：對時間有限、無常的理解。
- **專注**：能夠將注意力集中在重要的事物上（並忽略其他）。
- **掌控**：擁有自己的時間並自由決定如何運用。

**時間財富評分**：對於以下每個陳述，請用 0（非常不同意）、1（不同意）、2（中立）、3（同意）或 4（非常同意）作答。

1. 我深刻了解時間是有限的、無常的，而且是最寶貴的資產。
2. 我清楚了解個人和職業生活中的兩到三個最重要的優先事項。
3. 我能夠一直將注意力集中在確定的重要優先事項上。
4. 我很少感到太忙碌或分心，而無法花時間處理最重要的優先事項。
5. 我可以掌控自己的行程和優先事項。

你的分數（從 0 到 20 分）是：

## 目標、反目標和方法

使用目標設定來校準時間財富指南針：

- **目標**：希望在一年內達到的時間財富分數？在過程中，你需要達成哪些階段性目標（二到三個）？
- **反目標**：在過程中，你想避免哪些結果出現（二到三個）？
- **高槓桿系統**：為了在實現目標分數上取得具體、累積的進展，你會採取〈時間財富指南〉中的哪些方法（二到三個）？

### 一週快速入門

使用一週的能量日曆，以了解當前時間如何分配，標註創造或消耗能量的*趨勢*。

在一張紙上，將能量創造的活動寫在左側，將能量消耗的活動寫在右側。在能量創造清單下方，寫下未來可以在這些活動上花更多時間的方法。在能量消耗清單下方，寫下未來可以在這些活動上花更少時間的方法。

多專注在能量創造的活動，減少能量消耗的活動，建立更富足的生活。

# 第 3 部

# 社會財富

# 第 11 章

# 大哉問

## 在葬禮上，誰會坐在前排？

2023 年 1 月，艾瑞克・牛頓（Erik Newton）過著典型四十多歲男人的生活。兩年前，他和妻子奧布里（Aubrie）迎來了他們的第一個孩子，他們為女兒取名為羅米（Romy）。羅米的誕生，讓二人的世界充滿了從未經歷過的快樂，她的到來讓他們的生活更圓滿。在女兒出生的最初幾年，艾瑞克瘋狂工作，在矽谷的一家初創公司擔任營運長，沒日沒夜地埋頭苦幹。2023 年 2 月，他決定是時候了，於是辭掉工作，離開了公司，思考接下來該做什麼。

但不幸的是，命運另有安排。

幾個月前，奧布里開始感到身體非常疲憊，醫生對她的症狀並沒有多做診斷，只告訴她可能是剛當新手媽媽的緣故。幾個月後症狀仍不見好轉，奧布里決定做一次全面的血液檢查。一天晚上，當他們把羅米哄睡後，正準備坐下來看場電影時，奧布里的電話響了。

「醫生不會在晚上九點打電話給你，當下我們就有預感不對勁。」艾瑞克回憶看到醫生辦公室號碼的來電顯示時的反應。

「你需要馬上來一趟急診室。」醫院通知她。

接下來的二十四小時是一連串的檢查，以及身處在螢光燈照明下不

同病房的模糊記憶。最後，一群面無表情的醫生走進來，拉開了布簾，說明檢查結果。艾瑞克頓時感到生命從體內消逝：奧布里得了血癌，是一種非常罕見的癌症，且預後並不樂觀[1]。艾瑞克和奧布里難以置信地盯著掃描結果。「她的全身都長滿了腫瘤，肺、脾、胃、脖子。意思是，癌症已經擴散。」艾瑞克回憶道。

即使已事過境遷，陳述這段過往時，艾瑞克眼裡依然含著淚水。他告訴我接下來八個月的心情就像坐雲霄飛車一樣。「我們從對新治療充滿希望，到認為她只能再活幾天，然後又充滿希望。我們已經非常習慣在她進入手術室之前告別，不管做的是哪種手術。」

到了當年秋天，奧布里走入了人生的末期。2023 年 11 月 2 日，奧布里・牛頓在愛的陪伴下安詳地去世。在她離開後的一段時間裡，艾瑞克在努力走出悲傷之餘，還得為養育兩歲半的女兒負起責任。女兒經常問起：「媽媽在哪裡？」她是用她的方法面對失去的親人。

艾瑞克和我在 2023 年 12 月談論到此事，當時他仍然處於悲痛中，但他想起二人的愛情中無法形容的美好，以及她最後幾天教會他的東西。

「奧布里和我很早就墜入愛河，但在她治療期間我發現我們的感情比我想像的還要深。每天面對可能的死亡讓我們根本不去想那些無聊的事情，只專注於重要的事。我們感情越深，她的離開顯得越悲痛。當然，我不會用它來換整個世界，也不會換任何東西。如此深刻的愛超過了我所經歷的一切事情，這才是最重要的。」

艾瑞克說，越接近生命的盡頭，奧布里似乎領悟到一個新的層次。「她唯一的遺憾，是沒有花更多時間與她所關心的人相處。從另一個方面看，她的遺憾變成了頓悟，唯一重要的只有我們所愛的人。」

---

1. 譯註：預後（prognosis）：醫學名詞，指根據病人當前狀況來推估未來經過治療後可能的結果。

當談到作為新手父親的共同話題，以及他在奧布里診斷之前是如何全心投入工作時，艾瑞克反省了工作與父親身分之間的衝突。「生活中有很多我們必須去做的事，而這些事情往往使我們無法全心全意地去思考愛。但請記住我們去做這些事情的根本原因，並且把它放在**中心位置**。而這不會是金錢。」

閉上眼睛，深呼吸三次。想像一下你已經死了，並出席了你的葬禮。人們走進來，哭泣，互相擁抱。大家坐下。這時，哪些人會坐在前排？想像一下他們的臉。這些前排的人才是真正重要的人。

張開你的眼睛，想想他們：

- 你為那些在你心中占有特殊位置的人做了什麼？
- 你如何讓這些人知道他們對你有多重要？
- 你會優先考慮與他們在一起的時光，還是任一切稍縱即逝？

這些問題的答案就是社會財富的基礎——與心中那幾個重要的、不可取代的人的深交。這些人與你建立的深刻、有意義且健康的關係，始終是你一生穩定的支援和愛的基礎；他們可以陪你嚐盡生活當中的酸甜苦辣。無論你是外向還是內向，是社交花蝴蝶還是離群索居，你都可以並且應該有這樣的基礎，因為隨著年齡的增長，在困難時期有他人支持與否會變得越來越重要。

社會財富建立在這種**深度**的基礎上——建立在你與這些少數、珍貴的關係的連結強度上。它透過**廣度**得以擴展——與更廣泛的朋友圈、社群和文化的聯繫。而且，它的地位崇高，是用錢買不到的、恆久的社會地位。

然而，會有許多股力量阻礙你建立這種社會財富。在過去的三十年裡，科技讓人們之間的距離更近，但我們卻比以往任何時候都更加孤獨：

- 多少次走在擁擠的街道上，全神貫注於手機，而沒有看別人的眼睛？
- 多少次和家人或朋友坐在一起，但仍然感覺很疏遠，反而對最新 app 上完全陌生的人感興趣？
- 多少次緊急簡訊、電子郵件或工作通知將注意力從坐在面前的人身上拉開？

科技創新增強了人們與周圍世界的連結。我們有了**更多的連結**，但卻感到**更少的聯繫**。

人與人之間的聯繫為生命提供了恆久的品質和意義。如果沒有社會財富，任何其他領域的成就都會顯得不夠充實，甚至平淡無奇。想像自己獨自一人在私人飛機或遊艇上，如果沒有愛來填滿，再大的房子又有什麼用呢？

建立社會財富生活的願望，是我和妻子搬到 3,000 英里外的原因，我們想要離父母更近一些。這也讓一位六十多歲的讀者維姬‧蘭迪斯（Vicki Landis）放棄了自己的生活，搬到了北卡羅來納州，離她的三個兒子更近一些。在說明這個決定時，她寫道：「我讀過你的文章中，對我的生活改變最大的一篇，就是你多久見一次父母？──還剩下幾次見面那篇。它對我產生了巨大的影響，因此，我搬到兒子們住的地方。」這也是艾瑞克和奧布里因為命運的打擊，決定將生活重心放在愛的原因。

傳統觀點認為，人們應該專注於過程，而不是目的。

我不同意。

所有的關注都在於**人**。與樂觀的人在一起，過程變得更加美好，目的也變得更加燦爛。你不可能單打獨鬥一段完美的旅程。專注伴侶──你想與之同行的人──精彩的過程就會隨之而來。與鼓舞人心、真誠、善良、積極的人為伍，從來都沒有壞處。

找到坐在前排的人，珍惜他們，並成為他們的一部分。

# 第 12 章

# 獨特的社會物種

美國人類學家瑪格麗特·米德（Margaret Mead）[1]有一次被問到她認為什麼是人類文明社會的第一個標誌。提問的學生原本預期她的回答會是工具、洞穴畫或其他古代文物，但米德將問題導向了一個有趣的方向。她回答：人類文明的第一個標誌是一根癒合的骨折股骨。為什麼這位人類學家如此重視發現這一根古老的骨頭？

股骨（大腿骨）是人體中最長的骨頭，由於股骨與所有核心運動相關，對於我們祖先在野外的生存尤其重要。股骨骨折需要很長時間才能癒合，有時長達十週。米德推斷，在古文明社會，股骨骨折等於死刑。部落的生存會優先於個體的需求，而不幸的受害者將被遺棄。但**癒合的股骨**代表這個人得到了照顧，這顯示過去的生存思維出現了變化。她認為這是文明社會的第一個標誌——在需要時願意互相照顧。

多年來，這則軼事的真實性一直受到質疑，但它的觀點卻很清楚：

---

1. 譯註：瑪格麗特·米德（Margaret Mead, 1901-1978）：二十世紀最有名的人類學家之一，她的出道作《薩摩亞人的成年》不只在人類學界，也影響了二十世紀的整個美國，更將人類學普及化。

人類對聯繫、愛、合作和支持的渴望和需求，是這個物種得以生存和繁衍的原因。

人類歷史上有很多說明社會連結如何與進步、文化和幸福交織在一起的例子。我們最早的人類祖先在大約七十萬年前便走遍地球[2]，他們的大腦容量和今天的我們相似。生活上他們發展了分工，擁有公共聚會空間，甚至可能埋葬了死者。狩獵採集者靠著溝通和合作努力來捕獵大型動物。打倒一頭重達1萬磅的猛獁象，所需的合作和力量的互相協調是相當不可思議的。

古代人類的城市通常包括精心設計的聚會場所，人們聚集在一起進行政治、社會和文化活動。從古希臘的市集到古羅馬的廣場；從摩亨約達羅[3]的開放公共空間到古印加人的祭典廣場；從神秘的巨石陣到培布洛人[4]的培布洛博尼托祭壇遺址。我們可以說，社會連結一直是人類生活背後的驅動力。口語和書寫的發展是為了跨越時空傳播訊息和知識的管道。

社會連結最初只是一種簡單的生存方式，是資源和互助的分享，但後來慢慢發展成一種戰略資源，語言使人類網絡更加廣泛，且彼此更能協調（無論好壞）。歷史上無數戰爭的發生，都是來自某一類社交網絡（地區、國家、宗教等）之間的衝突，數百萬的生命因而喪失。人類是一種複雜的物種；同樣的社交連結可以促進愛與生存，也會導致戰爭、

---

2. Emily Esfahani Smith, "Social Connection Makes a Better Brain," *The Atlantic*, October 29, 2013, https://www.theatlantic.com/health/archive/2013/10/social-connection-makes-a-better-brain/280934/.

3. 譯註：摩亨約達羅（Mohenjo Daro, 2600 B.C-1800 B.C），亦有「死亡之丘」（Mound of the Dead）之稱，是人類文明發展史上主要的早期古代城市，是印度河流域文明的重要城市，位於現今巴基斯坦信德省。

4. 譯註：培布洛人（Pueblo）：是居住於美國西南部的美洲原住民。他們並非遊牧民族，而是靠農耕維生，居住在一種用泥磚（adobe）建成的建築物內，最古老的有一千三百多年的歷史。

謀殺、悲傷和失落。

人類學家羅賓・鄧巴最著名的成就，是透過研究確定了一個人可以維持穩定社會關係的數量（以鄧巴命名，最適切的數字是 150）[5]。他還發現，社會群體的大小是物種大腦容量的最佳預測指標。相對於體型，人類的大腦顯得特別大，鄧巴將其歸因於人類高度社會化的結果。

簡而言之：你之所以有社交能力，因為你是人類；而你之所以是人類，是因為你有社交能力。

## 「人際關係、人際關係、人際關係」

1938 年，麻州波士頓兩個互不相關的研究小組，分別開始追蹤兩組截然不同的年輕人的生活。這兩個團隊當時並不知道，他們在 1938 年開始的研究會成為有史以來最重要的人類發展研究，並永遠改變科學家對人際關係的看法。

第一個研究團隊由哈佛大學的醫生阿爾利・博克（Arlie Bock）博士領導，他希望擺脫醫學中專注於疾病的趨勢，而是研究正常生活和成功的特徵。博克博士希望這樣的研究能分析出普遍的幸福、健康和成功的秘訣，他相信結果會比透過傳統的研究過程所獲得的任何成果都更具說服力。在波士頓的百貨公司大亨格蘭特（W. T. Grant）的資金支持下，他開始了名為「格蘭特研究」（Grant Study）的工作。格蘭特研究一開始有 268 名哈佛大學部男生參加。

另一個研究團隊由謝爾登・格魯克（Sheldon Glueck）及其妻子埃莉諾（Eleanor）領導，兩人均為哈佛法學院的教職員，都專注研究青少年犯罪和刑事行為。格魯克夫婦將研究重點放在來自波士頓最困難家庭和

---

5. 譯註：羅賓・鄧巴（Robin Dunbar）：英國生物人類學家。他最著名的成就是提出「鄧巴數」，它是對「一個人能夠與之保持穩定關係的個體數量的認知極限」的測量。

社區的 456 名男孩身上，試圖確定導致犯罪行為的因素。

三十多年過去了，這兩個縱向研究各自進行，卻如同鏡像一般：一個研究社會最頂尖階層的生活，另一個研究最弱勢群體的生活。到了 1972 年，哈佛大學精神病學家和研究員喬治・華倫特[6]博士接手「格蘭特研究」主持人，將格魯克夫婦的研究成果整合進格蘭特研究中，這是歷史性的重要貢獻。這種整合大大擴大了參與者的社會經濟基礎的廣度，並開啟一系列更深入的研究範疇。

每當興趣逐漸降低或最初的金主離開（或去世！）時，長時間的縱向研究往往就會面臨資金問題，但華倫特博士卓越的領導和說故事的能力，使研究得以持續下去。值得注意的是，截至撰寫本文時，格蘭特研究（現正式名稱為「哈佛成人發展研究」）在成立八十五年後仍在運作。研究人員每兩年向參與者進行調查，收集數據，該調查包含數千個關於生活滿意度、健康、情緒等的問題；他們每五年另外進行一次全面的生理測試。該研究追蹤和測量了總共 724 名男性初始參與者和 1,300 多名其後代子孫（包括男性和女性）的生活。該研究被公認為是關於個人健康和幸福的最長的縱向研究。

雖然這項研究的發現廣泛而深遠，但其最重要的結論很簡單：單就字面來看，人際關係就是一切。

華倫特博士直言不諱地說：「健康老化的關鍵是人際關係、人際關係、人際關係。」[7]

研究發現，穩固、健康的人際關係是生活滿意度的最佳要素，遠遠超過其他假設的預測要素，像是社會階層、財富、名譽、智商和遺傳。

---

6. 譯註：喬治・華倫特（George Eman Vaillant）：美國精神病學家，哈佛醫學院教授，研究生涯中繪製了成年人的發展情況以及思覺失調症，海洛因成癮，酗酒和人格障礙的康復過程。著有《哈佛教你幸福一輩子》（天下文化，2018/04/30）。

7. Michael Miller, "What Makes a Good Life?," *Six Seconds* (blog), April 19, 2021, https://www.6seconds.org/2021/04/19/harvard-grant-study/.

更重要的是，研究也發現，人際關係滿意度對身體健康有直接的正面影響。現任主任羅伯特‧瓦爾丁格（Robert Waldinger）在一次 TED 演講中強調了這個發現，該演講的觀看次數已超過 5,000 萬次。「並不是膽固醇高低顯示他們是否老了，」他說。「而是他們對自己的人際關係有多滿意。五十歲時對人際關係最滿意的人，在八十歲時最健康。」

**再說一次：八十歲身體健康的一個最大預測指標是：五十歲時的人際關係滿意度。**

另一方面，人們發現孤獨對健康的影響比吸煙或飲酒更糟糕。瓦爾丁格博士總結說：「照顧好自己的身體很重要，但顧好自己的人際關係也是自我照顧的一種。我認為這就是最好的說明。」

哈佛大學成人發展研究的研究人員會問參與者：如果你半夜生病或感到害怕時，你會打電話給誰？得到的回答從一長串名字到「沒有人」都有。這是衡量一個重要指標「孤獨」的簡單方法。瓦爾丁格博士對那些回答「沒有人」的人評論是：「那是真正的孤獨，這種感覺讓我覺得世界上沒有人支持我。這樣的代價是巨大的。它讓我們感到不被愛和不安全，最終會損害我們的健康。」

## 孤獨感大流行

我的外祖母維瑪拉‧帕瓦爾‧雷迪（Vimala Pawar Reddy），出生並成長於印度，是一位堅強而自豪的女性。她是一個有魅力、善於講故事、從小到大都在群體中成長的社交型女性。我清楚記得在小時候無數個日夜，我坐在地板上，聽著她跟我和其他孫子孫女講述她年輕時的故事，包括惡作劇、冒險和瀕臨死亡的經歷。事實上，她是一個從不遠離朋友及摯愛的人的女性，當我的外祖父在晚年時建造一所房子時，地點選在他們三對最親密朋友附近的小巷子裡，以確保即使他去世後，他外向的妻子還能有人陪伴。後來當外祖父在 2006 年去世後，她身邊仍然

有著朋友的愛。後來，這條小巷子上四戶人家的男人一一去世了，但他們的妻子還活著。事實證明，無論順境或逆境，友誼和愛情都是生命的源泉。

　　我的外祖母活得相當快樂，在 2019 年的九十歲生日慶生活動上，她拿起麥克風，露出甜美、孩子般的微笑，並感謝大家的出席。但和世界上大多數人一樣，她對不久之後發生的疫情毫無準備。在 2020 年 3 月到 2022 年中的疫情反覆封鎖期間，短短兩年內她彷彿老了二十歲。平日繁忙的社交活動，包括每週的拼字遊戲俱樂部、每日午餐和定期拜訪家人朋友，突然都陷入了停擺。她從未感染過肺炎，但這段期間她的健康狀況和認知能力卻明顯走下坡，根據前面的研究，這可能純粹是缺乏人際互動所造成的。2023 年 1 月的某個晚上，我特別去探望她時，她還顯得格外緊張。但就在第二天，她已經能起床走動，積極找朋友聊天，甚至在拼字遊戲中談笑風生，連續贏了我和我的哈佛教授父親（同時安慰我們說她「只是運氣好而已」）。社交聯繫、溫暖和愛是治療她各種疾病的最佳良藥。

　　2023 年，美國衛生局局長維韋克・穆爾蒂（Vivek Murthy）發布了名為《我們的孤獨與隔離流行病》的報告[8]，這份報告涵蓋性十分全面，為我的觀察和經驗增添了科學的實證基礎。報告指出，在疫情期間，人們的網路連結處於歷史最高水準，96% 至 99% 的青少年和六十五歲以下的成年人頻繁使用網路。一直以來，美國人平均每天使用六小時網路，而疫情期間，大約三分之一的美國成年人表示，他們「幾乎一直」保持聯網。社群媒體的使用率從 2005 年的 5% 增加到 2019 年的 80%，到 2022 年，95% 的青少年表示有使用社群媒體。

---

8. Vivek H. Murthy, "Our Epidemic of Loneliness and Isolation," U.S. Surgeon General's Advisory, May 2, 2023, https://www.hhs.gov/sites/default/files/surgeon-general-social-connection-advisory.pdf.

這可不是件小事，科技持續發展讓我們逐漸失去面對面的人際互動，這是一場注意力危機的零和戰爭。當社群媒體和科技不斷占據人們的時間，孤獨感和社會孤立感便會上升。在社群媒體時代，美國人獨處的時間持續增加，從 2003 年的每天 285 分鐘增加到 2019 年的每天 309 分鐘（根據 2020 年的調查，新冠疫情期間平均每天獨處時間為 333 分鐘）[9]。

這就是許多人所說的「友誼衰退」（friendship recession）。根據衛生局局長報告中引用的一項研究[10]，從 1976 年到 2019 年，年輕人的孤獨感每年都在增加。與二十年前相比，青少年和年輕人與朋友面對面的時間減少了 70%[11]。這種趨勢對男性而言尤其可怕，15% 的男性表示他們沒有親密關係的友誼（比 1990 年增加了五倍）；在同一時期，自稱擁有至少六段親密友誼的男性人數減少了一半[12]。2022 年蓋洛普的一項研究發現，只有 39% 的美國成年人覺得與他人的聯繫非常緊密[13]。雖然疫情可能放大了對孤獨的感受，但很明顯，這種感受已經持續增加很長時間。

遺憾的是，我的外祖母於 2023 年 10 月去世。在我看來，她是這個新興的、普遍的全球孤獨大流行的另一個受害者。我們創造和使用的先進技術正在侵蝕著我們自己，也許不是以人們最喜愛的科幻驚悚片中那

---

9. Viji Diane Kannan and Peter J. Veazie, "US Trends in Social Isolation, Social Engagement, and Companionship—Nationally and by Age, Sex, Race/Ethnicity, Family Income, and Work Hours, 2003–2020," *SSM Population Health* 21 (March 2023): 101331, https://doi.org/10.1016/j.ssmph.2022.101331.

10. Susanne Buecker et al., "Is Loneliness in Emerging Adults Increasing over Time? A Preregistered Cross-Temporal Meta-Analysis and Systematic Review," *Psychological Bulletin* 147, no. 8 (August 2021): 787–805, https://doi.org/10.103/bul0000332.

11. Kannan and Veazie, "US Trends in Social Isolation."

12. Daniel A. Cox, "Men's Social Circles Are Shrinking," Survey Center on American Life, June 29, 2021, https://www.americansurveycenter.org/why-mens-social-circles-are-shrinking/.

13. Gallup and Meta, "The Global State of Social Connections," Gallup.com, June 27, 2024, https://www.gallup.com/analytics/509675/state-of-social-connections.aspx.

種反烏托邦、機器人攻擊的方式呈現，而是以一種沉默的、特洛伊木馬的方式逐漸入侵，但這種方式更令人恐懼。更重要的是，在眾人一致推崇賺到最多錢的文化裡，我們的行動卻讓孤獨感加速增加。

## 最佳化陷阱

2021年，一項對近期遷居的美國人進行的調查中，約三分之一的人對這個決定表達了一定程度的後悔，其中最常見的原因是離開朋友和家人[14]。所謂的2021年大辭職潮，美國經歷了前所未有的勞動力市場震盪，現在被戲稱為「大遺憾潮」[15]；最近的一項調查顯示，大約80%的跳槽者對這一決定感到後悔。根據《財星》（Fortune）雜誌引用的調查文章，「跳槽者最常給出的希望回到前雇主身邊的原因是：想念舊同事。幾乎三分之一的受訪者表示他們想念以前的團隊[16]。」喪失了熟悉而穩定的關係，超過了薪水、地理或靈活性的優勢。

當你未能衡量和重視屬於自己的社會財富時，在作任何決定時就不會考量到它。

這裡有一個重要的觀點，特別是關於地理上優勢、數位遊牧文化[17]、

---

14. Volodymyr Kupriyanov, "2021 Study: Do People Actually Regret Moving?," *Hire a Helper* (blog), June 3, 2021, https://blog.hirehelper.com/2021-study-do-people-actually-regret-moving/.
15. 譯註：大遺憾潮（the Great Regret）：指的是新冠疫情造成勞工短缺，各大企業祭出薪資福利誘因，引發大辭職潮（the Great Resignation），2021年就有約4,700萬美國人離職，2022年的離職高峰期，每月平均有創紀錄的450萬名勞工辭職。然而後來調查顯示，2022年換工作者對工作的滿意度低於沒換的人，當時換工作者有80%表示後悔。反應因疫情受大幅加薪吸引的人，可能沒有考慮到工作相關的重要事項，因而出現了「大遺憾潮」，也證明錢不能解決一切。
16. Eleanor Pringle, "The 'Great Resignation' Is Now the 'Great Regret,'" *Fortune*, February 9, 2023, https://fortune.com/2023/02/09/great-resignation-now-great-regret-gen-z-wish-they-had-not-quit-old-job/.
17. 譯註：數位遊牧（digital nomad）指利用網路行動工作，兼顧工作、生活和旅行的一種生活方式。

稅務最佳化等流行的背景下：

- 如果你是孤獨的，那麼賺到最多錢又有什麼意義？
- 有多少人為了省錢而賣掉自己的房子，搬到了稅率較低的地區，卻發現沒有家人和朋友，家的感覺沒有了？
- 有多少人搭飛機環遊世界，看到了令人讚嘆的景觀，卻發現獨自欣賞其實沒有什麼意義？
- 有多少人在新的公司找到了高薪工作，卻發現自己在沒有伙伴、朋友和家人的情況下變得非常不快樂？

一位三十歲出頭的好朋友在紐約市擁有豐富的社交生活，但他決定搬到一小時車程以外的地方，以避免萬一公司被收購或公開上市時，需要繳納巨額城市稅，因為這會大大影響他的財富。但僅僅六個月後，他發現自己的想法錯誤：「我的帳戶節省了數十萬美元，但我沒有考慮到人際關係和社交生活，而這些對我來說非常重要。」十二個月後，他決定搬回紐約市，繳了所有應付的稅款。如果你問我，我要說這是一個明智的選擇。

因經濟原因移居國外後往往會感到孤獨和社交孤立，這是 Reddit 上熱門的 r/expats 上的一個常見主題[18]。在最近的一篇貼文中，一位用戶提到：「我喜歡我的工作和同事，（但）我患有憂鬱症和焦慮症，獨自生活對我來說真的很困難。在過去的兩週裡，我每晚都在打電話給我的父母……這對我造成了很大的壓力，於是我請了幾週的假，回家陪家人在一起。」

以上的研究、故事和見解都圍繞著一個基本現實：你可以忽視社會財富的重要性，但這樣做的風險是自己的長期幸福和滿足感不保。

---

18. 譯註：r/expats：Reddit 中關於海外工作及移民的論壇。

我的經驗告訴我：沒有什麼比住在家人和最親密的朋友的附近更能增進我們的生活品質。與你所愛的人保持近距離的價值，遠超過任何工作所能給的。

　　你需要食物、水和房子才能生存，但人際關係才能讓你成長。

# 第 13 章

# 日子很長，歲月很短

## 父母、子女和虛擲的光陰

　　格雷格・斯隆（Greg Sloan）一度在人生的快車道上。

　　剛三十歲出頭，他就晉升為全球最負盛名的金融機構之一高盛的副總裁，並獲得多家知名企業的信任，擔任公司財務顧問。他的專業知識和意見很有價值，也反映在他穩定增加的薪水和獎金裡。

　　格雷格正在實現他想要的一切——金錢、信任、客戶名單、尊重：該有的都具備了。前途光明且發展無限，直到有一天，與他五歲兒子的一次簡單互動改變了一切。

　　當時兒子的幼兒園正舉辦一場與爸爸一起吃甜甜圈的活動，爸爸與孩子一起度過了一個充滿甜甜圈和趣味活動的早晨。不幸的是，格雷格當時正在出差，他不得不錯過這次的活動。當他的妻子告訴兒子這個消息時，他聳聳肩說：「沒關係，反正爸爸從來都不在身邊。」

　　那天晚上，妻子向格雷格重複這句話時，他感覺很受傷。當下他決定，這就是那最後一根稻草。

　　「我後來便辭去了高盛的工作。我的兒子現在二十四歲。對於辭去工作，我沒有任何遺憾。」

## 神奇的歲月

十年內，你是孩子在全世界最喜歡的人。

因為十年後，孩子們有其他喜歡的人——最好的朋友、女朋友、男朋友、伴侶，最後是他們自己的孩子。但在那十年裡，你就是孩子的一切。你在他們的世界裡占有獨特的位置，而這段時間正是親子關係建立的基礎，而親子關係對多數人的社會財富而言非常重要。它可能穩固持續數十年，也可能在幾年內脆弱瓦解。但有一個不爭的事實是：當孩子十八歲時，你幾乎就用完了所有能夠陪伴他們的時間。然而，我們身處的社會模式，讓孩子的成長時期與父母的工作高峰、出差和更多的專業責任重疊。對我們許多人來說，這段時間稍縱即逝，辦公室加班的深夜、一個接一個的會議、餐桌上的電子郵件和週末的電話會議。

在 2023 年 5 月，一位 Reddit 會員貼文寫道：「二十年後，唯一記得你工作到很晚的人就是你的孩子。」許多網友的回覆十分感性，例如「墓地躺滿著『不可替代』和『重要』的人」[1]，以及「我錯過了很多生日、遊戲和活動，我甚至無法告訴你為什麼。因為我不記得當時我在做什麼，我無法告訴你為什麼它很重要。但我可以告訴你，我的缺席給孩子們帶來了怎樣的感受。」

對此我有兩個感想：

1. 與你所愛的人在一起並共度時光是最重要的事情。
2. 讓你愛的人看到你在關心的事情上努力付出，會是他們一輩子記住的原則。

---

[1] 譯註：這句話引用法國故總統戴高樂的名言：The graveyards are full of indispensable men。意思是沒有人是不能被取代的。

上述第二點的重要性和價值常常在工作與生活間的平衡中被忽視。理解、駕馭和平衡工作與生活才是真正「贏得」人生競賽的關鍵。換句話說，人生目標不應是為了時時刻刻陪伴孩子而犧牲職涯發展、限制增強專業的潛力，或停止學習及成長。

目標應該是有明確的選擇——定義屬於自己的平衡，按照自己的設計而不是遵從別人的預設。

目標應該是提出問題並設計自己的答案，而不是盲目接受別人告訴你的「正確」解答。

目標應該是了解這短短的十年有著不同的意義，這時可能不是尋求晉陞或工作新角色的合適時機。至少，你需要認識並理解如果這樣做的取捨為何。

格雷格‧斯隆做出了他的選擇。當他的同事喝下「財務成功就能解決工作與生活平衡問題」的酷愛飲料[2]時，他選擇了不同的道路。多年後回顧他的決定，格雷格微笑著說：「離開（高盛）讓我能夠指導兒子的棒球隊，並參與他的運動。他現在二十四歲，我們的關係很好。」他甚至將這一大膽的選擇歸功於拯救了他的婚姻：「我相信如果我留下來，凱瑟琳和我很可能會離婚。長年出差的生活方式和高壓工作對我們的婚姻來說根本不健康。而如今我們將在六月慶祝結婚三十一週年。」

選擇的能力本身就是一種特權，它需要在生活上具備一定的基本舒適度。對於那些有選擇能力的人來說，重要的是別陷入預設的路徑而浪費了選擇的能力。本書再三強調：提出問題、清晰思考並努力權衡。

我的這些方法是受到父親的經驗啟發。我永遠記得他具備平衡兩種生活型態的能力。他會回家吃晚餐，和我在外面傳接棒球，然後在我上床後加班工作。我自己的人生觀和工作倫理很大程度上來自於他，對

---

2. 譯註：酷愛飲料（Kool-Aid）：一種即溶粉末飲料，有各種水果口味，用粉末加水而成。現為美國卡夫（Kraft）食品公司擁有的品牌。

於能夠增長他智慧的事情上格外努力，但他從不讓這些事情耽誤了最重要的——他的家庭。我清楚記得在我十歲時和他一起去國外出差。當我在長途飛行中看電影和吃零食時，他整整連續工作十二個小時準備他的簡報。當我一臉不可置信地問他為什麼在整段飛行中沒有看過一部電影時，他微笑著回答：「為了達到對自己的期望，能夠一邊工作，一邊帶你一起去旅行，這麼做是必要的。」

我總覺得自己的成長經驗跟他的工作息息相關，因為他會花時間解**釋原因**——為什麼他在努力工作，以及他希望透過這些工作實現什麼目標。讓所愛的人參與人生的旅程是一件美好的事情。他們會了解你為什麼努力工作，創造共同的價值，並感到與你的成長和成就息息相關。在這樣的背景下，因工作而缺席某些活動會比較容易理解和體諒。

神奇的歲月應該是：珍惜這十年，陪伴在身邊，享受與孩子相處的那段極其短暫的時光。停下任何遞延幸福的計畫，像是：「好吧，我現在要努力工作，這樣我在六十歲時就能快樂並花時間和我的孩子在一起。」

因為當你六十歲時，他們不再是三歲小孩了。

如果你讓這短暫的時光溜走，神奇的歲月將會逐漸消失。拒絕預設的路徑，提出問題，**擁抱短暫時光**，規畫適合自己的人生。

永遠記住：日子很長，但歲月很短。

# 第 14 章
# 社會財富的三大支柱

2022年初，一位二十八歲的訂閱者發來的一則訊息引起了我的注意。

羅漢‧文卡特許（Rohan Venkatesh）就像是年輕時的我。他是兩位印度移民的長子，在麻州波士頓郊外的一個小鎮長大，以優異成績畢業於當地的公立高中，後來進入波士頓的東北大學，以優等榮譽（Magna cum laude）[1]的成績畢業，接著進入了金融業，在一家以要求嚴格著名的投資銀行擔任分析師。經過幾年的優秀表現後，他轉換到了一家基金公司，承擔更大的責任。就像當年的我一樣，他埋頭苦幹，努力認真，深信只要犧牲奮鬥，美好的一天就會到來。

一切都如此順利，直到 2021 年 8 月的一個早晨，一切都改變了。

那天早上，羅漢醒來，準備好迎接嶄新的一天。他剛剛接受了一份新工作，地點是在紐約市中心的一間辦公室。早上起床後與往常一樣：

---

1. 譯註：美國大學畢業成績有所謂最高榮譽（Summa cum laude）、優等榮譽（Magna cum laude）、優良表現（cum laude）。各校標準不同。例如哥倫比亞大學系排名前5%可獲得最高榮譽，接下來10%可獲得優等榮譽，再接下來10%可獲得優良表現。

先工作一會兒，然後和母親一起跑步，這已經成為一種習慣。不過當天在跑步的時候，羅漢感到一條腿有些異樣。一開始他以為是因為工作太忙或睡眠不足導致疲累。他慢慢走回家，接到一個工作上的電話。在通話過程中，他發現自己的左臂無法移動。他開始呼救，幾分鐘後，他的狀況急轉直下，需要旁人推著輪椅才能進入醫院。二十四小時之後，一群醫生走進他的房間，告訴他一個令人震驚的消息：羅漢患有無法手術的腦腫瘤。

在一天之內，他的未來從「美好的無限變成了可怕的有限」。

就在那天之前，他還興奮地在日曆上標註開始新工作的一週，如今變成了開始接受放射治療的一週。接下來的幾個月裡記憶一片模糊，穿梭在醫院診間、接受檢查和治療。他忍受了六週的放射治療，過程極度痛苦；接下來的一段時間，等待療程是否抑制腫瘤生長的結果；還有幾個月的復健治療，努力恢復自己的精神和體力，這個過程一直持續到今天。

當羅漢聯繫我並分享他的故事時，他的腫瘤剛剛進入了「暫停狀態」（holding pattern）——它並沒有消失，但已經停止生長。我被他那具有感染力、無法用言語解釋的樂觀態度所吸引。在接下來的一年裡，我們持續聯繫，建立起深厚的友誼。我們談到了在死亡的黑暗中發現的生命之光，一種不被表象的「永恆錯覺」所蒙蔽的生命之美。蘋果創辦人賈伯斯說得好：「所有的事情，所有的外在期望，所有的驕傲、面對尷尬或失敗的恐懼，這些東西在死亡面前都會消失，只剩下真正重要的東西。記住，面對死亡是我所知讓你避免落入『自己還有什麼可失去』的陷阱的最佳方法。因為你已經孑然一身。」[2]

羅漢·文卡特許已經孑然一身，面對黑暗，他找到了自己的光明：

---

2. Steve Jobs, "You've Got to Find What You Love," *Stanford Report*, June 12, 2005, https://news.stanford.edu/stories/2005/06/youve-got-find-love-jobs-says.

「我有選擇的權力。」

一個古老的佛教寓言闡述了這種觀點。佛陀問他的學生：「如果一個人被箭射中，會痛嗎？」學生點頭說是。佛陀問：「如果一個人被第二支箭射中，那會更痛嗎？」學生再次點頭說是。佛陀接著解釋：「在生活中，我們不能控制的是第一支箭，也就是發生的壞事。然而，第二支箭是我們對壞事的反應，而第二支箭是我們可以**選擇**的。」第一支箭是打擊你的負面事件、混亂、痛苦、挑戰和威脅，使你脫離人生正軌，它會打擊你，讓你受傷。但第二支箭是你對第一支箭的反應，正如寓言所說的，你可以避免被第二支箭射中，這完全在你的控制之中。

羅漢・文卡特許決心不被第二支箭擊中，即使面對如此糟糕的情況。「我失去了很多，還有這把（字面上和實際上的）達摩克利斯之劍[3]懸在我的頭上。但每天早上，我都必須選擇要專注做什麼事。我可以選擇那些我無法控制的事情、選擇獨自承受痛苦、選擇在社交媒體上互動、看別人在做我無法再做的事情。或者也可以選擇那些我可以控制的事情，選擇與那些鼓舞我、激勵我成長的人共度時光、選擇成為他們想要成為的那種人。」

生命是如此脆弱，但無論它多麼脆弱，我們每天都有選擇如何生活的機會。每一天都是一個新的開始，一個新的選擇。羅漢關於選擇的這段話特別感人。在人的一生中會有很多選擇，但其中一個會是最重要的：選擇什麼人與你一起共度這段狂野、瘋狂的旅程？選擇把能量、愛和尊重分享給誰？選擇和什麼人一起度過**極為有限**的時光？

你需要連結來生存和發展，為了健康、快樂和成就感。你需要建立一種社會財富的生活。

---

3. 達摩克利斯之劍（Sword of Damocles）之說來自一個古希臘故事，講述了一位名叫達摩克利斯的大臣，他被狄奧尼西斯王允許在王位上坐一天，但整個時間裡，一把劍懸在他的頭上，只用一根馬毛的線吊著。達摩克利斯之劍代表著等待即將來的厄運。此處指的是罹患的腦腫瘤。

社會財富建立在三個核心支柱之上：

- **深度**：與一小群人建立深厚、有意義的連結。
- **廣度**：透過個人關係或社群、宗教、精神或文化基礎，與更多的人群建立關係，獲得更多的支持與自我歸屬感。
- **贏得地位**：基於贏得的而非求得的地位，贏得同儕的持久尊重、欽佩和信任。

這不需要任何特殊的背景、家庭狀況或經濟能力。然而，它確實需要一種緊迫感：社會財富的投資時間跨度很重要。在馬克‧修茲和哈佛成人發展研究所所長羅伯特‧沃丁格合著的《紐約時報》暢銷書《美好人生》[4]中，作者指出：「就像肌肉一樣，被忽視的關係會萎縮。」如果我們誤以為人際關係的時間是無窮的，意思是對未來的投資與現在的投資會有相同的結果，我們有一天會發現許多人與人的關係已經萎縮到無法挽回。

如果在二、三十歲的時候忽略家庭旅行，在四、五十歲的時候可能就沒有機會了；如果沒有去關心三、四十歲時的朋友，到了五、六十歲時他們可能就不在你身邊了；如果在四、五十歲的時候沒有加入當地的社群團體，那麼在六、七十歲的時候就不會再有這些連結了；如果不在你所愛的人需要幫助的時候出現，他們也不會在你需要的時候出現在你身邊。

從現在起，透過日常、善意的行動來投資你的社會財富，以改善你的社交關係，是發展從深度到廣度，乃至於更廣泛範圍內的各種連結的最佳途徑。

將社會財富作為新記分板進行評估，三大支柱——深度、廣度和贏

---

4.《美好人生》（天下文化，2023/06/28）。

得地位——提供了建立社會財富的正確藍圖。了解這三大支柱以及高槓桿系統，可以達到心目中想要的結果。

## 深度：前排的人

　　深度是指與一小群人內部具有深厚、有意義、持久的連結。它構成了社會財富的基礎，在人生的最高潮和最低潮期間，這一小群人會給予愛、連結和支持。一旦感受到它，就會了解它的深度。有任何問題發生時，你可以在凌晨三點打電話找到這群人。這是人生當中前排的人。

　　深度是透過三個主要行動、行為和態度建立：

- **誠實**：分享你內心的真相和弱點，傾聽他們的聲音。
- **支持**：在他們掙扎時，在黑暗中陪伴他們。
- **共同經歷**：一起走過正面和負面的經歷。

　　深度需要長期培養，它是經由人生當中的起起落落鍛造形成的。就像肌肉一樣，當關係面臨掙扎、痛苦和緊張時，深度就會建立起來，就像肌肉在經過鍛鍊後會變得更強壯一樣，人際關係也會維持得最久。

　　這個圈子可能包括家庭成員，但並不僅限於家庭關係。連結的深度因人而異，你在生活中的**什麼地方**找到它並不重要；重要的是你**能**在生活中找到它。

　　舉一個日本沖繩島的例子，沖繩島是世界上百歲老人密度最高的島嶼之一。沖繩居民的社交生活非常活躍且井然有序。moai 這個詞大致的意思是「為了共同目的而聚會」[5]，指的是居民在年輕時（有時甚至只有

---

5. Johnaé De Felicis, "What Is a Walking Moai? (and How It Can Improve Your Health, Your Social Life, and Your Productivity)," *Blue Zones*, June 2023, https://www.bluezones.com/2023/06/what-is-a-walking-moai/.

五歲）就形成並終生維持的朋友團體。這些朋友團體既是為了娛樂，也是為了在生活中不可避免的挑戰出現時提供群體的支持。朋友們定期見面、交談、八卦、歡笑和相愛，這一系統經得起時間的考驗，有助於他們長壽、健康的生活。

此外，你的深度圈不是一成不變的，而是具有變動、起伏的性質。人際關係就像你的生活一樣，也有季節性。你可以在新的地方或新的關係中建立深度，或在既有的關係中增加深度。

一段關係可能需要很長的時間才會開花結果。我姐姐比我大三歲左右，在童年時期，我都把她視為金童，認為她是那個永不犯錯的人。她成績比我好，考上了最好的學校，而且似乎總是在家人看重的領域表現出色。當年我的心智還不成熟，一心想與姐姐競爭，而不是想要一個充滿歡樂、支持和愛的環境。當時，我嫉妒她的成功，渴望自己也能完成她所做的一切。只是，年輕時這種不成熟的競爭心態傷害了我們的關係。但在幾年前，一件神奇的事情改變了一切：我們都有了孩子。突然間，籠罩在我們競爭關係上的那層薄薄的面紗被揭開了，剩下的是理解和體諒，我們第一次處於人生的同一階段，經歷同樣的旅程，沾滿同樣的泥濘。

三十年後，我們第一次見面。我們更能夠清楚地看到彼此；我們彼此了解。我看到我與姐姐的關係開花結果，成為真正的深度關係——持續長久、單純的愛和支持。

結論：你還有機會與尚未見過的人建立深厚、充滿愛心、相互支持的關係。

深度是社會財富的基石。它是透過日常行為和舉動——誠實、支持和共同經歷——在長時間內持續維持而建立的。沒有深度，無法過著快樂而充實的生活。有了深度，任何事情都有可能。

## 廣度：屬於更大的事物

從一個小圓圈的深度為基礎，你可以擴展成更大的圓圈來增加廣度。

廣度是與更大範圍的連結，以擁有相互扶持和歸屬感。羅賓‧鄧巴[6]在他的《朋友原來是天生的：鄧巴數字與友誼成功的七大支柱》[7]一書中，提出了**友誼圈**（circles of friendship）的概念，將人與人的關係視覺化。最內部的圓圈——大約有十五個最親密的關係——是形成關係深度的基礎。圓圈向外延伸到好朋友、朋友、熟人，以及其他，就進入了廣度的領域。這些關係都很重要，因為彼此可以相互扶持，例如工作機會、享樂、與新戀人的窩心連結等網絡。

廣度可以透過漸進的個人連結以及社群來建立。社群可以有多種形式，有文化上的、精神上的、在地化的、區域性的、國家層級的等等，但在最廣泛的意義上，它圍繞著比個人更大範圍的連結而建立。參與社群會讓你的社會財富生態發揮槓桿效果，將你與那些素昧平生的人連結起來。這種連結強化了歸屬感，這是生命中恆久滿足感的來源。近期《華爾街日報—芝加哥大學NORC》[8]民意調查中顯示[9]，自1998年以來，美國人表示，認為社群參與、宗教和愛國主義非常重要的比例急遽下降，而所有核心價值中唯一上升的是：金錢。在同一項民調中，表示「不太快樂」的人的比例急遽上升——如果你問我，這個現象很難被視為巧合。

---

6. 譯註：即本書第12章提出「鄧巴數」的英國生物人類學家。
7. 《朋友原來是天生的》（聯經出版，2022/10/13）。
8. 譯註：華爾街日報於2021年與芝加哥大學NORC民調中心合作，定期公布有關社會與文化議題的民意調查。
9. Aaron Zitner, "America Pulls Back from Values That Once Defined It, WSJ-NORC Poll Finds," *The Wall Street Journal*, March 27, 2023, https://www.wsj.com/articles/americans-pull-back-from-values-that-once-defined-u-s-wsj-norc-poll-finds-df8534cd.

廣度是透過接觸新朋友和新環境的行為來建立：

- 加入一個當地的、你感興趣的俱樂部或社群。如果你喜歡閱讀，可以參加讀書會；如果你喜歡創作，可以參加藝術俱樂部；如果你喜歡健身，可以去健身房。再度擁有孩子般的好奇心，參加新的活動來認識朋友。
- 如果你是一個有信仰的人，可以參加每週的心靈聚會。
- 參加你關心的事物的線上聚會。
- 與你所在地區的朋友約好定期散步或健行。
- 參加原本一直不想去的社交活動。

透過個別的活動創造新連接點，發掘廣度的潛力。

廣度需要嘗試新事物，向周圍的世界敞開心扉。如果你慷慨付出，不求回報，就能逐漸建立新的廣度連結，創造恆久的社會財富。

## 贏得地位：恆久的社交身價

你是一個追求地位的動物，這並沒有什麼錯。

**地位**可以定義為一個人相對於另一個人或群體的地位或位置。渴望被同伴尊重和欣賞是很自然的（並且有助於進化）。美國社會學家西西莉亞・里奇維（Cecilia Ridgeway），以及史丹佛大學社會科學教授露西・史登（Lucie Stern）將地位定義為「他人對我們的尊重、他人看待我們的方式、他人如何評價我們以及他們賦予我們的價值」[10]。地位是

---

10. Rogé Karma, "Transcript: Ezra Klein Show with Cecilia Ridgeway," *The New York Times*, September 13, 2022, https://www.nytimes.com/2022/09/13/podcasts/ezra-klein-show-cecilia-ridgeway.html.

社交身價[11] 的一種基本形式，這決定了我們與周遭人互動的模式。

雖然這可能帶有一些負面含義，但爭取地位是一種非常自然（且重要！）的人類現象。在《地位遊戲》（*The Status Game*）一書中，作者威爾・史托爾（Will Storr）指出：「早在石器時代，地位的提高意味著更大的影響力、更多的伴侶選擇以及為自己和孩子提供更多的安全和資源，直到今日也是如此。」在《消費行為：性、進化與消費行為》（*Spent: Sex, Evolution, and Consumer Behavior*）書中，作者傑弗瑞・米勒（Geoffrey Miller）指出：「人類在小型社會群體中進化，在這些群體中，形象和地位非常重要，不僅是為了生存，也是為了吸引伴侶、在同儕間留下好印象，以及養育孩子。」里奇維將地位比喻為「出色的社會技術」，因為它使人類能夠協調和組織。

事實證明，贏得地位對你的健康有益。2014 年發表在《進化、醫學和公共衛生》期刊[12] 上的一項研究中，一組研究人員發現，在玻利維亞境內，亞馬遜流域裡的一個小型、工業化前、政治平等的提斯曼人群體[13] 中，地位較高的人有著較少的壓力和較佳的健康狀況[14]。其他研究也同樣表明，接近社會地位頂端的人通常擁有健康。即使控制其他變數如金錢財富不變時也是如此[15]。

---

11. 譯註：社交身價（social currency）：利用樂於與他人分享的特質，來塑造自己的地位或在他人心目中的認知。
12. 譯註：此期刊原名 Journal Evolution, Medicine, and Public Health。
13. 譯註：提斯曼人（Tsimane）：根據 2017 年《電子期刊》（*Digital Journal*）一份跨國研究，提斯曼人是全世界最健康的族群。在研究對象中，沒有人有動脈硬化的現象；並且僅有 1% 的人患有認知障礙，而美國六十五歲以上有 11% 的人有認知障礙。
14. Christopher von Rueden, "How Social Status Affects Your Health," *The New York Times*, December 12, 2014, https://www.nytimes.com/2014/12/14/opinion/sunday/how-social-status-affects-your-health.html.
15. M. G. Marmot et al., "Health Inequalities Among British Civil Servants: The Whitehall II Study," *The Lancet* 337, no. 8754 (June 8, 1991): 1387–93, https://pubmed.ncbi.nlm.nih.gov/1674771/.

遠古時代，地位通常是經由體能、體型或與最有吸引力的配偶交往來顯現。而如今，公開凸顯身體的強悍（通常）沒那麼受歡迎，因此人類以擁有和配戴貴重的物品來凸顯在社會中的相對位置。像是勞力士（Rolex）、路華（Range Rover）和古馳（Gucci）包是當今世界的地位象徵。

問題是：你所應該追求的持久、長遠的地位——同儕的真正尊重和欽佩——是錢買不到的。更重要的是，對物質的持續追求使許多人走上了一條黑暗、曲折、無處可去的道路。

而且，許多人已經走在這條道路上（或者你自己也這樣做過）：

- 花大錢買了一個嶄新衣櫃，但當同事秀出他的名牌手錶和手工鞋時，你因為沒有引起人們的注意而感到失望。
- 買了一輛漂亮的新車，但看到鄰居的門前停著最新型號的車，感到自慚形穢。
- 加入了一家新俱樂部，但當最知名的成員離開並加入城鎮另一家俱樂部時，感到失望及失落。
- 花了大錢買新房，但聽到人們說它不在城裡「對的」區位時，感到很挫折。

這些物質的吸引力不在於重視和羨慕擁有它們的人，而在於想像一旦擁有它們後將獲得的重視和羨慕。正如摩根・豪瑟在他的暢銷書《致富心態》[16]中所言：「當你看到某人開著一輛好車時，你很少會想：『哇，開那輛車的傢伙真酷。』相反地，你會想：『哇，如果我有那輛車，人們會覺得我很酷。』」

---

16.《致富心態》（天下文化，2023/01/13）。

為了避免掉入這個陷阱，你必須確定你真正尊重和欽佩的人，然後找出哪些特定的原因或特質引起你的尊重和欽佩。我敢打賭它們絕不包括你正在追逐的物質，因為那些都是稍縱即逝的；它們也許會在表面上留下深刻的印象，但尊重和欽佩卻是發自內心的。

企業家兼投資者納瓦爾・拉維坎曾說：「健康的身體、冷靜的頭腦和充滿愛的房子。這些東西是買不來的——它們必須是自己贏來的。」生活中最普遍珍惜、最有價值、最耐用的東西是無法用金錢獲得的。贏得同儕深深尊重和欽佩是非賣品。

這導致了一個重要的區別。地位有兩種類型：買來的和贏來的。

**買來的地位**是經由取得的象徵地位的物質而獲得的社會地位：

- 成為俱樂部會員的一員。
- 購買昂貴的汽車、手錶、手提包或珠寶，目的是向他人展現金錢財富。
- 頻繁乘坐私人飛機或乘船旅行是為了在 IG 上拍照而不是為了方便。

然而，**贏來的地位**是真正的尊重、欣賞和信任，透過辛苦奮鬥獲得的財富：

- 選擇如何運用時間（以及與誰共度）的自由。
- 多年的耕耘，創造出健康而充滿愛的家庭關係。
- 多年的努力，擁有工作的目的和精通專業領域。
- 經由數十年生活經驗累積的珍貴智慧。
- 透過持續的正向思考和深切的反省，培養出能應對壓力的思維。
- 透過長時間的運動和自律飲食，鍛鍊出的強壯體魄。
- 在長時間默默努力後，獲得的晉升或達成公司業績目標。

你可能也注意到，在《人生的五種財富》觀念基礎上建立的生活，獲得的地位是自然的副產品。這些地位可能並不華麗顯眼，但它們傳達給周圍的人一種透過金錢無法獲得的深度。

追求地位是生活的一部分，對於確立個人和職業的相對地位非常重要。你無法擺脫它們，你只需要玩對遊戲。

買來的地位是**轉瞬即逝**的。它或許能改善你的相對地位，但僅能持續到下一個層級，升到下一個層級，你會發現你在該層級的最底層。它會讓你不斷嘗試進入作家C. S. 路易斯（C. S. Lewis）所說的「內環」（the inner ring）：「只要被這種欲望所控制，就永遠不會得到想要的東西。你只是在試著剝洋蔥；一旦成功，什麼都沒留下來。」

贏來的地位是持久的。它會讓那些對你重要的人、那些你珍惜其觀點的人，給你持久的尊重、欽佩和信任。

要過著擁有豐富社會財富的生活，請朝著必須是**贏來**的，而不是可以買來的方向努力。

最後，重要的是，雖然社會財富的支柱不變，但其應用對每個人來說不盡相同，因為人們感到快樂、健康和充實所需的社會連結方式因人而異。一個天生外向的人可能需要很大的廣度和深度的連結來避免孤獨，而一個天生內向的人可能只需要一些親密關係就可以做到這一點。因此，下一章〈社會財富指南〉中的方法和練習是動態的，根據自己的需求調整應用。它們在基礎上是互通的，在應用上會有些差別。

———

對這三大支柱有了一定的理解後，我們可以轉往〈社會財富指南〉，該指南建立在這些支柱之上，提供了特定的工具和方法，以培養充滿社會財富的生活。

# 第 15 章

# 社會財富指南

## 邁向成功的法則

社會財富指南提供了具體的高槓桿系統，來建立社會財富生活的每個支柱。這不是一體適用的指南，你不必照著順序一步步做；請瀏覽一遍並選擇對你最相關且有用的部分就好。

當你考慮〈社會財富指南〉中提供的方法時，請參考本書前面的財富分數測驗中，每個社會財富陳述的回答，將注意力集中到需要取得最大進展的部分（包括**非常不同意**、**不同意**或**中立**）。

1. 我擁有許多深厚的、充滿愛與支持的關係。
2. 我能夠成為合適的伴侶、父母、家庭成員和朋友。
3. 我有一個輕鬆的人際關係網絡，可以從中學習和發展。
4. 我對某些領域（在地、地區、國家、精神層面等）或比自己重要的事物有一種特別的感覺。
5. 我不會想透過購買外在物品來獲得地位、尊重或羨慕。

在過程中要避免的一些常見的社會財富反目標：

- 對財務成功的追求導致傷害了最深的人際關係。
- 失去與當地人脈和社群的連結。
- 藉由追逐外在的地位以提升我的社會地位。

以下是十個經過驗證的建構社會財富的方法：

1. 獲得社交財富的秘訣 | **我希望在二十二歲時就知道**
2. 關係圖 | **深度與廣度**
3. 愛情成長的兩條法則 | **深度**
4. 人生晚餐 | **深度**
5. 幫助、傾聽或擁抱 | **深度**
6. 健談大師的四項原則 | **廣度**
7. 反人脈指南 | **廣度**
8. 智囊團 | **廣度**
9. 公開演講指南 | **廣度與贏得地位**
10. 地位測試 | **贏得地位**

## 獲得社交財富的秘訣：我希望在二十二歲時就知道

本段落是與社會科學家、哈佛商學院教授、《紐約時報》暢銷書《重啟人生》和《打造你要的人生》作者亞瑟・布魯克斯合作撰寫。

1. 幸福不是目的地而是方向；重要的是你如何度過一生以及與誰一起度過。
2. 人是為愛而生的，我們都渴望愛，在遇到的每個人身上幾乎都能找到值得愛的地方。我們不會永遠只是單方面付出或接受，因為人總是會犯錯，但愛永遠是內心所渴望的。

3. 政治觀點不同的人仍然可以保有親密關係。
4. 幸福的人愛人、善用物品、敬神；不幸福的人利用他人、愛外在物質、崇拜自己。
5. 追求特殊而不追求快樂是個差勁的想法。這就是人們選擇工作十四個小時後才花一個小陪伴孩子時所做的事情。
6. 不要以「我」而是以「我們」來處理與伴侶的分歧。最和睦的夫妻是那些學會在同一條船上的，他們的主要互動模式是扶持，而不是競爭。
7. 幸福並非取決於淨資產、家庭組成或意識型態，它需要人們慷慨愛人，並允許自己被愛。
8. 與不同於你的人交往。社交的阻力最小的方式是待在你的傳統舒適圈中，在那裡的互動是熟悉且容易的。但社交效益最大的方法是離開傳統舒適圈，並接觸新的意見、思維方式和觀點。
9. 將爭執視為一種鍛鍊。雖然會感到不舒服，但運動並不會讓人感到不快樂，因為它讓人變得更強大，尤其是抱持成長心態，而非鄙視。
10. 專注人際關係；不要不理會人際關係的品質和好壞，用對待金錢或事業的認真態度來對待它們。
11. 愛情來臨時，盡可能長期思考。短期思維會導致糟糕的結局。
12. 真正的企業家在墜入愛河時才會冒險，即使真的有風險。
13. 準確表達意見。因為沒有人、甚至親密的家人也不一定能讀懂你的想法。
14. 不要把家人當成情緒提款機。把家人當成單向的求助和建議管道——通常是父母給予，孩子接受——關係就會出現裂痕。
15. 將友誼視為目的，而非通往其他目標的踏腳石。
16. 感覺是會傳染的——不要傳播痛苦的病毒。
17. 自己先戴上氧氣面罩。在試著幫助他人之前，自己先要成為快樂

的人。為了別人的幸福而犧牲自己的快樂，看似很崇高，卻會造成雙輸。

18. 不要過分專注他人的外表和地位。漂亮的牙齒和高薪工作並不能看出人的忠誠和善良，試著找出擁有後面兩種特質的人。
19. 當你想到某人的優點，請讓他們知道。
20. 每天告訴你的伴侶，你欣賞他／她的一件事情。
21. 如果與讓你心生畏懼的人談話，試著問問他們最近在做什麼有趣的事，追問並專注傾聽。
22. 當有人經歷低潮時，告訴他「我與你同在」是你能做的最有幫助的事。成為你所愛之人的「最黑暗時刻的朋友」。
23. 錄下與父母對話的影片。問他們問題，讓他們講述自己的童年、冒險、希望、夢想和恐懼的故事。與他們相處的時間是有限的，但多數人往往無法意識到這一點，直到為時已晚。將這些影片永遠保存。
24. 如果你猶豫要送什麼禮物，送一本你喜歡的書吧。
25. 隨身攜帶小筆記本和筆。如果有人說了有趣的事情，就拿出紙筆記下來。
26. 人生不要斤斤計較。和朋友在一起時，偶爾請一回客；如果他們是真朋友，時間久了，大家的付出都差不多。交換條件是一種可怕的生活方式。
27. 如果你有太多**應酬的朋友**，就不會有太多**真朋友**。
28. 如果出現情緒化的行為，請冷靜一下，等二十四小時後再說。許多關係都因一時衝動的行為而破壞，不要落入那個陷阱。
29. 每天對陌生人表達讚美。比如說你喜歡某人的襯衫或鞋子，讚美這個人的髮型等等。不要只把它當作對話的開場白，請說出來並**繼續**。
30. 不要試圖讓自己變成有趣的人，而是專注在自己感興趣的事物。

對事物感興趣的人會深入並想學得更多。他們向世界敞開心扉；提出好的問題並持續觀察。感興趣是你變得有趣的方式。
31. 在你二三十歲的時候，做些有一天會告訴你的孩子的事情。去冒險，為一些狂熱的活動進行訓練，親自參與一個瘋狂的計畫等等。創造一些值得講的故事。

## 如何評估社會基礎：關係圖
## 支柱：深度與廣度

關係圖是一個簡單的練習，用來評估當前的社會基礎及需要專注和改進的地方。它改編自羅伯特・沃丁格和馬克・修茲合著的《美好人生》中提出的方法。

關係圖練習包括三個步驟：

### 步驟1：列出核心關係

第一步是建立一個生活核心的社交關係清單。可以包括家人、朋友、伴侶或同事關係。對大多數人來說，這個清單上大約會有十到十五個人，有些人可能有到二十五個人。

### 步驟2：評估核心關係

對於每個核心關係，用以下兩個問題評估：

1. 這種關係是支持性的、矛盾性的還是貶抑性的？
2. 這種關係互動是否很頻繁？

第一次評估時，需要定義相關的關鍵術語：

- **支持性關係**是一種相互理解、關懷、愛、尊重和安慰的關係。
- **貶抑性關係**的特徵是缺乏支持性關係的內容，通常涉及損害個人自我價值的特定行為。
- **矛盾性關係**在不同時間可能有支持性關係，也可能有貶低性關係的元素，這是不一致的。

多數人可能會認為，貶抑性關係會對生活造成最大的傷害。但有趣的是，研究顯示矛盾性關係才會對身心健康造成最大的困擾。例如，一項研究發現[1]，與矛盾情緒的人互動後，血壓會比與純粹負面情緒的人互動後來得高，情緒不一致的互動是有害的。

你可能在生活中有過這樣的經歷，一個人有時會提供愛和支持，但有時會提供批評和鄙視。愛和支持讓你向對方敞開心扉，但同一個人未來的批評和鄙視讓你更加痛苦。暢銷書作家亞當・格蘭特（Adam Grant）在《紐約時報》關於該主題的一篇評論文章中寫道：「最有害的關係不是純粹負面的關係，而是那些混合了正面和負面情緒的關係[2]。」

### 步驟3：繪製核心關係圖

評估你的核心關係後，將它們放在關係圖上，這是一個簡單的二乘二象限圖，X軸是**關係的健康程度**（從貶抑到支持），Y軸是**關係的頻率**（從罕見到每日）。

---

1. Julianne Holt-Lunstad et al., "Social Relationships and Ambulatory Blood Pressure: Structural and Qualitative Predictors of Cardiovascular Function During Everyday Social Interactions," *Health Psychology* 22, no. 4 (2003): 388–97, https://doi.org/10.1037/0278-6133.22.4.388.

2. Adam Grant, "Your Most Ambivalent Relationships Are the Most Toxic," *The New York Times*, May 28, 2023, https://www.nytimes.com/2023/05/28/opinion/frenemies-relationships-health.html.

**關係圖**

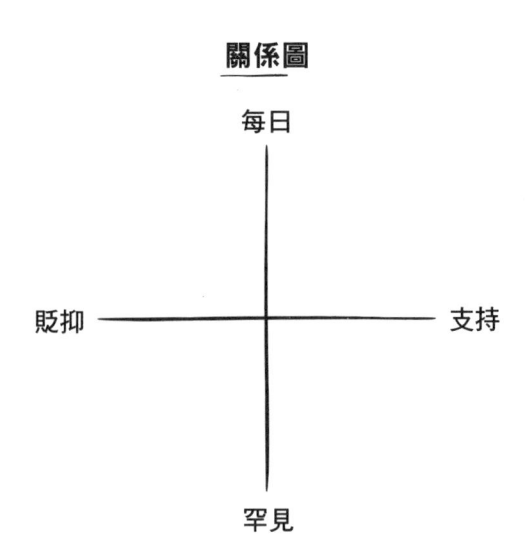

```
          每日
           │
           │
  貶抑 ─────┼───── 支持
           │
           │
          罕見
```

將核心關係放置在關係圖上後,請考慮相關區域以及每個區域的含義:

- **綠色區**:高度支持且頻繁。應優先專注於這些人,以維持其地位和強度。
- **機會區**:高度支持但不頻繁。應專注於這些人,以增加互動頻率。
- **危險區**:矛盾且頻繁。應好好管理這些人,減少對自己影響的頻率或改為支持性的互動。
- **紅色區**:貶抑且頻繁。這些人應加以管理或甚至移除,以降低對自己影響的頻率。

**關係圖**

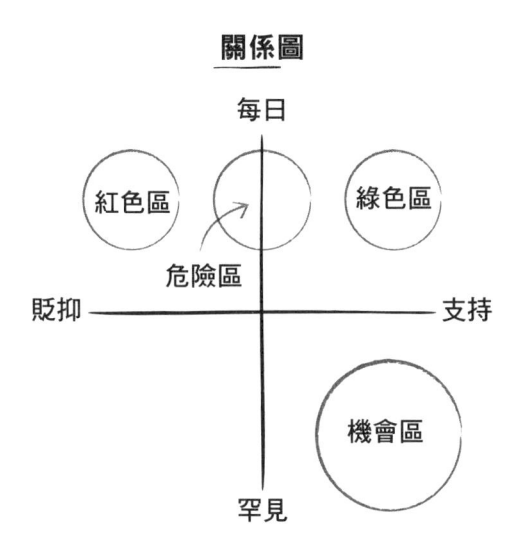

```
           每日
    ┌───┐  ┌───┐  ┌───┐
    │紅色│  │   │  │綠色│
    │ 區 │  │ ↗ │  │ 區 │
    └───┘  └───┘  └───┘
           危險區
貶抑 ─────────────── 支持
              ┌───┐
              │機會│
              │ 區 │
              └───┘
           罕見
```

以我自己為例，以下是我第一次體驗關係圖的結果：

- **綠色區**：很幸運，我找到了一些既頻繁又互相支持的人。我會持續優先維護這些關係，讓他們知道他們對我來說有多麼重要。
- **機會區**：我找出超過十個不頻繁但非常支持的人，有些是舊朋友和同事，有些是家人。我刻意以不同方式增加與這些人的互動，包括團體旅行和更平常的聯繫（傳簡訊、打電話）。
- **危險區**：我標註了三個既頻繁又矛盾（不穩定，既支持又貶抑）的人。其中之一，我直接與當事人（他是家族成員）溝通，解釋某些行為是令人感到貶抑的。開誠布公的溝通改善了互動，這段關係現在正進入綠區。其他兩位，我則減少了互動頻率，將他們推出了危險區域。
- **紅色區**：其中之一──我是某家企業的合夥人──我認為這種關係既頻繁又貶抑。在確定了關係的性質後，我決定分階段退出該公司業務的參與。這前後花了六個月的時間，但之後，貶抑性互動的頻率顯著降低。

有了完整的關係圖，你可以專心在生活中創造最大能量、價值和情感富足的關係。

關係圖不是靜態的；它是高度動態的。每個人的關係會在圖上隨著時間發生變化，你一定會在生命的各個階段增加或移除他們其中一部分人，所以值得定期回頭看看這張關係圖。

**如何駕馭浪漫關係：愛情成長的兩條法則**
**支柱：深度**

你選擇與什麼人在人生道路上攜手同行，是你一生中所做最重要的決定。

回憶一下「時間財富」中關於與伴侶共度時光的那張圖表（見第6章）。你的伴侶是唯一一個與你相處時間越來越長的人，直到最後。

**與伴侶相處的時光**

（縱軸：每天的小時數；橫軸：年齡）

我以自身經驗觀察愛情，自覺十分幸運。在撰寫本書時，我和妻子已結婚七年，交往則超過十七年，我們在高中就認識並開始約會。我的父母結婚四十二年，妻子的父母結婚超過三十年，我們祖父母的婚姻都

持續到生命結束的那一刻。

我從感情裡學到了很多。最重要的是，我了解了在愛中**成長**的意義。

墜入愛河很容易。在愛中**成長**卻很困難。戀愛過程會貼在社群媒體上，但在愛中成長是看不到的。在愛情裡成長會經歷不適應、痛苦、黑暗、無法溝通及生活上的種種挑戰，進而發展和深化。在愛情裡成長也需要很長的時間，跨越生命的各個階段和起伏。唯有在愛中成長才能創造一生連結的深度。

我觀察到能夠在愛中成長的伴侶都遵循兩條法則，這兩條法則對我和妻子來說特別有價值。

**法則 1：理解愛的語言**

1992 年，一位名叫蓋瑞・巧門（Gary Chapman）的浸信會牧師出版了一本名為《愛之語：永遠相愛的秘訣》的書[3]。巧門提出，愛情有五種語言，分別代表對戀人表達浪漫給予、接受和體驗愛情的方式：

1. **肯定言語**：這是愛和感情的口語表達。人們在聽到讚美、鼓勵和感激這類愛的語言時，最能感受到被愛。
2. **精心時刻**：花時間和精力彼此相處。當伴侶專門排出時間與你共度時，也會感受到被愛。此時只有兩人世界，彼此可以好好談心，共同分享生活體驗。
3. **真心禮物**：這種愛的表現，在於禮物背後的用心和努力。當他們收到貼心且有意義的禮物時，會深深感到被愛。
4. **服務行動**：這種愛的方式重視行動勝於言語。當伴侶為他做些事，讓他們的日常生活更輕鬆或更舒適時（例如做家事、跑腿或

---

3. 《愛之語：永遠相愛的秘訣》（中國主日學協會，2023/06/02）。

承擔工作以減輕另一半的負擔），會感覺到被愛。
5. **身體接觸**：這種愛的表現認為，身體上的、人與人之間的連結最讓他們感到被愛——擁抱、親吻、牽手、依偎和其他形式的身體接觸。對他們來說，非性行為的接觸和親密性行為一樣重要。

了解和伴侶之間愛的語言，對於維繫一段感情非常重要，因為它讓兩個人都能以最有效的方式向對方展現愛意。

例如，我妻子喜歡身體上的接觸。當她心煩意亂或有壓力時，擁抱或按摩背部比任何其他方式都更有效。當她心情好的時候，握住她的手並親吻她的臉頰，會激發出更大的火花。曾經有段時間，當她需要我的時候我不在身邊，當時我並不知道，當她遇到困難時，只希望我給她一個擁抱。

要將五種愛的語言付諸實踐，可以和伴侶一起坐下來參加 5lovelanguages.com/quizzes/love-language 上的免費測驗。在開始之前先互相猜猜對方的愛情語言，看看是否正確。在確定正確答案後，開始思考如何將這些愛情語言融入日常互動和愛的表達中。相信你們的關係會更加親密。

### 法則 2：避免陷阱

在本書的前面，我曾提到已故查理·蒙格的一句玩笑話：「我只想知道我會死在哪裡，這樣我就永遠不會去那裡。」想想這句話在兩個人浪漫關係中的重要性：知道你們的關係將在哪裡結束，這樣你就永遠不會去那裡。

幸運的是，心理學家約翰·高特曼[4]努力找到了那個地方，他的研

---

4. 譯註：約翰·高特曼（John Gottman）：美國心理學家，華盛頓大學心理學榮譽教授。高特曼長期研究婚姻關係，研究重點是透過關係分析預測離婚和婚姻穩定性。合著有《讓愛情長久的八場約會》（三采文化，2024/11/01）。

究預測了誰最終會離婚。在一項實驗中，結果顯示其正確率達到驚人的94%。

在1992年的一項開創性研究中，高特曼博士和他的團隊訪談了五十二對已婚夫婦。他們問了每對夫婦各式各樣的問題，包括他們是如何認識的、為什麼決定結婚以及他們的關係經歷了哪些變化，並觀察了他們參與目前關係衝突的十五分鐘討論。根據簡短的訪談和觀察，高特曼博士和他的團隊能夠以94%的準確率，預測哪些夫婦會在三年內繼續在一起，哪些夫婦會分開。

高特曼博士描述了四種溝通風格，這些風格一直出現在最終失敗的婚姻關係中（他稱之為「四騎士」〔the Four Horsemen〕，向「末日四騎士」[5]致敬）。

我認為這些是感情走向結束的地方：

1. **批評**：清楚的抱怨對健康的關係來說是公平且必要的，然而高特曼博士將批評定義為對另一個人的人身攻擊。
2. **防衛**：面對批評，大多數人會試圖透過藉口等防禦方法來保護自己。當我們處於防禦狀態時，就無法對自己的錯誤和行為負責。
3. **輕蔑**：以不尊重的態度對待伴侶，攻擊伴侶的人格和核心。高特曼博士的研究顯示，輕蔑是預測離婚的最大原因。
4. **築高牆**：面對輕蔑，一方或雙方可能會完全關閉溝通之門，寧願完全迴避問題。

了解你的關係走向結束的地方，你就能專心於永遠不要到達那裡。如果你注意到這些溝通方式出現在婚姻關係中，高特曼博士及其團隊開

---

5. 譯註：末日四騎士（Four Horsemen of the Apocalypse）：又稱天啟四騎士，出自聖經新約末篇《啟示錄》第6章。指的是瘟疫、戰爭、饑荒和死亡。

發了一套有效的「解藥」來反擊：

1. **批評的解藥（溫和的語言）**：專注於抱怨事，而非責備人。避免使用「你」字，並著重於「我」字。這種調整避免了對人的責備，而誠心表達你對伴侶的感受或需求。
2. **防禦的解藥（承擔責任）**：承認並接受伴侶的觀點，並為造成這種觀點的行為或舉止道歉。
3. **輕蔑的解藥（建立讚賞的文化）**：定期提醒伴侶的正面特質、行動或行為，並對這些特質表達感激。
4. **高牆的解藥（生理休息）**：暫停並休息一下。花這段時間從事舒緩、分散注意力或進行放鬆的運動，像是散步、專心呼吸或閉眼靜坐。

了解婚姻中的常見陷阱並學習如何避開，對我和妻子之間的關係有很大的幫助。我相信它對你們也有同樣的幫助。

**五百年戀愛建議**

2023 年 12 月 17 日是我和妻子的結婚七週年紀念，為此，我向那些結婚四十年、五十年甚至六十年以上的夫妻問了一個簡單的問題：

你們會給年輕時的自己什麼戀愛建議？

參與者包括剛慶祝四十週年紀念的中年夫婦，以及剛慶祝六十六年幸福婚姻的九十九歲老人。這些美好的關係中萃取建議的背後，是累積超過五百年的寶貴智慧。

以下十項戀愛建議，每個人都應該聽聽：

1. 愛情中不要計較得失。記分板是運動比賽用的，不是婚姻用的。
2. 保持與伴侶不同的興趣和熱情。婚姻不應是個人性格的終結。

3. 不必總是要五十比五十平分。有時可能是九十比十；有時可能是十比九十。重要的是總和是一百分。
4. 其中一個人說：「永遠不要停止約會。我九十九歲，仍然在追求我的妻子！」婚姻不會變得無聊；你只是不肯努力。
5. 沒有人能透過爭吵而擁有幸福的婚姻。當挑戰來臨時，一起面對它。
6. 如果不好好照顧自己，就無法好好照顧伴侶。列出每天感覺舒服的事情，並讓伴侶也這麼做。確保你和伴侶都能完成清單上的事項。
7. 切記不要將非專業的第三方（父母、朋友、兄弟姐妹、同事）捲入爭執中。你會忘記，但他們不會。
8. 配偶永遠應該優先於你的原生家庭。當兩者發生衝突時，請記住這一點。
9. 互補性與相容性同樣重要。允許彼此在不同領域中有自己的空間，有助於感情的延續。
10. 你的愛就是你的愛。不要在乎別人怎麼看。你不可能讓每個人都滿意。接受這一點並擁抱彼此。

最後，我引用在本書開頭所提到的，一位參加生日練習的九十四歲老婦人的美麗話語：

「當你有疑慮時，就去愛。這個世界永遠需要更多的愛。」

**增進關係的儀式：人生晚餐**
**支柱：深度**

「人生晚餐」是每月一次的特別安排，由企業家布拉德·菲爾德（Brad Feld）提出，它十分有用。

問題來源：隨著時間經過，你的生活變得越來越忙碌，很容易因為

處理日常生活中的迫切問題，讓你與伴侶的關係被擱在一旁。雖然短期內看起來沒什麼問題，但長遠來看問題可能會一一浮現。

解決方案：固定每月一次的約會，與伴侶一起用餐，回想個人、職業和伴侶關係的進展、挑戰和目標。人生晚餐是一種刻意的安排，可以讓彼此的關係在有限時間和日常生活壓力下保持新鮮。

進行人生晚餐的一些細節：

- 設定每個月固定的日期。
- 選擇一個喜歡的地點，試一個新地方，或在家做也可以。
- 如果沒有足夠的時間，喝咖啡或飲料也行。

重點是將其變成正式的每月固定儀式。
可以討論的三個領域：

- 個人。
- 職業。
- 親密關係。

在每個領域中，兩個人都可以回想上個月的進展和挑戰，並討論未來的目標。因為兩個人都特別排出時間，就可以像團隊一樣討論，先讓每個人自由發言，再一起共同討論。

我和妻子都很喜歡人生晚餐的安排，因為它創造了一個讓我們可以一起成長的機會。自從 2022 年 5 月有了兒子以來，它一直是我們生活中能夠保持繼續一起成長的重要部分。

如果你正在戀愛中，但發現面對生活的混亂很難放慢腳步，我鼓勵你試試人生晚餐。在最壞的情況下，你們至少一起吃了一頓美味的晚餐——但我敢打賭，你們會從中得到更多！

## 如何改善人際關係溝通：幫助、傾聽或擁抱
## 支柱：深度

我是來解決問題的：當人們向我訴說問題時，我的方法是試圖解決它們。這在專業場合（大多數情況下）都適用，但當我把這種方法帶入人際關係時，結果可能相當複雜。多年來，我「解決問題」的心態導致與妻子、家人和朋友的關係緊張。他們會向我訴說問題，而我會立刻開始分析並提出可能的解決方法。但令我感到困惑的是，對方經常拒絕我的方法後轉身離開（甚至因為我提出了方法而不高興）。

我花了很長時間才明白：有時人們並不想你解決問題。他們只想你陪伴。

「幫助、傾聽或擁抱」的方法被治療師、老師和心理顧問使用，但在改善處理日常人際關係情況方面也極有幫助，它能讓你給予他人所真正需要的[6]。

當你愛的人向你訴說問題時，問他／她：「你想要幫助、傾聽或擁抱嗎？」

- **幫助**：分析問題並找出可能的解決方法。但「解決問題」的心態會隨之出現。
- **傾聽**：專注傾聽，並允許對方盡情表達（和發洩）需求。
- **擁抱**：提供舒適的肢體接觸。觸摸對許多人（包括我的妻子）來說都是一種愛的強大表現。有時候人們只想感受到你的陪伴。

這樣做的目的是透過提出問題來了解需求，這能讓人擺脫「解決問

---

6. Jancee Dunn, "When Someone You Love Is Upset, Ask This One Question," *The New York Times*, April 7, 2023, https://www.nytimes.com/2023/04/07/well/emotions-support-relationships.html.

題」的預設模式。不要用**對我**來說方便且自然的方式陪伴，而是要以最適合**他們**的方式與之互動。

附記：明確地問「你想要幫助、傾聽或擁抱嗎？」一開始就會有效果，過了一段時間，就會形成一種固定的模式。

如果你跟我一樣，在某些情況下，很難看出伴侶、朋友或家人需要什麼，不妨試試「幫助、傾聽或擁抱」這個方法。

### 如何進行對話：健談大師的四項原則
### 支柱：廣度

有經驗的健談者會有不同型態：

- 外向或內向。
- 戲劇化的講故事或認真的講事實。
- 給予者或接受者。

關鍵是，你的天性並不能決定是否成為一個良好的溝通者，經常離題且不讓對方插話的外向者，與拒絕正面積極主動的內向者一樣難溝通。重要的是充分發揮天性的優點，成為最佳溝通者。

以下是健談大師的四個核心原則，任何人，無論天性如何，都可以運用：

### 原則1：創造「門把」

一位即興演員曾經提到溝通中的「門把」概念。大多數問題就像停止標誌：只要給了答案就結束對話。門把型問題或陳述會讓對方打開門走進去，讓對方自己開始講故事。

例如：

- 停止標誌型問題：你是在哪裡結婚的？
- 門把型問題：你如何決定婚禮場地？

停止標誌型問題在對方回覆結婚地點時，對話就停止了。但門把型問題則可能帶出另一個故事。

每個故事都為聆聽者提供了進一步接觸和對話的新機會，門把型問題會創造故事——你應該創造門把。

以下是一些我在對話中常用的好「門把」。選一些放進你的個人工具箱，試著下次在不熟悉的社交或專業場合拿出來用。建議你先想一下自己對這些問題的回應，因為可能會遇到對方把這些問題丟過來，有練習才能讓對話繼續下去。

**開場白：**

- 目前個人或職業上最得意的是什麼？
- 最喜歡（或最不喜歡）家鄉的什麼地方？
- 名字的來源是什麼？為什麼父母會取這個名字？
- 最近讀或學到的最有趣的事情是什麼？
- 最近看過的最棒的電影或節目是？吸引你的點有哪些？
- 最近什麼事情讓你開心？
- 如果有一整天的時間屬於自己，你會如何度過？

**開展對話：**

- 記得生命中對你最有影響的時刻嗎？它們為何這麼有意義？
- 最近有哪些想法改變了？
- 如果可以與歷史上任何三到五個人共進晚餐，你會選誰，為什麼？

- 你有沒有花小錢買過什麼東西,卻對生活產生了很大影響?
- 你如何放鬆或紓解壓力?
- 有人曾經對你做過什麼最貼心的事?

上述對話沒有特別的順序,但它們卻很有用,將我生活中的新朋友和老朋友建立了深厚的感情。

**原則 2:成為積極的傾聽者**

《紐約時報》暢銷書《深刻認識一個人》[7],作者大衛‧布魯克斯在書中提出「積極傾聽」的概念。「積極傾聽」可以有很多形式,但一般來說,傾聽者會讓說話者知道他們的話有被聽到和感受到。

以下是一些積極傾聽的例子:

- **聲音**:用「是的」或「嗯哼」或「嗯」來表示傾聽,並鼓勵說話者繼續表達。
- **臉部表情**:用臉部表情來表達對聽到故事的反應。
- **肢體語言**:面對說話者,將身體前傾,表示參與感和正能量。千萬不要轉身或側身,因為這表示你想要結束談話,破壞了當時的氣氛。

我們可能都遇到過,對方對我們或對我們想說的話毫無興趣。我們知道那種感覺,所以不要給他人造成這種感覺。

**原則 3:重複並追問**

主動傾聽會引伸出「重複並追問」的方法:用自己的話重複關鍵

---

7. 《深刻認識一個人》(天下文化,2024/04/30)。

點，然後跟進提出額外的見解、故事或「門把」問題。這是表達你同意與否，還有認真傾聽對方的態度，也能提升持續對話的動力並建立連結。

**原則4：創造眼神交流的機會**

眼神交流是很微妙的──太少會讓人覺得閃躲；太多則會讓人覺得錯亂。

我喜歡眼神交流：

- 在對方說話時表示投入且有共鳴。
- 說話時保持自然。思考時可以凝視其他地方，但要用眼神交流來強調故事的重點和重要時刻。

如果善用這四個核心原則，你的溝通能力會立即提升。無論是內向還是外向的人，是講故事還是講事實，你都有潛力成為一名出色的健談者。掌握溝通的藝術在事業上絕對有幫助，但更重要的是在個人，它會讓你認識真正的好朋友，豐富你的人生。

善用四個核心原則，成為健談大師。

## 如何建立新的人際關係：反人脈指南
## 支柱：廣度

殘酷的真相：人脈已死……至少在傳統意義上的**人脈**已死。

你不會因為累積幾千個唯利是圖或工作上的人脈而有所成就，擁有真誠的人際關係才會：

- 付出而不求回報。
- 為他人服務。

- 為周遭的人創造價值。

認真投資人際關係、拋棄人脈網絡的人，才會獲得最寶貴的長期回報——健康、財富和幸福。

坦白說：我天生不是一個善於建立人際關係的人。事實上，我有點內向和社恐，尤其是在大型會議、雞尾酒會和團體活動中。然而，我的深度和廣度的連結，這幾年來為我帶來了無限的喜悅和價值。

不論是搬到新的地方、開始新的工作、工作上獲得晉升、參加專業活動，或只是想交新朋友，本段指南都會有幫助。

以下四項反人脈的核心原則，任何人都可以使用：

### 原則1：尋找價值觀一致的場合

我所知道關於建立新的人際關係的最好建議是：到一個許多價值觀一致的人聚集的地方。

意思是：想想你的核心價值觀、嗜好、職業和個人興趣，然後分析哪些「場合」較有可能吸引相似價值觀和興趣的人。例如：如果你是一位愛狗人士，也喜歡戶外活動，那麼當地狗狗公園、露天啤酒莊園或步道很可能會聚集許多有類似興趣的人。

這裡的重點在於，這些地方本來就聚集了這樣特徵的人，你的加入會增加與這些人連結的機會。

- 如果你熱中於健身和健康生活，可以經常光顧當地農產品市場、一大早去健身房，或是爬爬當地健行步道。
- 如果你的工作是行銷，可以找找當地行銷活動，參加社群媒體或創作者會議。
- 如果你喜歡書籍和藝術，可以加入當地讀書會、參加藝術畫廊開幕式，並加入當地博物館社群。

在專業領域，這些場所通常比較容易找到，這是因為公司會鼓勵你參加這些會議、活動、派對和晚餐。在個人生活中，你需要花更多時間尋找這些地方。

將自己放進正確的地方，就有機會好好建立新的人際關係。

**原則 2：提出深入的問題**

一旦你身處這些場所，就可以與新認識的人交流。一個溫暖的寒暄加上微笑通常是個很好的開始，因為它往往能讓人卸下心防，緩解任何緊張氣氛。

在此，下面有一些常見的問題，我認為往往能進一步引發深入的討論：

- 你與 ＿＿＿＿＿＿＿（填入目前地點或活動）有什麼關聯？
- 你目前最期待的是什麼？
- 工作以外，什麼最能讓你產生興趣？
- 你最近讀過最喜歡的書是什麼？

註：請務必不要問「你做什麼工作？」這類的問題。它太籠統，通常會得到千篇一律、自動化的回覆，如果對方不覺得自己的工作值得一談，反而會讓人感到不舒服。「你現在最期待的是什麼？」會引出更個人化、更有趣的回覆，並引發進一步的對話。

如果你有社交焦慮，但想讓別人覺得你很「有趣」，這種給自己的壓力反而會害你更加緊張。換個角度來看，把目標轉往別人的興趣，問對問題，會更容易（而且更有效）融入眾人中。

### 原則 3：成為二級和三級傾聽者

傾聽有三個層次：

**第一級：「我」在傾聽**：你正在和對方對話，但你內心正在將你聽到的與你生活中的事情做連結。結果你恍神了：當對方說話時，你卻在想自己的事。你只是在等待發表意見，而不是在傾聽中學習。這是每個人心中預設的傾聽模式。

**第二級：「你」在傾聽**：你正在和對方對話，但只全神貫注在對方所說的話。你不想發表意見，只是在等待。你的傾聽只是為了學習。

**第三級：「我們」在傾聽**：你試著設身處地，了解對方所分享的所有訊息，思考如何融入對方的生活和世界。你傾聽是為了理解，思考對方所言的背後用意。

大多數人屬於第一級的傾聽，但有心的人會想要練習提升到第二級和第三級的傾聽。如果你想建立新的、真誠的關係，你必須設法留在第二級和第三級。

一個積極的傾聽者在提出問題後，身體前傾，以肢體語言、面部表情和聲音展現專注和重視。

傾聽時，同時在心裡記下一些與對方興趣相關的事，其他印象深刻的事也可以。這與下面原則 4 有關。

### 原則 4：後續的追蹤

當談話面臨結束時，不要勉強繼續，優雅地結束反而比較好。我發現「很高興認識你，期待很快再次見到你！」這句話在任何個人或專業場合都很有用。如果覺得合適，可以提供訊息做進一步聯絡。

談話結束後，在手機或筆記本上記下你心中的想法，計畫在未來幾天持續追蹤。

例如，我會向新認識的朋友介紹我最喜歡的一本書。如果對方是一位工作上剛認識的人，並且希望能有進一步合作的關係，我會多買一本書，附上親筆寫的便條，寄到那個人的辦公室。用這種方式開始，我建立了許多良好的教學相長關係。

一些後續追蹤的建議：

- 分享你認為這個人可能喜歡的文章或播客。
- 為談話中提及的工作瓶頸提供新的想法。
- 介紹幾位有共同興趣的朋友彼此認識。

最好的方式就是專心傾聽並認真對待。欲擒故縱是幼稚的行為。花精神建立新的、真誠的人際關係，久而久之會有所回報。

註：如果沒有和對方交換聯絡資訊，事後需要花點時間找到辦公室地址或電子郵件。例如，如果見面時沒有交換電子郵件地址，可以猜測電子郵件信箱可能是：

- [ 名字 ]@[ 公司 ].com
- [ 名字首字母 ][ 姓氏 ]@[ 公司 ].com
- [ 名字 ].[ 姓氏 ]@[ 公司 ].com
- [ 姓氏 ]@[ 公司 ].com

這些語法結構涵蓋超過 80% 的電子郵件地址，花點時間做功課就能事半功倍！

記住：人際關係的滿意度會影響健康！人際關係的影響真的很大。所以請停止經營人脈，善用以上四個反人脈原則，開始建立真誠的人際關係，它們會在未來的生活各方面給你回報。

## 如何建立個人顧問：智囊團
## 支柱：廣度

皮克斯動畫工作室被認為是有史以來最具創意的工作室之一；它的電影獲得了二十多項奧斯卡獎和無數的讚譽。在三十多年的歷史中，工作室創作並孕育了許多深受喜愛的電影，包括《玩具總動員》、《海底總動員》、《蟲蟲危機》、《怪獸電力公司》、《超人特攻隊》、《瓦力》、《可可夜總會》、《腦筋急轉彎》等。如果你已為人父母，在 1990 至 2000 年代經歷青少年時期，你很可能就是皮克斯故事和角色的影迷。

但這些泉湧般的創意並不是偶然發生的。正如皮克斯聯合創始人艾德·卡特莫爾在他的暢銷書《創意電力公司》[8] 中，提到這些賣點和流程都是經過精心設計的，以確保長久以來作品的絕對最高品質和一致性[9]。

其中之一，皮克斯稱之為「智囊團」尤其關鍵，其方法可以應用在我們的生活上。

皮克斯的「智囊團」是一個製作中的電影人員所組成的小組，每隔幾個月就開會一次。該小組包括正在拍攝中電影的導演，以及一些與該電影無直接關係，但屬於公司且關切電影成敗的其他成員。卡特莫爾說：「當我們結合團隊的知識和坦率的意見時，決策品質往往會更好⋯⋯我們靠『智囊團』來追求卓越，拒絕平庸。這是我們直接溝通的主要平台。」

我們可以將智囊團的模式——找一群具有不同觀點和視角的人，彼此提出問題並對假設進行壓力測試，以提高最終產品的品質——應用到我們自己的生活中，以達到我們個人和工作的目標。

---

[8]. 譯註：《創意電力公司》（遠流出版，2015/04/29）。

[9]. Ed Catmull and Amy Wallace, *Creativity, Inc.: Overcoming the Unseen Forces That Stand in the Way of True Inspiration* (New York: Random House, 2014).

傳統上，人們會求助於導師，協助他們在人生新階段面對未知的挑戰。但**導師**這個詞感覺很正式。它往往是指固定的課程和時間投入。從導師的角度來看，這比較像是重大的責任和承諾，但這弱化了關係、經驗和結果的品質。而且，一位正式的導師往往不能滿足個人的需求。導師可能沒遇過你所面臨的挑戰——可能不具備足以指引你方向的能力。

與其尋找單一導師，不如藉用皮克斯的理念，組織自己的智囊團，一個你生活的個人顧問群。皮克斯利用這個團隊來提高其創意決策的品質，你也可以利用你的智囊團來提高你的個人和職業決策的品質。

智囊團是一個由五到十人組成的小組。

該團隊的幾個主要特點：

1. 公正（最好不是家人）。
2. 擁有不同的經驗、觀點和視角。
3. 樂於提供坦誠、直接的建議。
4. 受惠於你的成功（也就是說，他們希望看到你取得成功）。

智囊團中，每個成員最好來自於特定的背景，有助於智囊團的成功：

- 高階管理人員（管理階層和高階職位）。
- 鼓舞人心的領導者（領導原則與人員管理）。
- 思想縝密的論證者（非常樂於對你的想法進行壓力測試）。
- 逆向思想家（願意唱反調）。
- 連接者（建立深厚的人際關係和網絡）。
- 同儕（處於相似的個人或工作位階）。

這並不是指智囊團需要組成**最豪華的**陣容。你需要的是真心希望你

成功的人。隨著時間的經過，你可以增減團隊的成員——增加新的、深厚的關係，減少那些並未隨著改變或進步而提高價值的人。

但與皮克斯不同的是，你不需要主持正式的智囊團會議（通常可以避免導師學生的形式），成員不需要彼此認識，也不需要知道他是智囊團的一員。當個人和工作上遇到挑戰、關鍵決定或轉捩點時，你可以向智囊團尋求客觀的見解、坦率的意見、回饋和建議。

我們的時間和精力都是有限的，所以這些人花時間提出建議是很有價值的。一定要讓他們知道你誠摯的感激。送他們書，寫感謝信表達對他們的謝意，感謝他們花時間和你在一起。微小的感激之情大有幫助。

## 如何建立權威：公開演講指南
## 支柱：廣度與贏得地位

坦白告訴你：我以前是個緊張大師。

但我知道我並不孤單。事實上，多項調查發現，人們將最害怕的事情排名，公開演講還排在死亡之前。但自信的公開演講是一個人在事業和生活中的關鍵技能；它能擴展潛在的人際關係圈，建立權威感和專業形象，這些都是努力累積而來的聲望。公開演講也會加速凸顯個人和工作上的付出。你最好不要躲避，而是需要一套策略增強信心，並表現出最好的自己。

以下是我培養公開演講能力的策略，你可以直接拿來用。

### 演講前準備
### 建立清晰的結構

最好的演講者並非只是演講，他們講的是故事，帶領聽眾展開一場旅程。建立一個熟悉易懂的結構。最好在簡報或演講的一開始，就講清楚說明白內容結構。

**搭建你的樂高積木**

當你對演講、敬酒、簡報或談話感到緊張時，你自然會想要逐字逐句背下內容。記憶的目的是作為一道保護牆，避免自己太過恐懼。你可以把內容背誦下來，然後視當場的情況做些臨場調整。

不過，我發現（並觀察到）背誦往往會產生相反的效果。

只要內容是背下來的，一個小小的錯誤就可能會讓你反應不及。因為你只知道內容的一個固定線性軌跡，因此往往無法適應突發狀況。只要投影片當中的一個小差錯、觀眾提出一個離題的問題，或是開場白中的一個輕微失誤，你的準備工作就會付諸東流。

我的建議是：

- 練習關鍵時刻，例如開場、轉場和笑點，就像搭積木一樣，把這些積木都先造好。
- 分段練習，而不是按順序練習。這可能看起來有違直覺，但如果事情沒有按計畫完美進行，你的表現會更有彈性。

另一個大型演講的**小技巧**：練習時同時快步走或輕慢跑。我發現它能有效地模擬上台時可能出現的心跳加速。

**選擇性的預備工作：研究最佳範例**

如果你想在某個領域中提升自己的能力，請研究該領域中的最佳範例。我們生活在一個多麼棒的時代，只需點擊一下按鈕，就能看到世界上最棒的演講教學。找出三到五位你喜歡的演講者，他們可以是政治家、企業領袖、喜劇演員、勵志教練，不論是什麼。在 YouTube 上找到他們演講的影片都不困難，此外請放慢播放速度並做筆記。

請注意以下事項：

- 他們是如何組織演講的？
- 他們說話的節奏如何？他們何時停頓，何時加快速度？
- 他們何時提高音量？何時降低音量？
- 注意他們在舞台上的動作。他們的肢體語言如何？
- 他們是如何與聽眾互動的？

透過學習最佳典範，我們自然而然地會展現想要的特質。

**上台前準備**
**面對聚光燈**

聚光燈效應是一種常見的心理現象，人們往往高估了別人會注意或觀察到他們的行動、行為、外表或結果的程度。公開演講是聚光燈效應最明顯（並可能造成嚴重後果）的例子之一。

要減弱聚光燈效應，請嘗試「那又怎樣（So what）？」法：

- 想一下你最害怕的情況是什麼。
- 想像最害怕的情況出現時，問問自己：「那又怎樣？」如果忘記你的講稿或沒有完美地表達，那又怎樣？你可能會結巴，但這不會要了你的命。家人回家後還是會愛你，生活也會繼續。

通常，「那又怎樣？」的答案並不像我們想像的那麼糟。正如塞內卡的名言：「我們在想像中受的苦，比在現實中受的苦更多。」

**投入角色中**

角色扮演是一種技巧，你創造一個角色，在讓你感到害怕或懷疑自己的情況下登場出現。

策略：在腦海中創造一個能完美演講的角色，然後在踏上聚光燈前

「切換」成這個角色。

想像你想要扮演的公開演講角色：

- 他們有什麼特質？
- 他們如何與周圍環境互動？
- 他們在別人眼中是什麼樣子？
- 他們的心態是什麼？

啟動你的性格，展現最好的自己，帶著全新能量迎接當下。

**消除壓力**

這種生理性的歎息是一種經過科學驗證、非常有效的快速釋放壓力的技巧。

這是結合長吸氣、短吸氣和長呼氣的呼吸模式。當血液中的二氧化碳含量過高時，人們會自然地這樣做。它透過快速大量地釋放二氧化碳，產生放鬆的感覺。

如果你在活動前感到緊張，請嘗試：

- 用鼻子吸氣兩次，一次慢慢地，一次快速地。
- 用嘴巴長長地呼氣。
- 重複二到三次。

效果立竿見影且正面積極。

**演講時**

**減輕緊張**

2023 年 6 月，在一場主題演講前幾分鐘，主辦單位問我想要播放什

麼歌曲。他們可能認為我會選擇一些振奮人心的歌曲。我告訴他們選艾麗西亞・凱斯（Alicia Keys）的〈Girl on Fire〉。他們以為我在開玩笑，但我非常認真。為什麼？在演講開始前做一些出乎意料且有趣的事情，能立即減輕現場的焦慮和緊張。當我播放那首歌時，我已經埋下了一個笑點！

「你可能想知道我為什麼要播放〈Girl on Fire〉……嗯，這是我一歲兒子的最愛，我想如果他的爸爸播放他最愛的歌曲，他會更興奮地觀看重播。」

當我看到台下人群一張張笑臉時，心中的焦慮瞬間消失。

感想：找到一種簡單的方法盡早消除緊張，並讓人們站在你這邊。

**玩岩漿遊戲**

你可能還記得小時候玩過這個遊戲，其中地板上的某些地方是無法觸摸的岩漿。在一次演講中，我嘗試玩一個類似的遊戲。我認為我的口袋和身體就像岩漿，我不能碰。

這個簡單的方法是強迫你將手臂從身體移開，做出更大的手勢，並表現出自信。

專業提示：在演講開始時使用大膽、明顯的手勢。我發現這樣做可以建立自信和動力（這是我對艾美・柯蒂[10]的權力姿勢研究致敬，儘管有不少爭議）。

**有目的的移動**

像在年少時向暗戀的人打電話一樣來回走動沒有任何幫助，它只會讓你更加緊張。

---

10. 譯註：艾美・柯蒂（Amy Cuddy）：美國的社會心理學家。著有《姿勢決定你是誰》（三采文化，2020/12/04）。

採取緩慢、有條理、有目的的步伐，謹慎地移動。當你在台上移動時，用動作為你的話語添加戲劇性效果。

有些人只是為了移動而移動，而有些人則是有目的地移動，永遠做後者。

**將所有內容整合在一起**

以下九種策略將會對你的公開演講大有幫助：

1. **研究最佳範例**：使用 YouTube 來研究你欽佩的演講者。
2. **建立清晰的結構**：仔細思考故事的敘事結構。
3. **搭建你的樂高積木**：持續地練習開場、轉換和關鍵台詞，但避免死記硬背。
4. **面對聚光燈**：針對你最害怕的事情問「那又怎樣？」，不要活在你的痛苦想像中。
5. **投入角色**：在開始前就進入角色中。
6. **消除壓力**：利用生理性的歎息來消除壓力。
7. **釋放緊張**：用玩笑或自嘲的評論盡早釋放緊張情緒，讓觀眾站在你這邊。
8. **玩岩漿遊戲**：使用大膽自信的肢體動作，避免觸碰口袋或軀幹。
9. **有目的的移動**：採取緩慢、有條理、有目標的步伐。

公開演講是我們所有人都可以經過努力達成的能力。善用以上的策略，你就能順利上手。

## 如何玩對的遊戲：地位測試
## 支柱：贏得地位

德尼・狄德羅是十八世紀哲學家和作家，在知識界享有深刻思想家的聲譽[11]。他的工作並沒有帶來任何的金錢財富，但這似乎並未困擾著他，只不過當他沒錢為女兒準備嫁妝時，他的經濟拮据問題便擺上了檯面。幸運的是，他的作品贏得了許多粉絲，包括俄羅斯女皇凱薩琳二世；聽說他的經濟困境後，主動表示買下他的圖書館，並聘請他擔任她的私人圖書館員，支付他豐厚的薪水。

在獲得這筆巨額財富後不久，狄德羅買了一件漂亮的新大紅色長袍。狄德羅感受到這件華麗的長袍賦予他地位提升的喜悅，但認為他的財產無法與這件新長袍的美麗和聲望匹配。

他怎麼能穿著這樣的長袍，卻坐在破舊的椅子上，穿著破爛的鞋子，或是在簡陋的書桌上寫字呢？他接連購買了新的皮革椅子、新的鞋子和一張精緻的木桌，所有這些都與他的猩紅色長袍相稱。或者，也許更重要的是，與穿著如此華麗大紅色長袍的人相稱。

這件新長袍創造了一個新的身分，狄德羅十分喜愛它，並希望全世界都知道這是屬於他的標誌。他晚年的一篇文章〈為我的舊睡袍而悔恨〉（Regrets for My Old Dressing Gown）中，他感歎道：「我以前是舊長袍的主人，現在卻成了新長袍的奴隸。」

狄德羅落入買來地位的陷阱，對下一個會帶來一定程度地位的物品，有一種緩慢的、悄悄的渴望。

認清並避開這些用錢買來的地位，對於建立社會財富的生活很重要。

你可以用以下兩個簡單的測試來評估：

---

11. 譯註：德尼・狄德羅（Denis Diderot, 1713-1784）法國啟蒙思想家，是法國啟蒙運動的重要代表，著名於其對唯物主義和人文主義的貢獻。

**購買地位的測試**

**如果我不能秀出來或告訴任何人這個東西,我會買嗎?**

「購買地位」是透過購買東西獲得象徵性的社會地位提升,這種地位是短暫的。問自己這個問題可以剔除雜音,確定東西本身是否真能帶來幸福感或實用性,還是其唯一目的是向他人表明你的成功或成就。

例如:

- 購買名貴手錶是因為喜愛手錶工藝的精妙和細節,還是因為希望人們看到你擁有這樣的手錶?
- 購買跑車是因為是個跑車狂,夢想在休假日馳騁山路,還是因為希望人們在車上看到你,並認為你很成功?
- 在慈善活動中捐助餐費是因為相信慈善機構的使命,並會匿名捐款,還是因為希望在活動中被大家看到你在做公益?

在現實生活中,你不太可能完全擺脫購買地位的行為,但有了這些潛在購買動機的問題後,會產生新的觀點,鼓勵將時間和精力集中在贏得地位的行為上。

**贏得地位的測試**

**世界上最富有的人明天就能得到我想要的東西嗎?**

贏得的地位是最棒的報償。它是透過努力贏得,獲得的真正尊重、欽佩和信任:

- 自由時間。
- 愛情關係。
- 有目標的工作、專業知識和智慧。
- 健康的心智和身體。

- 努力贏得的財務成功。

　　就算是世界上最有錢的人也不可能一天就能得到這些東西。如果沒有明確地努力創造，並有效地訂立優先順序，上述的每一個想望都會難以掌握。世界上最有錢的人不可能比你更快建立愛情關係，也無法比你更快擁有健康的心智和身體，也沒有人可以花錢得到專業知識、智慧或目標。金錢可能會提高獲得其中一些地位的機率——例如自由時間——但努力是必需的。俗話說「羅馬不是一天造成的」。

　　納瓦爾・拉維坎[12]曾經說過一句諷刺的話：「玩愚蠢的遊戲，贏愚蠢的獎品。」

　　狄德羅玩了一個愚蠢的遊戲，贏得了愚蠢的獎品。千萬不要落入同樣的陷阱：不要購買地位，專心在贏得地位，因為獎品更充實。

---

12. 譯註：見本書第9及14章。

# 第 16 章

# 社會財富摘要

## 社會財富概覽

**大哉問**：在葬禮上，誰會坐在前排？
**社會財富的三大支柱**：

- **深度**：與一小群人建立深厚、有意義的連結。
- **廣度**：透過個人關係或社群、宗教、精神或文化基礎，與更多的人群建立關係，獲得更多的支持與自我歸屬感。
- **贏得地位**：基於贏得而非求得的地位，贏得同儕的持久尊重、欽佩和信任。

**社會財富評分**：對於以下每個陳述，請回答 0（非常不同意）、1（不同意）、2（中立）、3（同意）或 4（非常同意）。

1. 我擁有許多深厚的、充滿愛與相互支持的關係。
2. 我能夠成為合適的伴侶、父母、家庭成員和朋友。
3. 我有一個鬆散的人際關係網絡，可以從中學習和發展。
4. 我對某些領域（在地、地區、國家、精神層面等）或比自己重要

的事物有一種特別的連結感。
5. 我不會想透過購買外在物品來獲得地位、尊重或羨慕。

你的分數（從 0 到 20 分）是：

## 目標、反目標和方法

使用目標設定來調整社會財富的方向：

- **目標**：希望在一年內達到的社會財富分數？在過程中，你需要達成哪些階段性目標（二到三個）？
- **反目標**：在過程中，你想避免哪些結果出現（二到三個）？
- **高槓桿系統**：為了在實現目標分數之取得具體、累積的進展，你會採取〈社會財富指南〉中的哪些方法（二到三個）？

### 一週快速入門

使用關係圖來了解目前的人際關係狀況，並找出加深和拓展的機會。

從生活中所有核心關係開始。根據支持性、矛盾性或貶抑性的關係，以及互動頻率，來評估每一個核心關係。使用這些資訊，在 X 軸（從貶抑到支持）評估**關係的健康程度**，在 Y 軸（從罕見到每日）評估**關係的頻率**，建立個人的核心關係二維圖表。

考慮如何優先維繫綠色區域（健康—頻繁）的關係，並花較多時間處理機會區域（健康—不頻繁）的關係。

# 第4部

# 心理財富

# 第 17 章

# 大哉問

## 十歲的你會對今天的你說什麼？

　　一位九十多歲的老人在學院演講廳的第一排坐下，拿出自己的筆記本。

　　上課時，他專注聽講，並在筆記本上記下關於宇宙大爆炸、太陽系，以及太陽如何壽終正寢等知識。下課時，他微笑著收拾東西，與一群十八歲的哈佛大學新生打成一片，一起走出天文入門課的教室。

　　這位老人的名字叫漢克・貝哈（Hank Behar），如果人們問我長大後想成為什麼樣的人，我會回答我想成為像漢克那樣的人。

　　漢克在我小時候住在與我父母同一個社區。從某些方面來說，他很平凡，並不是特別富有、出名或有權有勢，但他所有的**平凡**都顯得相當**不平凡**。漢克大部分的職業生涯都在好萊塢擔任編劇和導演，擁有十足敏銳、機智的幽默感。他和妻子菲利斯（Phyllis）結婚超過五十年，魅力十足的菲利斯曾是一位肥皂劇明星，他提到他們是在片場相遇，說服她開始與他約會。婚後至今漢克和菲利斯有三個孩子、四個孫子、兩個曾孫。漢克有著溫柔、愛心滿滿的個性，能適時說個笑話來自我解嘲。儘管年事已高，他仍然保持活力，他和菲利斯偶爾會心血來潮地跳上飛機或搭乘遊輪，展開一段新的冒險。

2014年，菲利斯問漢克九十歲生日想要什麼。他們倆身體都很健康，原本她猜他會想要一個愉快的假期、週末度假，或者只是一頓特別的晚餐。

沒想到他的回答令她驚訝：

「我一直想看看那些天才在哈佛都在做什麼。我想在那裡待一天。」

他們並不怕挑戰，他們聯繫了我的父親，我的父親在該校擔任教授已久。他和幾位教授安排讓漢克參加一天的課程——他的生日願望已經實現了。幾週後，漢克早早就起床，穿上漂亮的休閒褲、襯衫和毛衣，前往麻州劍橋市朝聖，在哈佛大學度過了一天。

就這樣，這位九十歲的老人在天文學入門課上與世界上最聰明的十八歲年輕人一起坐在前排。他是一名模範學生；很早就到了，做筆記，甚至在不懂的地方提出問題。

光是這個場景就足以讓任何人發出會心的微笑。然而漢克在哈佛的一天不僅僅是一個感人的故事，還有一連串深刻的想法和值得學習的地方，在科學的驗證下，探討如何在人生的晚年過得更健康、更充實。

## 青春永駐的真正源泉

好奇心是心理財富生活的基礎。

它也是每個人與生俱來的特質：你天生就擁有它。如果你有孩子或曾與孩子相處過，一定曾親眼目睹過真切、無拘無束的好奇心是什麼樣子。孩子會睜大眼睛，用完全不加掩飾的好奇追求一切。新事物激發了人們對這個世界的好奇，這是藏不住的。好奇心是你了解世界和保持活力的方式。

科學驗證過上述的說法。事實證明，好奇心對任何人都非常、非常有用。它才是真正的青春之泉。

2018年的一項研究發現，好奇心所激發的大腦運作，隨著年齡增加，有助於維持人類的心智功能、心理健全和身體健康[1]。此外，好奇心與較高的生活滿意度和積極心態，以及較低的焦慮程度有關[2]。好奇心讓我們更快樂、更健康，也更充實。如果好奇心是一種藥，相信全世界的所有製藥公司都會宣稱它為超級藥物，爭相銷售。

心理財富是建立在好奇心的基礎之上，鼓勵你去尋找、探索、提問和學習。透過好奇心，你才能踏上探索和**人生使命**的旅程，發掘新的視界和終生**成長**，並且尋找思考、再出發、解決問題和充實自己所需的**空間**。

雖然很難認定怎麼做才對，但當你以真誠、充滿靈感、天真爛漫的好奇心追求生活時，無論是個人或工作往往會發生好事。

你可以發現周遭到處都有好奇心產生力量的例子：

- 有抱負的企業家，深入探索感興趣的新市場和新商業模式，找出他們的「偉大想法」。
- 退休人員，透過學習感興趣的新語言來讓頭腦持續運作。
- 透過參與激發熱情的活動來結識人生伴侶的人
- 公司執行長將長期的成功歸功於定期「思考日」（一天的休假，用於自由思考企業面臨的挑戰）。

有一件事相當明確：命運眷顧好奇的人。

---

1. Michiko Sakaki, Ayano Yagi, and Kou Murayama, "Curiosity in Old Age: A Possible Key to Achieving Adaptive Aging," *Neuroscience and Biobehavioral Reviews* 88 (May 2018): 106–16, https://doi.org/10.1016/j.neubiorev.2018.03.007.
2. Todd B. Kashdan, Paul Rose, and Frank D. Fincham, "Curiosity and Exploration: Facilitating Positive Subjective Experiences and Personal Growth Opportunities," *Journal of Personality Assessment* 82, no. 3 (June 2004): 291–305, https://doi.org/10.1207/s15327752jpa8203_05.

不幸的是，你與生俱來的童年好奇心，在成年過程中慢慢萎縮。現實擺在眼前——生存的需要、生活的「忙碌」、每件事都有迫切性——而好奇心永遠退居第二位。

這並非臆測。研究顯示，求知欲[3]和對新體驗的開放程度[4]似乎隨著年齡的增長而下降。從青春期晚期開始，一直到成年期。一群研究人員認為，這種下降是因為對**未來時間**的感知越來越低所致，意思是隨著年齡的增長，好奇心的價值越來越少，因為在未來的時間裡，因為好奇心受益的程度正快速減少。

我認為，隨著年齡增長的好奇心下降是一種聰明的進化特質，儘管已不合時宜。好奇心幫助人們在早年了解整個世界，快速提升學習曲線，直到進入適婚年齡。一旦弄清楚了世界運作的方式後，同樣的好奇心反而可能會讓人陷入危險，因為它超出了例行工作的核心舒適圈。在現代世界中，很少有人需要擔心對灌木叢中的聲音感到好奇而被獅子吃掉，我認為我們日漸減少的好奇心是弊大於利。

沒有好奇心的生活，就是缺乏探索、學習和渴望的欲望，也缺乏這種渴望所創造的豐富層次。沒有好奇心的生活是空虛的生活，是停滯的生活，是沒有驚奇的生活。

套用一位朋友的話說，每個八十歲的老人內心都藏著一個十歲孩子的心在問：「**剛剛他 X 的到底發生了什麼事？**」

但這種情緒的種子在多年以前就種下了。在人們二、三十歲時播種，當時你停止追求工作以外的任何興趣或愛好；在人們四、五十歲時

---

3. Li Chu, Jeanne L. Tsai, and Helene H. Fung, "Association between Age and Intellectual Curiosity: The Mediating Roles of Future Time Perspective and Importance of Curiosity," *European Journal of Ageing* 18, no. 1 (April 27, 2020): 45–53, https://doi.org/10.1007/s1043-020-00567-6.

4. Matthias Ziegler et al., "Openness as a Buffer against Cognitive Decline: The Openness-Fluid-Crystallized-Intelligence (OFCI) Model Applied to Late Adulthood," *Psychology and Aging* 30, no. 3 (January 1, 2015): 573–88, https://doi.org/10.1037/a0039493.

播種，當時你停止試著了解世界，只會說：「事情就是這樣。」在人們六、七十歲時播種，當時你停止學習新事物，因為你不再認為它有任何用處。

大多數人都早已與內心裡的十歲孩子失去了聯繫，**但現在重新建立還為時不晚。**

心理時空旅行是自我反思的一個絕妙技巧。最簡單的形式就是從當下的自己分離，進入過去或未來的自己。這是激發感激之心的有用方法。想像一下，年輕的自己會對未來取得成就的自己感到多麼驚訝。也提供了另一個視角；想像一下，年長的自己多麼渴望回到今天的自己。在這種情況下，心理時空旅行可以提供一個清晰的視角，可以評估自己的心理財富。

那麼，十歲的那個超級好奇、頑皮的自己會對今天的你說什麼呢？

- 那個十歲的孩子會因為你在人生中富有活力而感到興奮，還是因為你安於現狀、不求上進而感到怨恨？
- 那個十歲的孩子會對你持續成長、發展和學習的喜悅印象深刻嗎？
- 那個十歲的孩子會因為你的生命中缺乏活力、只求靜止和沉默而害怕嗎？

你心中那個十歲的自己會提醒你保持對全世界的興趣，並在過程中享受樂趣。當生活把你推向沒有好奇心、一灘死水的成年期時，你必須努力保持對整個宇宙的好奇心。

在這本書上架之前，漢克即將年滿百歲。在他九十九歲生日那天，他的一個孫子製作了一部簡短的紀錄片，他跟隨漢克一天，詢問他長壽的秘訣：早餐是無咖啡因咖啡加牛奶；鯡魚；Cheerios 穀片配脫脂牛奶、藍莓和一根香蕉；兩塊塗滿果醬的餅乾；以及十顆葡萄；在妻子菲

利斯幫他剝香蕉後，她會親他的臉頰。漢克看著鏡頭說：「你為什麼會活到九十九歲？因為你娶了一個好女人。」他充滿愛心和頑皮的本性展露無遺。早餐後，漢克坐在躺椅上，手上拿著報紙，開心地說：「我每天都看報紙。當然，我想知道發生了什麼事，包括人、事、時、地！」

我希望他還可以**繼續學習下去**，希望他的故事能激勵每個人與內心的十歲孩子重新連結。我老了以後想成為漢克的原因有很多，但最重要的只有一個：

漢克有一個充滿心理財富的人生。

# 第18章

# 一個古老的傳說

大部分人在二十五歲就死了,但七十五歲才入土

——佚名[1]

有一個在富裕環境下長大的年輕王子,離開皇宮,體驗了宮門外百姓的現實與苦難。他看見了年邁、衰弱的老人;感受著疾病的痛苦;目睹了逝者離世;以及出家修行的人。突然間,他發現自己在皇室的教養環境下看不見真相,於是決定走向人群,親身面對並超越苦難,了解民間疾苦。他脫下代表王子身分的袍服和裝飾,渡過河流,尋找人生更高的使命。

年輕的王子悉達多‧喬達摩（Siddhartha Gautama）面對著一條漫長而艱辛的修行之路,最終他在菩提樹下入定。在這裡,他大徹大悟,成為佛陀,並決心分享他的信念,克服世俗的苦難。今天,全世界有超過五億人遵循他的教導[2]。

綜觀歷史,追求有意義、成長和反思的人生,一直是人類經驗的核心。這種對核心的追求,以不同的形式出現在各種古代文化當中。

---

1. 譯註:有一說是美國開國元勳班傑明‧富蘭克林的名言。
2. 譯註:文中的悉達多‧喬達摩即是後來佛教創始人釋迦牟尼。

在古老的印度教傳統中，**佛法**的概念指的是一個人的神聖使命，使一個人能夠以勇氣與無畏之心面對未知的人生使命。而如今，你的佛法不必如此偉大或印象深刻，但必須只屬於**你自己**。在史詩《摩訶婆羅多》（Mahabharata）的印度教文本《薄伽梵歌》的開場場景中，主角阿朱那（Arjuna）站在戰場前，將與他的對手展開一場大戰。阿朱那內心掙扎，因為對手是他的家人，於是向他的戰車手克里希納（Krishna）求助，克里希納是毗濕奴神（Vishnu）的凡人化身。克里希納鼓勵他以自己的使命為中心，他說：「不完美地踐行自己的佛法，勝過完美地踐行別人的佛法……踐行自己的佛法，比在他人的佛法中取得成功要好。心中追隨自己的佛法，永遠不會有損失。但是，在別人的佛法中競爭，只會產生恐懼和不安。」

在古希臘，**美德**（arete）的概念被用來表達充分發揮一個人的潛力和完成使命。從某種意義上說，美德的概念最早來自於精益求精，自立自強，它鼓勵人們在生活的各個領域（包括人際關係、智力追求、道德行為等等）不斷成長和追求卓越。這個概念與**終極幸福**（eudaemonia）緊密相連，這種充滿幸福和滿足的感覺只有透過尋求成長、意義、目的和真實性才能實現。古希臘哲學家認為，透過追求美德，即一種有成長和使命的生活，人們就可以達到終極幸福的快樂狀態。

在年輕開悟的王子的佛教教義中，八聖道（the Noble Eightfold Path）描述了通往開悟的關鍵修行。這八個要素分為三類：智慧（正見、正思維、正語）、戒行（正業、正命、正精進）、戒律（正念、正定）。八聖道是一生的修行，為求道者指引了明確的目標和日常實踐的方向。它通常被稱為中道——一條介於純粹自我放逐和純粹自我苦行之間的人生道路，在從痛苦中解脫的道路上提供了平衡和實踐。

願景追求是美洲各種原住民文化中常見的精神實踐。尋求者有個人的歷程，通常包括獨處、冥想和禁食。這是一個了解自己以及自己在家庭、社群和宇宙中的角色的過程。

日本沖繩的傳奇百歲老人提到了「生き甲斐」（ikigai），日文的「生き」，意思是「生命」；「甲斐」，意思是「效果」或「價值」。二者合一意味著「生命存在的意義」，即日常活力的驅動力。「生き甲斐」可以被想像為四個重疊的圓圈：①你喜歡什麼，②你擅長什麼，③世界需要什麼，以及④你可以得到什麼。四個圓圈重疊的區域就代表生命存在的理由。

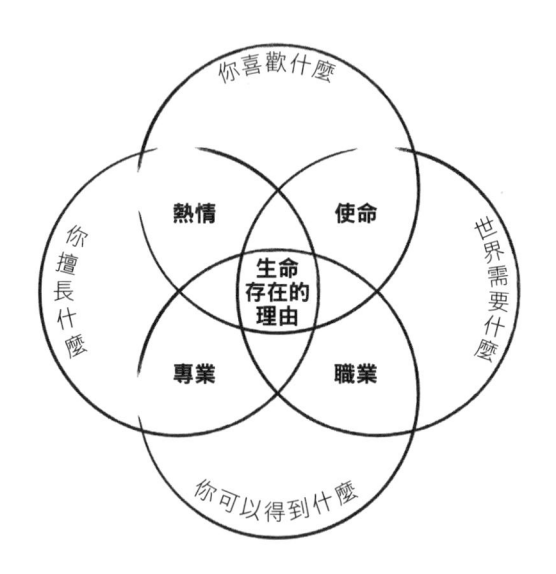

```
              你喜歡什麼
         ┌─────────────┐
         │  熱情   使命 │
你擅長什麼│    生命      │世界需要什麼
         │    存在的    │
         │    理由      │
         │  專業   職業 │
         └─────────────┘
              你可以得到什麼
```

這個概念在西方被解釋為：透過工作或職業成就來尋找人生目的，但最初的觀念實際上是來自沖繩的百歲人瑞，不限於從工作和職業出發。多數人的目標當然可以與職業發展和經濟能力有關，但不需要受到原本的定義限制。因此，我自己對「生き甲斐」的解釋，先刪除了第四個圓圈：**你可以得到什麼**，不僅限於職業考量，而是更廣泛地解釋個人的情況。

```
          你喜歡什麼
       ╱          ╲
      ╱   生命     ╲
 你擅長什麼  存在的  世界需要什麼
      ╲   理由    ╱
       ╲         ╱
```

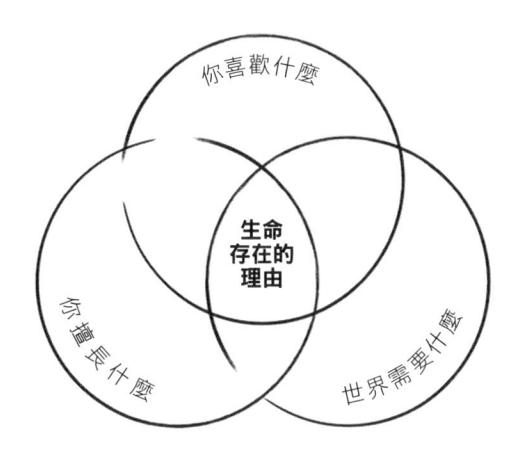

英雄之旅的過程——一個人尋求人生的使命，在人生的痛苦考驗中淬煉成長，並在這個過程中找到真實的自我——已深入人心，這正是大多數人所經歷的道路。我們每個人都在尋找自己的使命，一個個互古不變的故事，被觀察、被記錄，透過文化、宗教和社會的故事和神話傳遞下來。悉達多‧喬達摩從一位備受呵護的王子，到大徹大悟的聖者，所經過的一切是成為英雄的典型例子——一個男孩擺脫了注定命運的束縛，創造了自己的命運。

你也正在踏上自己的英雄之旅，這是一段發現並實現自我使命的旅程，途中透過歷練成長，並在路上找到自我。不幸的是，在這個時代，對立的力量非常強大。這些力量威脅著要把你從屬於你的道路上拉下來，把你限制在鋪好的人生道路中。

只有你能成為自己故事的聖者，現在是時候開始表現了。

## 生命中最重要的一戰

殘酷的事實：世界希望你接受靜止不前的命運，希望你安於現狀。

在卸任執行長之前的最後一封股東信中，亞馬遜創始人傑夫‧貝佐

斯（Jeff Bezos）引用了理查・道金斯的著作《盲眼鐘錶匠：解讀生命史的奧秘》[3]中的一段話：

> 「你必須努力延緩死亡。如果生活任其自然——這就是它死亡時的樣子——身體就會逐漸與環境取得平衡……如果不主動抗衡，整個人最終會融入周圍的環境，不再作為自主的個體存在，這就是死亡。」

被周圍環境同化——這是常態——是人的自然狀態。生活在這種自然狀態中是很容易的，遵循為你安排的道路，相信你的極限，接受賦予你的人生意義和目的，讓生命快速從你身邊流逝。

貝佐斯在回顧這段話時寫道：「世界以什麼方式拉著你，試圖讓你變得正常？需要付出多少努力才能保持自己的獨特性？……我真正想讓你做的是，接受並切實了解維持這種獨特性需要花費多少精力。世界希望你成為典型的人，它以一千種方式拉著你。但千萬不要讓它發生。你必須為你的獨特付出代價，但這是值得的。」

你必須堅持不懈，努力保持自己的獨特性。

獨特性指的是：選擇活出你的故事，而不是別人的故事：

- 為人母者將目前的人生階段定義為希望陪伴年幼的孩子，而不是留在公司繼續打拚。
- 企業家總是追求眾人嘲笑的那個瘋狂想法。
- 畢業生追求新的人生道路，而非遵循其他同學的選擇。
- 退休人士努力學習一種新語言，而不是慵懶地躺在沙灘上。

---

3. 譯註：理查・道金斯（Richard Dawkins）：英國演化生物學家、動物行為學家、科學傳播者。著有《盲眼鐘錶匠：解讀生命史的奧秘》（天下文化，2020/12/25）。

- 中階經理人有著古怪的愛好，因為它能帶給她生活的動力。
- 九十歲的老人在哈佛大學的天文學課上過生日，而不是在家看電視。

抵抗常態是人生中最重要的一場戰鬥。保持你的獨特性，按照你的方式生活在一個吸引你的世界裡。這是充分發揮潛力，並過著充實、富有質感生活的唯一途徑。

這也是建立心理財富生活最終的意義：按照自己的使命生活，相信自己成長、改變、學習和發展的能力，並找到自己平和、平靜和獨處於這個快速變化世界的意義。

心理財富的人生，是與同化抗爭並取得勝利的人生；一種為了與周遭環境的不同而付出代價，但其中蘊含著巨大回報的人生。

# 第 19 章
# 心理財富的三大支柱

2005 年 6 月一個陽光明媚的溫暖日子，蘋果創辦人兼執行長史蒂夫・賈伯斯走上加州帕羅奧圖（Palo Alto）史丹佛大學體育場的講台。

在當時，賈伯斯被認為是史上最偉大的企業家之一。他創立了蘋果、皮克斯和電腦新貴 NeXT，在他最喜歡的設計工作室、辦公室和董事會會議室之外，在陌生的領域進行一場戰鬥。2003 年，他被診斷出患有一種罕見的胰腺癌；需要接受治療，最終需要手術，手術後他重返蘋果公司，繼續他一生的工作。正是在這種背景下，賈伯斯在史丹佛大學的畢業典禮上，為 2005 年應屆畢業生發表畢業演講。

整篇演講都充滿力量，結尾更特別引人注目：

> 人的時間有限，所以不要把時間浪費在過別人的生活上。不要被教條束縛——意思是活在別人的想法中，不要讓別人的意見淹沒你內心的聲音。最重要的是，要有勇氣追隨自己的內心和直覺，他們根本不知道你真正想要成為什麼樣的人。其他一切都是次要的⋯⋯求知若渴，虛心若愚（Stay hungry. Stay foolish）。

賈伯斯這番話，為心理財富的三個核心支柱做了最適當的介紹：

- **使命**：清楚定義自己的願景和重點，創造生命意義，決定生命短期和長期的目標；不願意在別人的指導下過活。
- **成長**：在了解自己的智力、能力和性格之下，保持進步和改變的渴望。
- **空間**：在寧靜和獨處的空間來思考、回歸初心、解決問題和充實自己；有能力和意願傾聽內心的聲音。

把心理財富放入新記分板衡量時，三大支柱——使命、成長和空間——為建立心理財富的行動提供了方向。了解三大支柱和高槓桿的方法，可以開創好的結果。

## 使命：活出自己的人生

2005年11月，《國家地理雜誌》刊登了一篇風靡全球的封面故事。

這篇名為「長壽的秘密」的文章是報導丹‧布特納（Dan Buettner）的發現，布特納是自行車橫貫美洲大陸的紀錄保持者、艾美獎得獎製片人和企業家，多年來研究世界各地百歲老人的生活。一開始，布特納是在騎自行車旅途中遇到這些長壽聚落，包括從阿拉斯加普拉德霍灣（Prudhoe Bay）到阿根廷火地島（Tierra del Fuego）長達15,536英里的壯舉，以及從突尼西亞比澤爾特（Bizerte）到南非好望角11,885英里的非洲大縱走，後來他經營一家全球性、以學生為導向的教育公司，開始認真研究這些長壽地區。在賣掉公司不再經營之後，布特納開始試著利用逆向工程[1]，找出那些之所以成為長壽地區的秘密。他與米歇爾‧普

---

1. 譯註：逆向工程：源於商業及軍事領域中的硬體分析方法。在無法輕易獲得必要的生產資訊下，直接從成品的分析推導產品的設計原理。

蘭（Michel Poulain）、喬瓦尼・佩斯（Giovanni Pes）合作，這兩位長壽研究人員發明了「**藍色區域**」（blue zone）一詞，來指那些異常長壽的地理區域，並著手標示和解開世界各地這樣的藍色區域的秘訣。

在廣泛研究的三年後，布特納出版了一本關於長壽的書，名為《藍色區域：從活得最久的人身上學到的延年益壽的一課》[2]，探討了這些地區長壽人口的習慣。結果發現：世界上壽命最長的人都有一個特別有趣的共同習慣：他們都找到了自己的人生使命。

人生使命帶給一個人的生活很大的意義。它認同自己，了解自己是什麼樣的人，代表什麼，以及目標為何，也與周圍的世界有了連結。

例如，我的使命很簡單：透過我的寫作和內容、創辦或投資的企業以及人際關係，在世界上產生正面的影響。這個獨特（甚至有些抽象）的使命讓我的行為更加清晰。當我寫作時，我關心的是文字和主題會在世界上產生什麼樣的連鎖反應，如何激勵讀者採取積極的行動影響他們的生活。當我創辦或投資一家公司時，我會關心公司如何為人的生活創造價值。當我試著去愛人，會思考如何將人們提升到新的高度，讓他們對世界有新的視野，釋放他們的全部潛力。我實現使命的方式每天都在變化，但這對我來說都是獨一無二的，那是我人生的一部分。

你的使命是拿到這把獨特的利劍，當你超越自我並達到這個目標時，你就贏得了這場人生戰鬥。

過著有使命感的生活代表經常與超越自我、更高層的存在連結，它決定了你的身分，帶領你的日常行為。它可能是建立一家影響數百萬人生活的公司、為所愛的人帶來快樂、為很少感受到歡樂的人群帶來歡樂，或成為當地社群中的有用成員。你的使命不必多麼令人印象深刻或多麼宏大，它是個人的，是你自己的。

---

2. 譯註：原文書名：「The Blue Zones: Lessons for Living Longer from the People Who've Lived the Longest」，布特納出版另一本相關的書《藍區挑戰：四週改變一生的健康長壽計畫》（天下生活，2023/08/30）。

重要的是，正如藍色區域研究和各種科學研究發現，這與更長壽、更幸福、更充實的生活有關。羅伯特‧巴特勒（Robert Butler）是一位傳奇的老年學家，被認為是老齡化健康研究的先驅之一，他領導了一項為期十一年的研究，以評估使命在長壽中的作用[3]。該研究發現，那些有明確人生使命的人比沒有明確使命的人多活了大約七年，生活品質也更高。另外一項在 2019 年發表在《美國醫學會雜誌》上調查了 7,000 名美國人的最新研究，認為明確的人生使命與五十歲後較低的死亡率有關[4]。

人生使命不需要與職業相關。事實上，在我調查的 100 多名自認為有明確使命的讀者中，只有不到 20% 的人表示他們從事的主要工作就是他們的使命。

對於這個群體來說，使命本質上就像雪花，每個人都不會一樣：

- 四十多歲的已婚男性，輔導當地高危險青少年的計畫。他認為童年時期缺少正向力量是他願意從事這項計畫的動力。
- 五十多歲、三個孩子已成年的母親認為，自從孩子離開家後，她與當地教會的密切接觸為她的生活注入了新的活力。
- 三十歲出頭的母親，認為養育快樂、充滿愛心的孩子是她人生這個階段的使命。她人生的前一個階段是一位工作能力強的創意總監，但對這個新的、非工作的目標感受到了更多的內在動力。
- 二十多歲的單身女性，關注氣候議題和政治活動。有機會激勵他人改變是一件令人感到興奮的事。

---

3. "The Right Outlook: How Finding Your Purpose Can Improve Your Life," *Blue Zones*, August 2011, https://www.bluezones.com/2011/08/the-right-outlook-how-finding-your-purpose-can-improve-your-life/.

4. Aliya Alimujiang et al., "Association between Life Purpose and Mortality among US Adults Older Than 50 Years," *JAMA Network Open* 2, no. 5 (May 24, 2019): e194270, https://doi.org/10.1001/jamanetworkopen.2019.4270.

- 四十多歲已婚女性，熱愛她共事的同事，也認同公司的共同願景「致力於提升合作公司品牌形象」。
- 七十多歲的退休人士，他的使命是在金婚紀念日好好寵愛他的妻子，因為她為家庭犧牲了五十年。
- 五十歲的丈夫和四個孩子的父親，生活重心完全在孩子身上。他稱之為「神聖的責任」，表示這讓他更樂於工作。
- 三十多歲的單身男性，將他的人生使命定為創立個人的事業，能影響十億人的生活。

如果你的工作能夠讓你感到深刻的使命感和意義，那太棒了；但如果沒有，請記住你並不孤單，你仍然可以透過工作以外的使命過著充滿意義的生活。

在《薄伽梵歌》中：「不完美地踐行自己的佛法，勝過完美地踐行別人的佛法。」你的使命未必都是偉大或重要的，它只需要**屬於你自己**。

## 成長：追逐無限潛力

漢克·貝哈的妻子菲利斯比他小十歲。她今年八十八歲，笑容和青春的光彩讓三十多歲的朋友們羨慕不已。我跟她聊到，她對丈夫拿哈佛上一天課當作生日禮物的看法，順便翻出當天的一些舊照片，她隨口提到生活中新的快樂來源：「我相信繪畫賦予我生命。八十八歲的我還在上兩門繪畫課程，這些課程是靈感和友誼的絕佳來源。」

一位八十八歲的長者，在學習追求新技能的過程中找到樂趣，這些技能除了帶來純粹的享受和個人成長之外，沒有其他實用價值。菲利斯·貝哈曾說過，積極、持續地追求新的興趣和好奇心，無論實際上有沒有用，**都賦予生命意義**。

成長是超越自然力量的方式。在大多數人不惜一切代價追求省時省

力的世界裡，追求進步值得嘉許。當可以用 Google 翻譯時，為什麼還要學習新語言呢？當可以坐在沙發上看最新節目時，為什麼還要培養新的嗜好呢？當現有的能力已經夠用時，為什麼還要努力掌握新的專業技能呢？

　　為什麼要這樣做？因為你能做到的比你想像的要多得多。開發潛力雖然困難，卻是值得終生追求，它可以讓你的思緒保持敏銳，證明你可以改變、發展和適應。

　　有趣的是，沒有目標的追求成長，往往會產生最不凡的成就。歷史上不乏終生學習者非凡成就的例子。

　　班傑明‧富蘭克林如果有 LinkedIn 履歷，肯定會令人印象深刻。富蘭克林一生中建立了一個媒體帝國，起草了美國最早的建國文件，並發明了避雷針、雙焦點眼鏡等等。他在各個領域的經驗之深、範圍之廣都令人敬佩和讚歎。在他的日常行程中，每天早上都花一個小時研究學習。事實證明，這種做法是世界上頂尖成就者的共同特質。從馬斯克、比爾‧蓋茲到歐普拉和巴菲特，最成功的專業人士似乎都每天花時間學習和成長。

　　幸運的是，科學顯示，追求進步──培養和願意追求無限的潛力──是由心態驅動，而不是靠先天的才能。換句話說，這個機會不是為天才保留的，任何人都可以擁有它。

　　1998 年，當時哥倫比亞大學的心理學教授卡蘿‧杜維克（Carol Dweck，現任教於史丹佛大學）[5] 發表了幾項關於心態和讚美對動機和結果影響的研究。在其中一項研究中，杜維克及其同事對四百名兒童進行了一系列的益智測驗。在完成第一個益智測驗後，被讚揚**聰明**的兒童，比起被讚揚**努力**的同儕，較不願意選擇下一個難度較高的題目。在另

---

5. 譯註：卡蘿‧杜維克（Carol Dweck）：史丹佛大學的行為心理學教授，以其思維模式的心理特質研究而知名。

一項針對青少年的相關研究中，杜維克及其同事對一組學生進行了非語言智力測驗，其間不斷稱讚他們的智力（「你一定很聰明！」），或是稱讚他們的努力（「你一定非常努力！」）。被稱讚聰明的青少年在面對更難的問題時表現較差，而被稱讚努力的青少年在這些問題中表現較好。此外，被稱讚聰明的青少年會盡量避免挑戰新的任務，甚至會隱瞞他們在任務上的表現，而被稱讚努力的青少年則會將挑戰性任務視為新的學習機會。

在她的暢銷書《心態致勝：全新成功心理學》[6]中，杜維克博士運用她豐富的研究成果，建立一個通用模型，證明人對自己的信念，尤其是相信自己能夠成長、進步和改變，會影響生活的每個層面。杜維克總結道：「二十年來，我的研究顯示，你對自己的看法深刻地影響著你的人生。它可以決定你是否會成為你想要成為的人，以及你是否會成就所重視的事情。」

根據她的研究，核心心態分為兩種：

1. **定型心態**，假設能力、智力及性格是靜態的。
2. **成長心態**，假設能力、智力及性格是動態的。

定型心態是基於以下的核心信念：關於個人的一切都是不可能改變的，就像刻在石頭上一樣。正如杜維克博士的研究顯示，這種信念對你的工作、生活甚至愛情都有廣泛的影響。定型心態會渴望外在的肯定、獎勵和贊許，對失敗和拒絕則深深恐懼，還有一種錯誤的想法：如果現在情況不好，那麼永遠都不會好。

相反地，成長心態是基於以下的核心信念：關於你個人的一切都是可以改變的，真誠的努力可以培養出改變、成長和持續的進步。成長的

---

6.《心態致勝：全新成功心理學》（天下文化，2023/08/28）。

心態會專注於內在動機、投入和過程，接受失敗成為學習的機會，其根本信念在於：開始並不會等於結果。

那些擁抱成長心態的人，會以積極、樂觀和韌性的態度，面對生活中不可避免的挑戰。他們避免將自己的人生與單調的結果畫上等號，反而傾向讓自己在各個領域上付出努力和精力以改變人生。他們在個人生活和專業上努力，因為他們明白美好的事物並非天生使然，而是透過努力獲得的。在一個美麗但不完美的世界裡，完美只屬於童話故事，那些相信自己能夠改變、專注於投入過程和每天都進步的人，才會找到成功的途徑。

心理財富建立在成長、學習和改變的能力等基本信念之上，擁有這些信念只是一個開始。就像漢克在哈佛大學上天文學課和菲利斯在當地社區中心上繪畫課一樣，心靈富有的人每天都在實踐它。

聖雄甘地有一句名言：「活得像明天就要死去。學習得像永遠活下去。」

## 空間：尋找你的花園

那位中年僧侶平靜地坐在那裡，數百個電感測器和電線連接到他的臉部和光禿的頭頂，他傳統的紅金色僧袍對比出 256 個感測器為背景的純白醫院診療室。

馬蒂厄・里卡爾（Matthieu Ricard）在細胞遺傳學領域獲得博士學位後，離開了學術界，前往印度出家為僧。在此期間，他曾擔任達賴喇嘛的法文翻譯，成為暢銷書作家，並獲得法國國家勳章。

但他最棒的成就，卻是他最不願意談論的：里卡爾是世界上最幸福的人。

威斯康辛大學的研究人員在 2000 年代初期進行了一項關於冥想影響的研究中，心理學家理查德・戴維森（Richard Davidson）在里卡爾身

上裝滿感測器和電線，同時讓他進行冥想。戴維森博士指出，里卡爾的大腦產生了伽馬波（gamma waves），這與意識、注意力、學習和記憶有關，其水準「在過去的神經科學文獻中從未提到過」[7]。此外，感測器顯示他左前額葉皮質的活動比右邊更活躍，研究人員認為這可能賦予里卡爾較高的快樂感。這些發現，加上一些添油加醋的新聞報導，讓馬蒂厄・里卡爾被稱為「世界上最快樂的人」。

儘管里卡爾不太喜歡這個稱號（「這是一個適合記者使用的標題，但我無法擺脫它。也許在我的墓碑上會寫道：『這裡躺著世界上最快樂的人』」），但其中蘊含的意義會讓每個人感興趣。冥想，或是更廣泛的正念練習，會導致大腦在意識、注意力、學習、記憶和幸福方面的功能發生變化，這可能有助於實現更健康、更富足的生活。

但對於大多數無法每天冥想十二小時、並且數十年如一日（研究對象中常見的實務）的人來說，這會是什麼樣子呢？對於我們這些不是僧侶的人而言，正念又代表了什麼？

套用維克多・弗蘭克[8]的一句名言：你的力量存在於刺激和反應之間的空間。創造並利用**空間**這個想法就是讓自己擁有僧侶般正念的方法。

在一個彼此互聯不間斷的世界中，空間變得非常稀有。

你有沒有感覺過：一天當中沒有任何一刻是真正屬於你的？早上醒來，拿起手機，收到一堆訊息和通知；通勤上班，在會議之間穿梭；回家後，匆匆吃飯，同時瀏覽電子郵件，然後上床睡覺？

---

7. Claire Bates, "Is This the World's Happiest Man? Brain Scans Reveal French Monk Found to Have 'Abnormally Large Capacity' for Joy—Thanks to Meditation," *Daily Mail*, October 31, 2012, https://www.dailymail.co.uk/health/article-2225634/Is-worlds-happiest-man-Brain-scans-reveal-French-monk-abnormally-large-capacity-joy-meditation.html.

8. 譯註：維克多・弗蘭克（Viktor Frankl, 1905-1997）：奧地利神經學家、精神病學家。著有《向生命說Yes：弗蘭克從集中營歷劫到意義治療的誕生》（啟示出版，2022/01/04）。

或者，你有沒有發覺，短暫的洗澡時間才是你一天中唯一獨處的時刻？沒有電話，沒有訊息，沒有電子郵件，什麼都沒有；只有你、你的腦袋和水。還有，多少次在洗澡時曾出現「頓悟時刻」？突然想通人際關係的困境、業務的創意點子，以及重大工作專案的突破點。

這不是偶然：**我們的能量就在空間中。**

刺激和反應之間存在空間。刺激和回應是吵雜的，包括刺激輸入、行動和回應輸出。然而空間是無聲的，它不需要外部輸入，不需要任何輸出。它是寂靜、孤獨的。你可以透過去一個實際地點獨處並與外界隔絕來創造空間，或者只透過腦海中的某個位置來創造心理的空間。重要的是你要去（並且定期去）。

保留空間並不是因為懶散；相反地，空間是思維的燃料。

空間可以讓你思考，重新調整，解決重大、無法回答的問題，管理壓力來源和充電。它可以讓你放開心胸，傾聽內心的聲音，這是思想在腦海中相互連結和融合的地方。在這裡，你能夠以不同的方式思考，以有趣的新方式解決問題，與更高的能量進行精神上的連結，或者形成可能改變生活的想法。

約翰‧洛克菲勒是史上最成功也是最現實的商人之一。洛克菲勒出身卑微，卻將標準石油公司打造成在全球具有巨大影響力的龐大企業集團。在公司的巔峰時期，洛克菲勒的淨資產估計為 14 億美元，這一數字約占當時美國 GDP 的 3%。洛克菲勒以其勤奮的工作態度和高壓時間表聞名；這是他能夠掌控其帝國內錯綜複雜的關係和業務的唯一途徑。

但他也有一個奇怪且值得一提的習慣：每天下午，人們都會發現他在花園裡閒逛，身邊沒有任何工作、書籍或記事本。洛克菲勒是世界上最勤奮、最有權勢的人之一，他每天都會多次休息，只是為了散步和呼吸。

現在，可以肯定的是，我們大多數人都不想成為洛克菲勒（出於各種原因！），但這個故事有個重要的觀點：空間並非要你放棄世俗，或

是賣掉你手中的法拉利（或其他奢侈品），然後歸隱山林。空間就像是心中的洛克菲勒花園一樣簡單——一個你可以放慢腳步、呼吸生活中新空氣的世外桃源。

空間是屬於每個人的，可以用多種不同的形式表現：

- 早上進行十五分鐘無科技產品隨身的步行。
- 每日祈禱或閱讀喜愛的宗教經文。
- 晚上睡前寫日記。
- 會議之間的五分鐘休息時間，四處走動。
- 每天洗冷水澡或按摩，專注呼吸和內在聲音。
- 伴隨輕音樂運動、跑步或騎腳踏車。
- 主動或被動冥想儀式。
- 靈修聚會。

重點：無論你是誰、在哪裡、在做什麼，你都可以擁抱屬於你心靈花園的**空間**中的力量——不需要出家為僧。

---

了解這三個支柱之後，接著就可以進入〈心理財富指南〉，在這些支柱的基礎上，建構心理財富生活的具體工具和方法。

# 第 20 章

# 心理財富指南

邁向成功的法則

本章提供了具體的高桿杆系統，來建立心理財富生活的每個支柱。這不是一體適用的指南，你不必照著順序一步步做；瀏覽一遍並選擇對你最相關且有用的部分就好。

在考慮和執行本章指南中提供的成功法則時，參考本書前面的財富評分測驗中，每個心理財富陳述的回答，並將注意力集中到需要取得最大進展的部分（包括**非常不同意**、**不同意**或**中立**）。

1. 我常常抱持著孩子般的好奇心。
2. 我有明確的使命，在日常生活外還能兼顧短期和長期決策。
3. 我追求成長並持續發揮全部潛能。
4. 我有一個基本信念，面對周遭能夠不斷改變、發展和適應。
5. 我有既定的儀式，能讓我創造自己思考、重新調整、面對問題和充電的空間。

在旅程中要避免的一些常見的心理財富反目標：

- 未能與更大的使命建立連結。
- 對於沒有直接經濟效益的事物一概放棄。
- 當追求新的活動和成長時,失去了生活中的所有空間。

以下是十個經過驗證的建構心理財富的方法:

---

1. 獲得心理財富的秘訣 | **我希望在二十二歲時就知道**
2. 追尋「生命意義」(Ikigai)的力量 | **使命**
3. 目標地圖 | **使命**
4. 費曼技巧 | **成長**
5. 間隔重複法 | **成長**
6. 蘇格拉底法 | **成長與空間**
7. 思考日 | **成長與空間**
8. 散步 | **空間**
9. 個人關機儀式 | **空間**
10. 「1-1-1」日記法 | **空間**

---

**獲得心理財富的秘訣:我希望在二十二歲時就知道**

本段文字是與《紐約時報》暢銷書《安靜,就是力量》[1]和《悲欣交集》[2]的作者蘇珊・坎恩合作。

1. 你的人生使命不一定要與工作有關,不一定要多麼偉大或雄心勃勃,只需要是屬**自己的**。

---

1.《安靜,就是力量》(遠流出版,2019/11/27)。
2.《悲欣交集》(遠流出版,2022/07/27)。

2. 人生秘訣在於將自己放在對的燈光下。對有些人來說，是百老匯的聚光燈；對另一些人來說，是燈光下的書桌。運用你天生的毅力、專注力和洞察力，去做你熱愛的工作，去做有意義的工作。解決問題、創作藝術、深入思考。
3. 最會說話和最會思考之間沒有任何關聯。
4. 每次只專注做一件具有創意的事，盡其所能地做好、做深入。
5. 在神話和童話故事裡，世界上有許多不同種類的力量。有的孩子擁有光劍，有的則身懷魔法。關鍵不在於擁有不同種類的力量，而在於善用被賦予的那種力量。
6. 反思過去是促進成長的好方法，但沉溺於過去則會阻礙成長。大多數人認為不是反思就是行動，但我們都需要兩者兼備。
7. 神經可塑性[3]表明，經驗可以從根本上改變大腦的結構和功能。行為和動作可以重新塑造身體、心理和精神。而每個人都擁有這種力量。
8. 如果想在任何事情上有所進步，每天只要花三十分鐘，連續三十天就行。每天花一點時間，就足以超出預定的進度；累積九百分鐘的努力，就足以在任何事情上取得顯著的進步。
9. 獨處很重要，對某些人來說，獨處是他們喘息的機會。
10. 我們過於重視表現，而忽略內涵和批判性思考。
11. 當學習新事物時，試著教導朋友或家人。看看他們問什麼問題，這些問題可能顯示出學習仍有不足之處。接著進一步學習，填補這些空白。教學是最有力的學習。
12. 在學校，你可能被教導要**走出舒適圈**，這個說法並不好。有些動物天生擁有保護傘，而有些人也一樣。

---

3. 譯註：神經可塑性（neuroplasticity）：是腦內神經網絡具有藉生長和重組（reorganization）而改變結構和功能的能力，是大腦在結構與功能上不時適應和進化。

13. 每個月獨自外出用餐一次。帶著筆記本和筆，或是最喜歡的書，把手機放在包包裡。讓頭腦獲得暫時解放。
14. 將痛苦轉化為美的追求，是偉大藝術作品的催化劑之一。
15. 不要想著記住所有的事情，把事情記下來。善用手機的應用程式，或是隨身帶著小筆記本和筆，傳統的方式仍然非常有效。
16. 每晚睡覺前，寫下三件你感激的事情。每天早上醒來時，大聲說出其中一件。
17. 除非一個月後還很重要，否則盡量不要看新聞。新聞看得越多，對世界了解得越少。只需專注於少數有用的訊息，而不是不斷出現的**突發新聞**（這已成為該行業的標準）！
18. 將任何無法擺脫的痛苦轉化為創意。
19. 創造力擁有正視痛苦並化腐朽為神奇的力量。
20. 你一生中可能讀過上千本書，但只有少數幾本書會真正改變你。每年拿出來重讀一遍，隨著年齡成長，對書的理解也會改變——產生新的觀感。並且提醒自己，如何一次又一次地愛上同一件事（或同一個人）。

## 如何找到你的使命：追尋「生命意義」的力量
## 支柱：使命

日本沖繩的百歲人瑞傳奇，以「生命意義」（Ikigai）的概念來定義他們的人生使命。你可以透過一個簡單的練習，開始探索屬於你的生命意義。

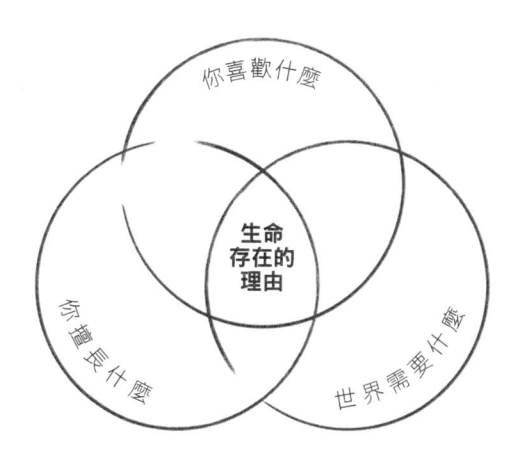

你生命存在的意義——你的人生使命——位於三個重疊圓圈的中心：

1. **你喜歡什麼**：值得奉獻一生的的事物。
2. **你擅長什麼**：做起來毫不費力的事物。
3. **世界需要什麼**：世界目前需要你做的事。

在一張白紙上，寫下以下問題的答案：

1. **你喜歡什麼**：哪些事物或責任會為生活帶來快樂？做什麼事會讓你感受到最自然的幸福感？列出那些值得奉獻一生的清單。
2. **你擅長什麼**：什麼事情對你來說毫不費力，而對其他人來說卻可能很困難？你先天和後天的能力在哪些方面讓你脫穎而出？在其他人眼中，你的特質或技能是什麼？列出自己具有獨特能力的清單。

3. **世界需要什麼**：在目前的人生階段，世界需要你做什麼？你對世界的定義會隨著人生不同階段而改變，有些時候狹窄到只有自己和家庭的核心圈子，有些時候會擴展到你的社群，或是最廣泛的全世界。在最常見的情況下，**世界**的定義一開始往往很狹窄，隨著時間變得越來越廣，最後再次變窄。一開始只專注於自我和家庭，在中年時期擴展到社群和更大規模的人群，然後在晚年再度回到自我和家庭。當你滿足了當下世界的需求時，就可以擴展到下一階段的世界。這就是為什麼在早期以養家糊口為目標，後來賺了大錢的人，會需要更廣闊的世界以保持明確的人生使命。試著定義你目前的世界，並列出需要你開展的活動。

三個清單的交集是你探索和發現更高層次人生目標的起點。請記住，你的使命不必與你的工作相關。透過練習，你會像沖繩百歲人瑞一樣，掌握「生命意義」的力量。

## 如何選擇你的人生目標：目標地圖
## 支柱：使命

當然，我們怎樣度過每一天，就怎樣度過我們的一生。我們每個小時所做的事，就形成我們的整個人生。

──安妮·迪拉德（Annie Dillard），《寫作生活》（*The Writing Life*）[4]

時間是有限的，因此在這段時間裡選擇個人和職業上有最大回報的使命，非常重要。

當然其間會遇到很多人建議，要隨著自己的興趣和熱情走下去，

---

4. 譯註：安妮·迪拉德（Annie Dillard）：美國作家。其以小說和非小說中的敘事散文而聞名。

但我總認為這類建議有點吊詭。**興趣**和**熱情**這些詞彙究竟是什麼意思？我不知道你會怎麼做，但我往往會騙自己，對自己擅長的事情感興趣，所以興趣可能是騙人的。而**熱情**是一個沉重的詞彙，每次談到我的生活時，我從來都不確定是否好好用過這個字。

我的解決方法是：我專注於能量，而不是興趣或熱情。隨著你的能量，因為它才是真正稀缺的資源。當對某件事充滿活力時，你就會深入其中，推動自己成長，並從中獲得體悟。它為你的人生提供動力。

因此，當你思考「該如何度過一生？」這個人生的重大問題時，能量應該成為你考慮的核心。我用一個稱為**目標地圖**的練習方式，來辨別什麼事情有可能為我的生活帶來快樂和巨大回報。

以下是它的運作方式（以及如何使用它來改變你的生活）：

**步驟1：畫出屬於你的地圖**

目標地圖是一個空白的二乘二矩陣，橫軸是能力水準（從低能力到高能力），縱軸為能量（從消耗能量到創造能量）。

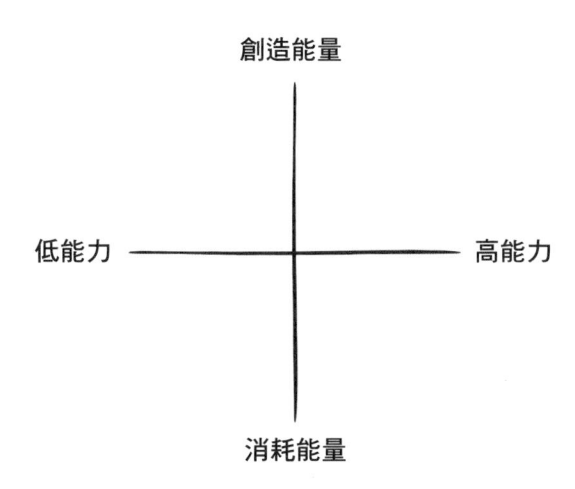

我定義這些術語如下：

- **創造能量**：在生活中為你創造能量的活動；這些活動讓你感到精力充沛——它們能豐富你的人生。
- **消耗能量**：在生活中為你消耗能量的活動；這些活動讓你感到筋疲力盡——它們只會掏空你的人生。
- **高能力**：你所擅長的事物；這些事做起來毫不費力。
- **低能力**：你不專精的事物；這些事讓人感覺具有挑戰性。

步驟 1 是將個人和工作上追求的目標放到這個矩陣上。出於練習的目的，目標可以定義得廣泛一些（例如，策略諮詢），也可以具體一點（例如，市場研究）。此步驟應包括你當前追求的目標和將來可能嘗試的目標。

對於目前追求的目標：

- **建立能量**：在追求目標的過程中，你的感覺如何？事後感覺如何？你覺得值得花費人生去追求這個目標嗎？
- **評估能力**：如何看待自己的能力水準？請教其他和你一起追求目標的人，誠實地評估自己的能力。

根據自己的回答和其他人的回饋，依據能量和能力將眼前每個目標放在矩陣上。

對於眼前沒有追求的目標：

- **收集資訊**：與從事這些活動的人來往，詢問他們關於這些目標的細節，作為評估自己能量的基準。請記住，表面印象可能並不準確——你可能認為成為律師似乎很棒，但這是根據電視上的角色

還是實際上的觀察？應該了解的是目標在日常生活中真正的底層細節，而不僅僅是表面資訊。
- **實驗**：選擇正確的目標需要經過實驗。可以透過參與一天該目標的活動，以進一步評估自己的能量。跟著人一起去做，或嘗試扮演新角色，透過小而可逆的行動收集更深入的資訊。
- **假設能力較低**：對於任何新的目標或活動，可以合理地假設一開始的能力較低（或中等）。除非證明事實並非如此，至少這是安全的假設。

根據從討論和實驗中收集的資訊，依照預期目標的能量和能力水準分別放在矩陣上。

有了目標地圖後，可以繼續執行第二步。

**步驟 2：確定你的領域**

在目標地圖上需要考慮三個關鍵區域：

1. **天才區**：作者蓋伊・漢翠克斯（Gay Hendricks）在其 2010 年出版的《大躍進》（*The Big Leap*）一書中提出了「天才區」的想法，意思是具有卓越能力和高度興趣或熱情的目標範圍。在我的目標地圖矩陣中，我將天才區視為右上象限，你的能力和能量聚集在這裡。這是夢想之地，是追求目標的最佳地點。盡可能在這裡投入大部分時間，無論是工作上的還是個人的。
2. **愛好區**：這是生活中產生能量但能力較低的目標範圍。這是理想中將花費第二多時間的地方。你可以將某些目標留在這裡（即使做不好的也沒關係！），隨著時間經過，你可能會發現，那些感到精力充沛的目標往往會隨著你的進步而逐漸向右移動，從愛好區開始往天才區靠近。

3. **危險區**：這是耗盡能量但擁有高能力水準的目標範圍。這是一個危險的地方，因為往往會有好的表現而受到肯定，並因此想要在這裡花更多時間。我們的目標是避免這些陷阱，或找到讓它們為你的生活帶來更多能量的方法。

**分辨屬於自己的區域**

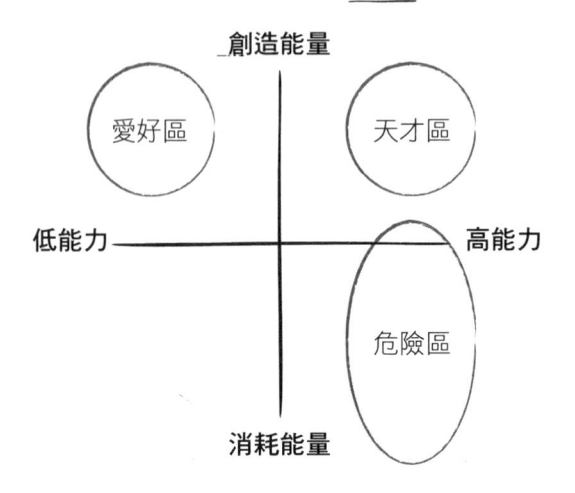

```
              創造能量
         │
   愛好區  │  天才區
         │
低能力 ───┼─── 高能力
         │
         │  危險區
         │
              消耗能量
```

註：左下象限是我認為的「死亡區」，在此追求的目標通常因能力低且耗費精力，導致徒勞無功，故應盡量避免。話雖如此，隨著你能力提升，某些目標會變成創造能量的活動（例如，許多新手慢跑者在提升體能時會愛上跑步），因此完全放棄這些目標也未必是個好主意。

隨著能力提高，評估該目標能夠創造能量的可能性，問問自己：「我喜歡這個好的版本嗎？」換句話說，你想像自己在追求目標的過程中提升能力，它會再給你能量嗎？

### 步驟3：調整你的時間

透過在地圖上劃定目標並確定核心區域，你就已經能描繪出應該將時間花費在哪些目標上。

改變不會在一夜之間發生，目標是慢慢地朝著改進的方向累積下來的：

1. 大部分的時間都應花在天才區的目標上。
2. 剩餘的時間應花在愛好區的目標上。
3. 盡量減少在危險區的時間。
4. 消除在死亡區（除非在先前備註中通過檢驗的）的時間。

如果你在公司工作，最好的方法是與你的團隊和經理進行清晰坦率的對話，討論你追求的目標和區域。如果擔任團隊的領導，請鼓勵整個團隊進行類似的練習；有了每個人的目標地圖，就可以更輕鬆地將拼圖拼湊起來。如果在工作上遇到阻礙，他們未能理解你的觀點，那麼也許是時候該改變了。市場最終將決定哪些公司能夠存活下來，好公司能讓人才自由發揮天賦，在最適當的位置並成長茁壯。

如果你是獨自工作，請誠實面對自己，你的日常活動和目標屬於哪些區域。將不擅長或消耗能量的工作外包，盡可能把時間用在天才區。你的成果和表現將隨著能力增加而提升。

選擇正確的目標是通往更有目的、更充實、更具生產力和成功生活的直接途徑。學會跟隨自己的能量，就不會被引入歧途。進行目標地圖的練習，慢慢開始努力，朝著一個投入時間獲得最大回報的目標前進。

## 如何學習任何東西：費曼技巧
### 支柱：成長

理查・費曼（Richard Feynman）是一位美國理論物理學家，1918年出生於紐約。費曼很晚才會說話，直到三歲才開口說話。不過在年輕的時候，他極其敏銳和聰明的天賦就已表露無遺。他的父母重視非共識思維；不斷鼓勵年輕的費曼問問題並獨立思考。費曼在青少年時期自學

了高等數學，隨後獲得了麻省理工學院的學士學位和普林斯頓大學的博士學位。他因在量子力學方面的研究而聞名，並因對該領域的貢獻而於 1965 年獲得諾貝爾物理學獎。

費曼當然很聰明。但世界上聰明的人很多。費曼真正的天才在於他能夠以簡單優雅的方式傳達複雜的想法。他觀察到，複雜的詞彙和專業術語經常被用來掩蓋理解不夠深入的事實。

費曼技巧是一種學習模型，它利用教學並重視簡化，幫助你深入理解任何主題。

它包含四個關鍵步驟：

1. 設定階段。
2. 教學。
3. 評估和學習。
4. 組織、傳達和複習。

讓我們介紹一下每個步驟：

**步驟 1：設定階段**

在空白紙寫下想學習的主題，並記下已知的所有內容。

開始關於該主題的研究和學習：

- 聽演講。
- 閱讀。
- 觀看影片。
- 與他人討論。
- 透過實作練習。

從廣泛學習開始，然後再深入探討。

### 步驟 2：教學

試著教教不了解該主題的人。這可以是朋友、伴侶、同事或同學。唯一的要求是，這必須是對該主題不熟悉的對象。

這一步驟需要你提煉和簡化學習內容，避免使用行業術語和縮寫。

註：如果沒有要教學的人，請在另一張空白頁上，寫下關於該主題的所有知識。假設正在用簡單的語言向孩子們解釋。

### 步驟 3：評估和學習

尋求回饋，檢視表現，並且誠實的評估：

- 向不了解該主題的人解釋的成效如何？
- 那個人問了哪些問題？
- 在哪裡感到挫折？
- 在哪裡用了行業術語？

對這些問題的回答都會凸顯在理解上的不足之處。
回到步驟一並多加學習，以填補這些不足。

### 步驟 4：組織、傳達和複習

將這個主題以優雅、簡單的方式表達，並整理成一個清晰、引人入勝的故事，再傳達給其他人，然後進行相應的重複和改進。回顧一下對該主題的新穎、深入的理解。

費曼技巧是學習任何事物的強大架構，最優秀的企業家、投資者和思想家已經利用了這種技巧，無論他們是否知道！他們的共同天分是能夠突破複雜性並以簡單易懂的方式傳達想法。

用過於複雜、令人生畏的語言很容易——我們都認識這樣的人，但不要被騙了：複雜和專業術語通常用於掩蓋缺乏深入理解。

使用費曼技巧：在簡單中發現美。

## 如何保留所有內容：間隔重複法
## 支柱：成長

間隔重複法運用認知科學原理來幫助你記住新資訊。它利用我們大腦的工作方式，將短期記憶轉換成長期記憶。透過間隔重複，資訊會在越來越長的時間間隔內被重複吸收，直到它被儲存到長期記憶為止。

德國心理學家赫爾曼・艾賓浩斯是第一個發現間隔重複對記憶留存影響的人[5]。在1885年的一篇論文中，他制定了艾賓浩斯遺忘曲線（EFC）。將新學到資訊的遺忘速度，用指數化的方式繪製出來。

**艾賓浩斯遺忘曲線**

---

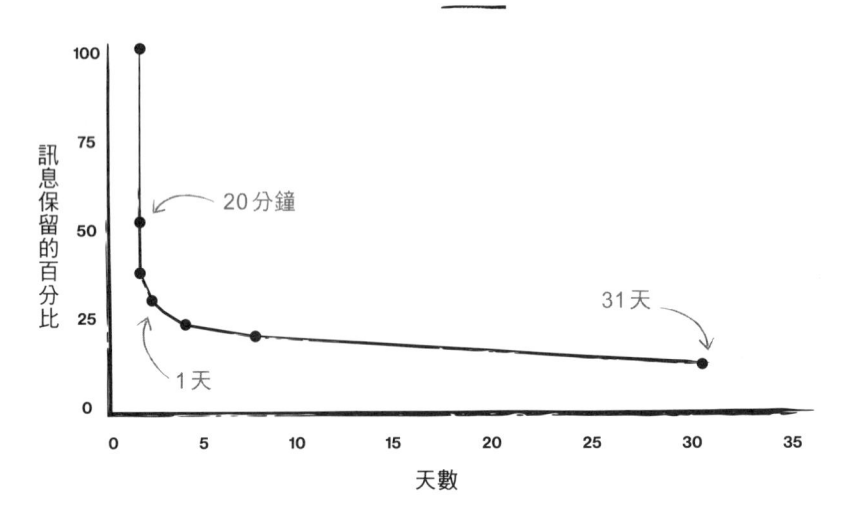

5. 譯註：赫爾曼・艾賓浩斯（Hermann Ebbinghaus, 1850-1909）：德國心理學家。是第一個描述學習曲線的人，他開創了記憶的實驗研究，並以發現遺忘曲線和間距效應而聞名。

艾賓浩斯觀察到，每次複習新學到的資訊時，遺忘曲線都會回到起點，但**衰減速度較慢**。間隔重複的效果是使記憶保持遺忘曲線趨於平緩。

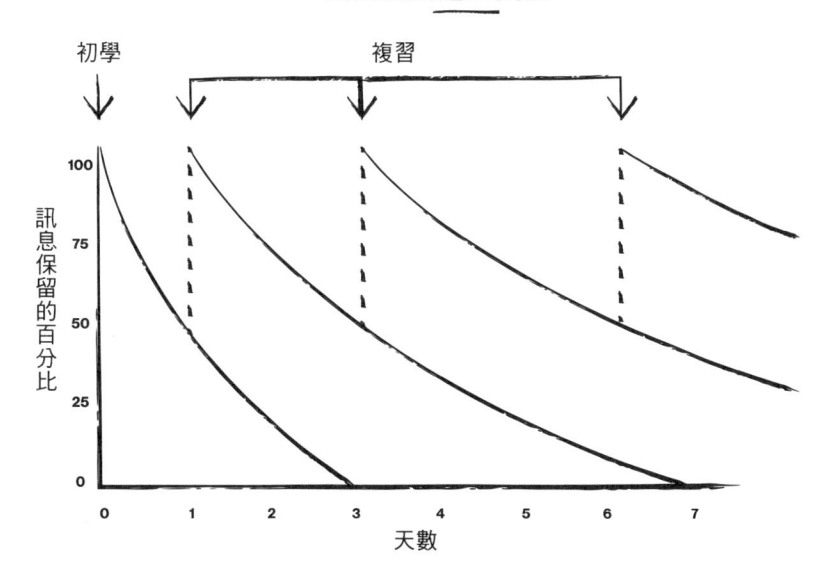

### 艾賓浩斯遺忘曲線

這為什麼會有效？想像你的大腦就像肌肉一樣，每次重複都是肌肉的收縮。透過穩定地增加重複之間的時間間隔，就像在用越來越具有挑戰性的負重來鍛鍊肌肉。也就是說，你在迫使記憶肌肉增長。

以下是間隔重複法的要點：

想像一下，你於早上 8:00 吸收了一些新資訊。

現在開始重複：

- 重複 1：早上 9:00（一個小時後）
- 重複 2：中午 12:00（三個小時後）
- 重複 3：下午 6:00（六個小時後）

• 重複 4：早上 6:00（十二個小時後）

以此類推。記憶會在越來越長的間隔中得到加強。下次你試圖記住新資訊時，請使用經過科學驗證的間隔重複法。它很有效。

## 如何以不同的方式思考：蘇格拉底法
## 支柱：成長與空間

2009 年，史丹佛大學商學院教授婷娜・希莉格（Tina Seelig）在其著作《真希望我 20 歲就懂的事》中[6]，寫到她進行過一項有趣的實驗。希莉格將她的學生分成十四組，並給他們一個挑戰：每組有五美元的種子資金，並有兩小時的時間盡可能賺取最多的錢。挑戰結束後，每組將向全班簡報他們的做法和結果。

在面對這個挑戰時，大多數受訪者會採取線性、邏輯的方法，例如以物易物。這些方法只會為五美元的種子資金帶來中等的報酬。

在最初的實驗中，有幾組人完全跳過了這五美元，而是想出了在兩個小時的分配時間內盡可能賺最多錢的方法：

• 預訂鎮上最好的餐廳，然後把預訂座位出售。
• 在校園中心為自行車胎充氣，每條收取一美元。

這些小組沒有五美元本金，但獲得了更好的報酬。

獲勝的小組也直接跳過本金，但採取了完全不同的方法。他們發現，最寶貴的資產不是金錢，也不是他們在挑戰中獲得的兩小時，而是站在史丹佛大學學生面前的簡報時間。他們將這項資產的價值貨幣化，以六百五十美元的價格將演講時間賣給了一家想要招收史丹佛大學學生

---

[6].《真希望我 20 歲就懂的事》（遠流出版，2022/07/27）。

的公司，用五美元的本金獲得了巨大的報酬。

　　輸掉的小組以線性、邏輯的方式思考，並取得了線性、邏輯的結果。而獲勝的小組則以不同的思維方式思考。

　　蘇格拉底式提問（或稱蘇格拉底法）是一個提問和回答的過程，激發批判性思維，以闡明和驗證潛在的假設和邏輯。

　　實際應用時，請遵循以下的步驟：

- 從開放式問題開始。
- 根據這些問題提出想法。
- 透過漸進式提問來探討這些想法。
- 不斷重複，直到形成最好的想法。

以下是如何應用蘇格拉底式提問來進行不同的思考：

- **開始提問**：你想要解決的問題是什麼？我們經常浪費時間和精力去解決錯誤的問題。在嘗試解決問題之前先要確認問題的正確性。對上述商學院的學生來說，錯誤的問題是如何利用這五塊錢賺最多的錢；正確的問題是如何在規定的時間裡賺到最多的錢。
- **提出目前對該問題的想法**：假設是什麼？這種想法的根源是什麼？
- **開放進行針對性的提問**：為什麼這麼認為？是不是思路太模糊了？它是基於什麼理由？
- **挑戰原始思維背後的假設**：為什麼認為這是真的？如何知道這是真的？怎麼知道是不是錯了？確定對問題的信念來源。坦率地評估其完整性和有效性。
- **評估用來支持想法的證據**：有哪些具體證據？可信度如何？可能存在哪些隱藏證據？

- **了解錯誤的後果**：可以快速修正錯誤嗎？這個錯誤的代價有多大？了解其中的利害關係。
- **評估潛在的替代方案**：可能存在哪些替代信念或觀點？為什麼它們可能更好？為什麼其他人認為它們是真的？他們知道什麼是你不知道的？根據其優點去評估，並對替代方案提出同樣的基本問題。
- **先看細節，再掌握全局**：你的最初想法是什麼？正確嗎？如果不是，哪裡出錯了？從這個過程中，你對系統性思維錯誤有什麼心得？在商學院課程的實驗中，花時間提出問題來找出正確的問題所在，可以讓團隊以不同的方式思考他們能使用的資產，並最終提出更具創造性的解決方案。

蘇格拉底法需要花時間。它不該用於低成本、容易逆轉的決策。但是，當你在業務、工作或生活中，遇到可能帶來不對稱回報的高風險決策時，就值得嘗試這個做法。它能夠以不同的角度思考，並發現最有可能產生不對稱、風險調整後報酬的方法。

## 如何釋放新的成長：思考日
## 支柱：成長與空間

1980 年代，比爾・蓋茲開始了一項他稱為「思考週」的年度傳統活動。蓋茲會隱居在偏遠地區，切斷所有通訊，花一週的時間專注於閱讀和思考。

對蓋茲來說，「思考週」是一個發揮創造力、並將他的思維擴展到新的深度和廣度的時刻。擺脫了平日工作的束縛，將目光投向更大的前景。

如果你像我一樣，沒有整整一週的時間來思考，但可以調整出一個適合自己的方法。

「思考日」是我調整後的結果。

每個月選擇一天，從所有日常工作中抽身：

- 將自己與世隔絕（精神上或身體上）。
- 設定自動回覆郵件（離開辦公室訊息）。
- 關閉所有通訊設備。

目標：花一整天的時間閱讀、學習、寫日記和**思考**。

這樣做，你創造了自由時間，放寬視野，有能力思考更大的遠景。

「思考日」的必要工具：

- 日記本和筆。
- 一直想讀的書籍／文章。
- 僻靜的地點（家中、出租房屋或外面）。
- 激發思考的提示。

我發現以下八個思考提示特別有用：

1. 如果將目前的日常生活重複一百天，我的生活會更好或更糟？
2. 如果人們觀察我的行為一週，他們認為我的主要工作是什麼？
3. 如果我是自己人生電影中的主角，觀眾會因為我做什麼而發出尖叫？
4. 我是在狩獵羚羊（重要的大問題）還是抓田鼠（緊急的小問題）？
5. 我怎樣才能做得更少但更好？
6. 我最堅定的信念是什麼？需要什麼才能改變我的想法？
7. 有哪些事情是我現在知道，但希望五年前就知道的？
8. 五年前我做了哪些現在會感到羞愧的行為？我今天正在做的哪些

行為，五年後可能會感到羞愧？

我的目標是將八小時分割成六十分鐘的專注區塊，中間穿插散步。在一個追求速度的世界裡，放慢速度是有好處的。它能讓你：

- 恢復能量。
- 注意到錯過的東西。
- 更加深思熟慮後行動。
- 專注於槓桿以小搏大的機會。
- 謀定才能後動。

「思考日」很有用。嘗試一下，體驗刻意獨處的好處。

## 如何創造新的空間：散步
## 支柱：空間

有一個簡單且完全免費的工具，可以利用它來尋找並擁抱生活中更多的空間：散步。

哲學家們長期以來都知道，散步對理清思緒、激發創造力和恢復能量很有幫助。亞里斯多德創立了後來被稱為逍遙學派的哲學。這個詞字面意思就是「散步」或「喜歡散步」，因為他喜歡在授課或交談時散步。丹麥哲學家索倫・齊克果（Søren Kierkegaard）寫道：「最重要的是，不要失去行走的欲望。每天我都讓自己進入一種幸福的狀態，遠離一切疾病。因為散步思考出我最好的想法，我知道沒有經過散步還擺脫不了的沉重壓力。」

關於散步的好處，以上這些見解不僅僅是傳說，還得到了大量且不斷增加的研究證據：

- 史丹佛大學的研究人員發現，學生在散步期間和散步之後，在測量創造性和發散性思維的測試中表現更好。事實上，散步平均提高了創造性思維達 60%，而且持續時間遠遠超過散步本身所花的時間[7]。
- 伊利諾州的研究人員發現，與靜坐二十分鐘相比，兒童在散步二十分鐘後認知能力明顯改善[8]。
- 香港大學的研究人員表示，與他人並肩散步交談，會導致更深層的連結感，這表示散步會議實際上可能有更好的結果[9]。
- 2021 年 6 月的一項**神經影像**研究顯示，老年人每天散步可能會改善白質可塑性[10]，進而增強記憶[11]。

散步的好處顯而易見。如果有一項習慣可以立即創造空間、增強創造力、減輕壓力並增進心理財富，那就是每天散步。

將短程和長程散步納入日常行程：

- 會議間、用餐後或重要簡報前，散步五分鐘。

---

7. May Wong, "Stanford Study Finds Walking Improves Creativity," *Stanford Report*, April 24, 2014, https://news.stanford.edu/2014/04/24/walking-vs-sitting-042414/.
8. Charles H. Hillman et al., "The Effect of Acute Treadmill Walking on Cognitive Control and Academic Achievement in Preadolescent Children," *Neuroscience* 159, no. 3 (March 31, 2009): 1044–54, https://doi.org/10.1016/j.neuroscience.2009.01.057.
9. Miao Cheng et al., "Paired Walkers with Better First Impression Synchronize Better," *PLoS ONE* 15, no. 2 (February 21, 2020): e0227880, https://doi.org/10.1371/journal.pone.0227880.
10. 譯註：白質可塑性（white-matter plasticity）：白質是指中樞神經系統中主要由髓鞘包覆的神經軸突所組成的區域，白質控制著神經元共享的訊號，協調腦區之間的正常運作。可塑性指的是腦內神經網絡具有藉生長和重組而改變結構和功能的能力；當腦部以某種方式重新連接起來，會用與先前不同的方式運作。
11. Andrea Mendez Colmenares et al., "White Matter Plasticity in Healthy Older Adults: The Effects of Aerobic Exercise," *NeuroImage* 239 (October 1, 2021): 118305, https://doi.org/10.1016/j.neuroimage.2021.118305.

- 早晨第一件事就是散步十五分鐘。陽光、運動和新鮮空氣會直接影響情緒、生理時鐘、新陳代謝、消化等等。
- 有時間時，享受更長、被動且無科技的散步。只要花三十到六十分鐘即可，以緩慢悠閒的步調進行，不要用任何科技裝備。讓思緒自由發散，讓想法自由交融。我建議隨身攜帶小筆記本，記錄任何有趣的靈感（它會出現的！）。

與思維一起散步，是一個創造空間的強大方法，而且對所有人都有用，還完全免費。

## 如何建立清晰的界線：個人關機儀式
### 支柱：空間

關機儀式是一系列固定時間的動作，它標誌著精神和身體上一天工作的結束，為你的生活創造另一個空間。這個想法起源於作家卡爾・紐波特，他十多年前就這個主題撰寫了一篇部落格文章。

我固定的步驟如下：

- 檢查電子郵件，確認是否有任何需要立即處理的事。
- 檢查隔天的行事曆和待辦事項清單。
- 為隔天優先處理的事項預先準備十五分鐘。
- 關閉所有應用程式和科技產品，準備就寢。

據我觀察，進行關機儀式的好處是：

- **清晰的界限**：這個儀式代表清晰的界限，將工作和個人活動分隔開來。我們在界限的每一邊都能更專注。
- **提高早上的工作效率**：將第二天早上的準備工作作為關機儀式的

一部分，我發現第二天的第一個工作效率明顯提高，也準備好立即投入工作。
- **改善心理健康**：關機儀式後，我晚上感覺好多了。我能更專注於陪伴我的妻子和兒子，不再擔心隨時被通知打擾，也能更快入睡。

要建立自己的關機儀式，請結合以下三個關鍵要素：

1. **完成最後一項工作**：需要確認哪些事，當天工作才算結束，並且沒有其他未完成事項？對大多數人來說，這包括快速掃描電子郵件和 Slack 工作平台，以及瀏覽未完成的專案。
2. **為明天做好準備**：明天的重點優先事項是什麼？你希望在開始工作時優先處理的第一項任務是什麼？花費十到十五分鐘的準備工作，讓自己做好準備，在第二天開工時立刻著手。
3. **啟動關機**：為完成關機儀式，建立一個心理開關。紐波特有他自己的神奇短語（「設定關機，完成」），但如果可以，你可以建立自己不那麼呆板的版本。

利用這三個元素，想像自己的關機儀式會是什麼樣子。與所有事情一樣，只要行動就會有效果，這周就試看看會發生什麼事。

## 如何改善心理健康：「1-1-1」日記法
### 支柱：空間

日記是一個極為強大的工具，用於創造空間並改善心理健康。然而，寫日記是大多數人難以養成的習慣。有毅力的人可能在晚上抽出三十分鐘的安靜時間，並且有精力長時間坐著，寫下一連串複雜且有趣的問題。實際上⋯⋯並沒有。結果，大多數人沒有花時間在有意義且有價

值的寫日記習慣上。

事實上：每天即使只寫五分鐘的日記，也能對心理健康產生深遠的影響。

為了顧及現實，同時建立有效的寫日記習慣，我開發了一個極其簡單的解決方法：「1-1-1」日記法。

每個晚上，在一天結束時，打開日記本（或最習慣的數位工具或應用程式），並寫下三個簡單的重點：

- 一件好事。
- 一件緊張、焦慮或感到壓力的事。
- 一件感恩的事。

整個過程大約只需要五分鐘（如果對任何特定事情有了靈感，可以花更長時間）。

「1-1-1」日記法之所以有效，是因為它簡單易懂：

- 一件好事能讓你看到自己的進步。
- 一件緊張、焦慮或感到壓力的事可以讓你把問題從腦海中轉移到紙上，這是有治療效果的。
- 一件感恩的事可以讓自己檢視生活中最重要的事。

透過簡單的結構和極短的時間，「1-1-1」日記法是建立日記習慣的快速方式，而它能改善心理健康。

為了能堅持下去，可以與其他想要在未來一年養成寫日記習慣的人一起建立群組。群組聊天僅用於在晚上完成日記後發送「已完成」，用群組的力量來讓彼此承擔責任並堅持下去。

# 第 21 章

# 心理財富摘要
## 心理財富概覽

**大哉問**：十歲的你會對今天的你說什麼？
**心理財富的三大支柱**：

- **使命**：清楚定義自己的願景和重點，創造生命意義，決定生命短期和長期的目標；不願意在別人的指導下過活。
- **成長**：在了解自己的智力、能力和性格之下，保持進步和改變的渴望。
- **空間**：在寧靜和獨處的空間來思考、回歸初心、解決問題和充實自己；有能力和意願傾聽內心的聲音。

**心理財富評分**：對於以下每個陳述，請回答 0（非常不同意）、1（不同意）、2（中立）、3（同意）或 4（非常同意）。

1. 我常常抱持著孩子般的好奇心。
2. 我有明確的使命，在日常生活外還能兼顧短期和長期決策。
3. 我追求成長並持續發揮全部潛能。

4. 我有一個基本信念，面對周遭能夠不斷改變、發展和適應。
5. 我有既定的儀式，能讓我創造自己思考、重新調整、面對問題和充電的空間。

你的分數（0 到 20 分）是：

## 目標、反目標和方法

使用目標設定來調整心理財富的方向：

- **目標**：希望在一年內達到的心理財富分數？在過程中，你需要達成哪些階段性目標（二到三個）？
- **反目標**：在過程中，你想避免哪些結果出現（二到三個）？
- **高槓桿系統**：為了在實現目標分數上取得具體、累積的進展，你會採取〈心理財富指南〉中的哪些方法（二到三個）？

**一週快速入門**

使用「生命意義」（ikigai）練習，探索和發現你的目標，它如何與目前的生活連結。

建立三個獨立清單：

1. **你喜歡什麼**：值得奉獻一生的事物。
2. **你擅長什麼**：做起來毫不費力的事物。
3. **世界需要什麼**：定義你當下的世界，以及世界目前需要你做的事。

確定三個清單的重疊部分，這是探索和發現更高層次的人生目標的起點。

# 第 5 部
# 身體財富

# 第 22 章

# 大哉問

## 你會在自己八十歲生日宴上跳舞嗎？

　　這年輕人才二十多歲，但他知道如果不改變，他大概就完了。

　　高丹（Dan Go）成長在安大略省的一個小鎮，他是菲律賓華裔移民的兒子，在他兩歲時，為了尋找更多機會，父母決定舉家搬到加拿大。由於在學校受到其他孩子的嚴重霸凌，他從小就承受著相當大的心理壓力。他回憶起那些早年的痛苦，說道：「他們告訴我，我矮小、笨拙，永遠不會有出息。當你還是個孩子時，如果有人不斷告訴你某件事，久而久之你就會開始相信它是真的。」

　　他開始走上一條黑暗、孤獨的道路。相信那些折磨他的人是對的，他從高中退學，開始走上偏路，到處搞破壞來排解內心的痛苦和掙扎。他大吃大喝、參加派對狂歡，做那些以前都沒做過的事。他的脫序行為產生了惡性循環，外表的變化進一步導致更多的負面行為及向下沉淪。他說：「當時我才二十歲出頭，但我看不到未來。每天醒來，去做我討厭的每小時十五美元的電話行銷工作，接著吃飽喝足睡覺，然後第二天再來一次。我無法看著鏡子裡的自己。」

　　在他人生最黑暗的時候，當他再也看不到前方有任何光明時，一個偶然的事件改變了一切。

他父親偶然間得到一個月的健身房會員，並把它給了丹的哥哥；但他不要，就把它讓給了丹。

回想什麼事情激發他接下那張健身房會員證，以他當時的身體狀況，這真是一個不小的挑戰。丹直言不諱地說：「我感覺到，如果我繼續過著現在的生活，我一定會掛掉。」

高丹在第一天報到，站上了跑步機。幾分鐘內，他就氣喘吁吁、滿身大汗，而且感到無聊至極。他無法想像自己會再做一次，但第二天，他說服自己回去嘗試其他健身項目，他試了健身房裡所有的重量訓練器材，儘管不知道自己在做什麼，但從中感受到一股力量的衝擊。隔天早上醒來時，他感到前所未有的痠痛，但他知道這是重量訓練有效的一個現象。到了第三天和第四天，他努力應付新的肌肉疲勞。到了第七天，他開始感到更舒適，自己督促自己更努力地鍛鍊。到了第十四天，走進健身房讓他感到亢奮。第三十天，也就是健身卡到期的那一天，當他準備上班時，發生了一件有趣的事情：他必須將皮帶扣緊一個洞。

在那一刻，他知道：他的人生徹底改變了。

那微小的結果──皮帶扣緊一個洞──代表著更大的意義：高丹看到了自己行動的力量，他重新掌控了自己的人生。

高丹開始維持自己的體能狀況，以更科學的方式來訓練、補充營養和恢復體力，學習最新的研究結果，並將新想法融入他的日常生活。漸漸地他開始看到周遭的一切都在改變，他的大腦開始更有效率地運作；他記住了資訊、名字、人、地點，內心也出現了變化，開始認為自己有能力做任何事，而且肯定比他過去給自己設定的目標還要多。「我以前曾經有的消極態度，突然間一切都改變了。我想，整個世界都向我敞開大門。我證明了我的行為啟動了這個開關，在世界上創造改變，如果我能在自己的健康上做到這一點，我就能在任何地方做到。」

如今，高丹已年過四十，看起來卻只像二十幾歲。他身材健壯，活力充沛，是一位愛家的好丈夫和兩個可愛孩子的父親。他是一位企業

家，正在經營一家價值數百萬美元的企業。透過創造正向轉變，影響著人們的生活，就像他自身經歷過的一樣。高丹的未來從黑暗和不確定走向光明和無限可能，一切都從他第一天踏上了跑步機開始，一步步掌握自己的行為，並建立一個充滿「身體財富」的人生。

對身體財富生活有紀律的追求，是成長的催化劑：它讓思考方式出現轉變——提醒你可以掌控一切，你擁有所有的力量。這種心態轉變的影響就像漣漪，一層層向外擴散，結果遠遠超出核心範圍，延伸到生活的各個領域。

凱文・達爾斯壯[1]在二十多歲開始自己的職業生涯後不久，就患上了一種神秘疾病，嚴重損害了他的健康。他常感到極度疲勞、恐慌和多重感染。「很難認出我那個時期的照片，」他告訴我，「我甚至不認識照片中的自己。」他沒有依賴醫生提供的治療方法，那些方法多半治標不治本，反而學習去控制。他花了數百小時研究替代方案，並執行運動、補充營養和恢復體力的新方法。幾個月內，他的慢性症狀就消失了，那健美的體格和充滿活力、精力充沛的個性又回來了。透過對身體財富的追求，達爾斯壯重新掌握了生活，而且這次他不會再放棄。

多年後，他擔任公司高階主管，登上人生的巔峰，年薪高達七位數。而多年前的那股控制欲，讓他當下決定放棄一切。他向我敘述這個決定時說：「我登上美國企業界的巔峰，卻發覺並沒有掌握我的人生。證據很明顯——那些別人眼中最『成功』的人，我一點也不想效法——他們擁有龐大的財富，卻沒有任何身體財富。所以我按下離開的按鈕。」

如今，達爾斯壯過著夢想中的生活。他估計，他放棄了大約一千萬美元的未來收入，但他充滿活力的能量和燦爛的笑容表明他並不後悔。他大部分的時間都花在與妻子和孩子一起攀岩上，或從事各種令人興

---

1. 譯註：凱文・達爾斯壯（Kevin Dahlstrom）：美國行銷專家，擔任 Embark 的行銷長，Swell 的創辦人兼執行長。

奮、靈活的專業項目，這些項目可以讓他精力充沛。回想他在二十多歲時優先考慮身體財富的決定，達爾斯壯說：「很多人會延後身體財富，認為只要成功後就可以做到，但事情並非如此。任何形式的財富都需要時間和複利的過程才能累積，而透過建立身體財富所獲得的掌控權是一種催化劑，也是提醒你掌控人生其他領域的關鍵。」

《紐約時報》暢銷書作家簡・麥格尼格爾（Jane McGonigal）在《想像》（*Imaginable*）一書中描述了一種稱為「**未來思維**」的工具，意思是「鼓勵今天採取行動，為未來的幸福和成功做好準備」。麥格尼格爾引導讀者進行未來思考的練習，讓他們生動地想像未來的自己。你穿著什麼？你在哪裡？周圍有什麼？周圍有誰？你聽到什麼聲音，聞到什麼氣味？你當天有什麼計畫？努力創造新的未來，科學家們將其稱為「**情景未來思考**」（episodic future thinking，簡稱 EFT），將想像中的未來烙印在你的記憶中，將來你可以回到這個「記憶」，並利用它的經驗來做出改變或當下的決定。

麥格尼格爾在 TED 的一篇文章中寫道：「EFT 並非逃避現實，而是一種與現實互動的方式，以發現你可能沒有考慮到的風險和機會……它是一個強大的決策、規畫和激勵工具。它幫助我們做出決定：這是一個我醒來想存在的世界嗎？我需要做些什麼才能為此做好準備？我應該改變我今天正在做的事情，以使這個未來更有可能或不太可能發生？」[2]

最重要的是，想像理想中的未來，強化了現在需要採取的具體行動，來實現這一目標的必要性。

讓我們試試吧。閉上眼睛，深呼吸。想像一下正在參加自己八十歲生日宴會。所有你最喜歡的人都到了，手裡捧著卡片和鮮花，臉上掛

---

2. Jane McGonigal, "Mental Time Travel Is a Great Decision-Making Tool—This Is How to Use It," Ideas.ted.com, March 10, 2022, https://ideas.ted.com/mental-time-travel-is-a-great-decision-making-tool-this-is-how-to-use-it/.

著燦爛的笑容。你坐在主桌旁，享受最喜歡的飲料和餐點時，周圍的音樂開始響起。這是你最喜歡的一首歌，這時你的腳開始在桌子下面打拍子。伴隨著這首歌，美好的回憶瞬間湧入腦海。人們開始站起來，走到房間中央。每個人都在看著你。

接下來會發生什麼事？

- 你會起身和你親愛的人們一起跳舞嗎？
- 還是，你只能困在椅子上，聽著音樂，看著來賓跳舞？

事實是，這些問題的答案早在你八十歲生日之前就知道了，你一路走來的行為決定了你能在派對上跳舞，還是坐在一旁觀看。

這個未來的想像畫面，應能讓現在的行為變得清楚：

- 如果持續現在的生活方式，你是會跳舞還是坐著？
- 現在的生活方式需要做什麼調整，才能更接近理想中的畫面？
- 八十歲的自己希望你今天做些什麼？

身體財富的生活是以日常行動為基礎——定期**運動**、適當的**營養**和**體力恢復**——過著充滿活力的今天，並為想像中的未來而努力。今天的你是你的世界主體，但未來的你是今天你行動長期累積的直接繼承者。

八十歲的自己會提醒你，你只有一個身體，你今天怎麼對待它，未來它會加倍放大對待你。

世界上很少有人比美國美式足球明星四分衛安德魯・拉克（Andrew Luck）更清楚這個觀點並實際採取行動。2018 年賽季，他正處於足球生涯的巔峰。這位二十九歲的四分衛在經歷了 2017 賽季的傷病困擾後，重返戰場，創下職業生涯新高，並率領印第安那波利斯小馬隊進入季後賽。他獲得了美國職業足球聯盟（NFL）年度東山再起獎，並第四次當

選明星球員。看起來他的職業生涯已經回到正軌，注定會獲選進入名人堂。但2019年8月24日，賽季開始前夕，拉克在路卡斯油田球場（Lucas Oil Stadium，小馬隊主場）上台發表了一場感人至深的退休演說。

這項決定震驚了體育界。拉克要退休，放棄與小馬隊現有超過5,800萬美元的合約，以及豐厚的代言費。小馬隊老闆吉姆・艾爾賽（Jim Irsay）表示，他認為拉克選擇退休將放棄高達4.5億美元的潛在收入。對大多數人來說，這是一個幾乎難以想像的巨額金額；更難以想像的是，放棄這一切，選擇離開。

而拉克卻確實這麼做了。為什麼？因為他意識到，現在和未來的健康比任何合約都更有價值。

在他職業美式足球的六年賽季中，拉克展現了堅韌的美式足球球風，從不畏懼身體接觸，卻飽受兩根肋骨軟骨撕裂、腹肌部分撕裂、腎臟撕裂（導致他血尿）、至少一次確診的腦震盪，以及肩部投球肌腱撕裂的折磨。這還不包括他漫長而輝煌的業餘和大學生涯中未被記錄的傷病，在那段期間，他曾是史丹佛大學的希斯曼獎（Heisman）決賽選手，並率領球隊贏得數場碗賽[3]勝利，以及多次全國前十名的輝煌紀錄。拉克在退休演講中提到他的未來：「這個傷病痛苦的循環已經四年了。對我來說，未來要按照自己想要的方式前進，而這不會和足球有任何關聯。」持續的傷病、疼痛和壓力對他在場上和場下的生活造成影響。為了讓自己以及妻子和孩子過著他想像的生活，拉克超越了金錢財富，看到了更大的前景。

現在回顧一下本書一開始訪談一位睿智長者分享的寶貴建議，一位八十歲的老人，對他整個職業生涯中酗酒、缺乏運動的生活方式深感遺憾：

---

3. 譯註：碗賽（bowl-game）：是美國對年度大學橄欖球季後賽的稱呼。

「好好照顧你自己,就像照顧一棟你必須再住七十年的房子。」

其實,你的身體就是你餘生居住的房子。然而,許多人卻像對待垃圾一樣對待這間房子。他們飲酒過量、飲食過多、睡眠不足、很少運動,並且也不對它進行基本所需的投資和維修。

你可以控制這棟房屋現在和未來的狀態。保持地基和屋頂完好,一旦出現小問題就立即解決,並每天、每週和每月進行必要的小額投資,以確保它能夠持續居住很長時間。

擁有身體,就像擁有家一樣,如果你今天照顧它,它就會在未來幾年照顧你。

確保自己在八十歲還能在生日宴會上跳舞。

# 第 23 章
# 小世界裡的大故事

　　西元前一世紀，當凱撒大帝統治著日益擴張的羅馬帝國時，一位名叫馬庫斯・維特魯威・波利奧（Marcus Vitruvius Pollio）的才華橫溢年輕人默默地在他軍隊中服役，設計用於戰爭的機器，以智取來自羅馬的不同敵軍。後來，他成為著名的建築學者，撰寫了《建築學》（*De architectura*）一書，被認為是建築理論的第一部重要著作。

　　波利奧堅信人體與宇宙之間的聯繫。他的物理設計原則反映了這種信念；他寫道：「神廟的設計取決於對稱性。其建材的組成必須有精確的關係，就像完美身材的人體一樣。」[1] 他詳細闡述了理想男人的樣貌（及其對神廟結構設計的影響），例如「腳的長度是身體高度的六分之一；前臂的四分之一；胸寬也是四分之一」。波利奧著作中所展現出的精確性和好奇心，引發了文藝復興時期最著名的學者李奧納多・達文西（Leonardo da Vinci）的強烈興趣。

---

1. Walter Isaacson, "The Inspiration Behind Leonardo da Vinci's Vitruvian Man," Medium.com, October 30, 2017, https://medium.com/s/leonardo-da-vinci/the-inspiration-behind-leonardo-da-vincis-vitruvian-man-974c525495ec.

達文西對於波利奧理想人體描述的痴迷，引發他創作了著名的「維特魯威人」畫像[2]，以兩種不同姿勢描繪理想人體，一個疊加在另一個之上，確立了完美的結構。雖然該時期的其他一些學者也嘗試創造理想的形象，畫出了風格與筆觸自由的畫，但只有達文西，以其作品中特有的藝術和科學高度，完成了這項工作。

在這個時期，達文西寫道：「古人稱人為小世界（a lesser world），這個稱呼恰如其分，因為人的身體就是一個世界。」他對人體解剖學、線條、比例和動作的痴迷，是文藝復興時期蓬勃發展的人文主義運動的核心精神之一，引發了大眾對人體型態的興趣，這種興趣在黑暗時代並不存在，因為當時人體被視為罪惡。

達文西對人體藝術的執著，在身體和型態上留下了深刻的文化遺產，直到今天仍然持續延伸。這項遺產從米開朗基羅知名的大衛雕塑開始，一直延續到現代健身房裡的鏡面牆。

## 人體的本質

數千年來，身體財富——個體內在和外在的健康與活力——根深柢固在人類的生活方式中。我們早期祖先都是遊牧的狩獵者，他們在廣闊的土地上遊走，尋找食物和住所，這種生活方式促進了強健的體魄。而男性通常負責狩獵大型獵物和獲取蛋白質，他們不斷移動、奔跑、跳躍、攀爬、投擲等等；女性通常負責撫養子女和採集可食用的水果、種子、根莖和堅果，她們也需要不斷的運動、行走、平衡、搬運等等。他們的生存取決於完成這些活動的能力，而持續的運動無疑塑造了他們的

---

2. 譯註：這是達文西在三十八歲時的創作。其所畫的維特魯威人，是以《建築學》提到的理想人體比例為基礎。將人高度分成八個等分，兩手臂張開也可分成相同的八個等分，長寬共六十四個正方形的格子。

體型，他們的肌肉、骨骼和韌帶在生存運動中得到強化，並且藉著繁衍後代傳承下去。

大約西元前一萬年，農業革命發生，人類的身體需求發生了根本性的變化。農業生活沒有像狩獵那樣經常面臨生存的不可預測性；他們經歷了更重複性的日常工作，強調少數不斷重複的動作和行為（例如耕種），以及以主要作物為主的飲食習慣。人類學家觀察到，來自農業社會的遺骸顯示骨密度降低，這可能是由於日常生活對大量活動需求的減少，導致整體肌肉品質降低（尤其是上半身）的結果。雖然體能仍然是生活中的一部分，但在久坐的文化中，它們的作用較小，儘管其預期壽命較高——根據估計，農耕者的預期壽命為 24.9 年，而狩獵者的預期壽命為 21.6 年。[3]——這是由於日常生活的風險降低所致。

在隨後的數千年裡，人類進入了一段以戰爭和征服土地為主的歷史循環，大幅超出了遊牧和農業社會中偶爾出現的小型地盤爭奪戰。帝國是建立在龐大軍隊的基礎上，擁有複雜的後勤和供應鏈，綿延數千公里，其間包括了極為險惡的地區。突然間，戰士的體態再度成為焦點，人們接受訓練，為軍事榮耀做好準備，或是獲得像阿基里斯這樣的偉大戰士英雄永垂不朽的機會。戰士的體格和表現特徵——強大的上半身力量以揮舞沉重的盾牌和武器，以及承受長途跋涉和戰鬥的高度心血管健康——受到了推崇。其中最極端的例子是斯巴達，這是一個以軍事力量聞名的希臘城邦，在西元前六世紀到西元前四世紀之間達到了權力的頂峰。斯巴達男性在出生時都要接受檢查，那些被認為虛弱的人會被遺棄在附近的山中等死。男孩們在七歲時就會從母親的身旁被帶走，送往阿戈格（agoge）軍營開始接受訓練。多年來，他們因戰爭而變得堅強，並

---

3. Timothy B. Gage and Sharon DeWitte, "What Do We Know About the Agricultural Demographic Transition?," *Current Anthropology* 50, no. 5 (October 1, 2009): 649–55, https://doi.org/10.1086/605017.

培養了鋼鐵般的意志。訓練的強度之大，以至於普魯塔克（Plutarch）[4]評論道：「他們是世界上唯一因戰爭而能在戰爭訓練中得到喘息的人。」

大約就在這個時候，對戰士體格的讚美和頌揚跨越了鴻溝，發展成了體育運動。自文明社會誕生以來，人類就一直從事競技運動並展示運動能力，但最引人注目的是古希臘人創造的奧林匹克運動會。它將來自廣大地區和城邦的運動員聚集在一起，在公共競技場上相互競爭，爭取榮耀。西元前776年首次記載的奧林匹克運動會，以單項192公尺賽跑著稱[5]。這項活動是為了紀念最強大的天神宙斯而創造，並在希臘南部的神聖地點奧林匹亞舉行。比賽每四年舉辦一屆，賽事數量和多樣性逐漸增加。著名的古希臘哲學家柏拉圖倡導運動和飲食對身心健康和活力的重要性。他曾寫道：「缺乏活動會破壞每個人的身體狀態」，後來亞里斯多德補充說：「運動過度和不足都會影響一個人的體力，過多或過少的飲食都會影響健康，而適量的飲食則會產生、增加和保持健康。」

西元前二世紀，希臘被羅馬帝國征服後，奧林匹克運動會逐漸淡出人們的視線，隨著基督教的興起和中世紀的開始，對人類體態的推崇和文化重要性逐漸失去青睞。作者瑪麗亞・波波娃[6]總結了這一時期：「根據基督教教義，身體是一個罪孽深重的工具，不值得公開讚揚或私下評論，於是教堂的莊嚴肅穆取代了體育場的歡欣鼓舞。過去，人們曾經聚集在體育場，既為了鍛鍊身體，也為了在柏拉圖和亞里斯多德的哲學講座上磨練心智……就這樣，運動的概念在長達一千年的時間裡從大眾的

---

4. 譯註：普魯塔克（Plutarch, 約46-125）：羅馬時代的希臘作家，以《希臘羅馬英豪列傳》一書留名後世。
5. "The Olympic Games," History.com, June 12, 2024, https://www.history.com/topics/sports/olympic-games.
6. 譯註：瑪麗亞・波波娃（Maria Popova）：出生於保加利亞的美國散文作家、詩人和文學藝術評論者。

想像中消失了。」[7]

這段時期持續了大約一千年，一直到十五世紀末，達文西、米開朗基羅和一群文藝復興人文主義者才重新為人體物理型態的研究和重要性賦予新生命。有趣的是，一位名不見經傳的義大利醫生吉羅拉莫・墨庫里亞萊（Girolamo Mercuriale），在1573年出版了《運動的藝術》（De arte gymnastica）一書，正式開啟了持續幾個世紀的現代健康和保健運動。在這本書中，墨庫里亞萊寫道：「我將恢復運動的藝術作為一生的職責，這項藝術曾經備受推崇，如今卻陷入最深的黑暗，幾乎徹底消亡⋯⋯我不敢說為什麼沒有其他人承擔這項任務。我只知道這是一項既極具效用又極其艱巨的任務。」他的著作汲取了多年來研究古希臘和羅馬關於運動和飲食實踐的成果，對數百年後推動歐洲體育教育的人士產生了重要影響。

1859年，當查爾斯・達爾文出版了他的《物種起源》（On the Origin of Species），提出了著名的物競天擇機制時，同時期發生了另一件事。就在《物種起源》出版後不久，一位名叫赫伯特・史賓塞（Herbert Spencer）的英國博學家在對達爾文著作的總結中，創造了「**適者生存**」（survival of the fittest）這個詞彙。突然間，身體健康成為一種身分象徵，進入了主流文化——這是一種衡量自己與他人的方式，是在有形或無形的階級制度中提升自己地位的方式。

奧運，在當時早已被遺忘的運動傳統，在法國人皮埃爾・德・顧拜旦（Pierre de Coubertin）男爵的努力下得以復興[8]，他是一位意志堅定的

---

7. Maria Popova, "The Science of Working Out the Body and the Soul: How the Art of Exercise Was Born, Lost, and Rediscovered," *Marginalian*, May 10, 2022, https://www.themarginalian.org/2022/05/10/sweat-bill-hayes/.
8. 譯註：皮埃爾・德・顧拜旦男爵（Pierre de Coubertin, 1863-1937）：現代奧林匹克運動會的發起人，1896年至1925年任國際奧林匹克委員會第二任主席，國際奧林匹克委員會終生名譽主席、奧林匹克五環、奧林匹克會旗設計者。

傳統體育教育運動倡導者。1892年，他提出每四年舉辦一次國際體育比賽事的想法，並於1894年得到了奧運會管理組織（今國際奧委會）的批准。1896年，首屆現代奧運會在希臘雅典舉行，來自12個國家的280名男子運動員參加了43個項目[9]。到1924年第八屆奧運會時，奧運會知名度和規模有了明顯的進步，當年有來自44個國家的3,000名運動員（男性和女性）參加。2004年，奧運會在1896年首屆舉辦後重返雅典。共有201個國家的11,000名運動員參加了比賽。其中一位是美國游泳運動員邁可·菲爾普斯（Michael Phelps），他贏得了平紀錄的八枚獎牌，並成為史上獲獎最多的奧運選手；另一位是寂寂無聞的牙買加跑者尤塞恩·博爾特，他在當年奧運處女秀中未能進入決賽，但他後來被認為是史上最偉大的短跑選手[10]。

體育活動和人類身體表現已正式成為這個時代文化的一部分。

## 現代運動的狂熱

今天，我們常常會面臨新的健康或保健潮流，標榜能帶給我們青春、力量、美麗或活力。從阿金飲食的（碳水化合物是魔鬼）[11]、南灘飲食法（吃升糖指數低的食物）[12]、生酮飲食（碳水化合物再次是魔

---

9. 見 "The Olympic Games"。
10. 譯註：尤塞恩·博爾特（Usain Bolt）：牙買加男子短跑運動員，被認為是歷史上最偉大的短跑運動員。他曾獲得八面奧運會金牌，是男子100公尺、男子200公尺以及男子4×100公尺接力現今世界紀錄保持者。他也是史上唯一一位連續三屆奧運會贏得男子100公尺和200公尺金牌的短跑運動員。
11. 譯註：阿金飲食（Atkins）是由美國醫生羅伯特·阿金（Robert Atkins）在1970年代提出的減肥方法。這種飲食法主張透過限制碳水化合物的攝取，來促進體重下降，因為低碳飲食可以減少胰島素分泌，從而抑制脂肪的合成。
12. 譯註：南灘飲食法（South Beach Diet）：又名邁阿密飲食法，由美國心臟專家Arthur Agatston設計，原為預防心臟病，後來發現對控制體重亦大有幫助。

鬼！）、素食主義（只吃植物）、肉食主義（只吃肉），到跨界健身[13]、Peloton騎行[14]和熱瑜伽等運動方法，我們被大量資訊和時髦的行銷轟炸，每一種都聲稱自己是最好的。

今日，健康與保健業已成為一門大生意。2020年，全球健康產業研究所估計，全球運動健康的產值已達到4.4兆美元[15]，涵蓋產業包括：

- 個人護理和美容：9,550億美元。
- 健康飲食、營養和減重：9,460億美元。
- 體育活動：7,380億美元。
- 健康旅遊：4,360億美元。

每一款新的健身器材都聲稱可擁有完美的腹肌，每一款新的神奇保健食品都聲稱保有青春活力，世界上最優秀的行銷人員，正以鋪天蓋地的行銷活動影響著我們。他們的工作就是要讓你相信，你需要這一切才能過上健康、幸福的生活——並且他們非常非常擅長他們的工作。他們讓你看見不完美之處，讓你看到的完美世界可能的樣子，然後將運動器材X或健康食品Y說成是你和完美世界之間的唯一橋梁。

我們直截了當說：這（大部分）都是無稽之談。

帕雷托法則（Pareto principle，也稱為80/20法則）指的是：80%的結果，來自20%的原因。它來自義大利經濟學家維爾弗雷多·帕雷托的

---

13. 譯註：跨界健身（CrossFit）：是一種綜合型的訓練方式，結合田徑、體操、舉重，也包含跑步、划船、自行車等有氧運動。
14. 譯註：Peloton騎行：指公路自行車賽中一大隊選手一同騎行。Peloton本意是集團，同隊選手間相互靠近，能夠憑藉前面選手的氣流進行牽引，以減少空氣阻力，從而幫助選手節省體力。
15. Global Wellness Institute, "What Is the Wellness Economy?," accessed July 2024, https://globalwellnessinstitute.org/what-is-wellness/what-is-the-wellness-economy/.

主張 [16]，他觀察到義大利 80% 的土地由僅 20% 的人口擁有。後來，注意到他花園裡 80% 的豌豆來自僅 20% 的豌豆莢，帕雷托假設這是自然界的一種「神奇」的分配。

簡而言之，80/20 法則指出，少數的投入就能產出大部分結果。

整個健康和保健領域的市場都遵循這個規則：大多數結果都是由一些簡單的投入就能達成，包括基本的日常運動，食用天然的、未加工的食物，良好的睡眠和休息。

這並不是說那些目不暇給的健康產品、服務、食品和飲料沒有價值。我自己也食用、使用過許多，感覺也很好。我的意思是說它們應該是次要的，絕不能與身體財富的主要組成部分混淆。

在一個希望你同時追逐所有事物的世界裡，你必須凝聚焦點。在完成主要目標之前，先追逐次要目標，就像是在困難模式下玩遊戲。為了避免這種情況，你必須建立對核心支柱的基本了解，這些支柱可以讓你進入簡單模式，並在通往身體財富的過程中保持專注。

---

16. 譯註：維爾弗雷多・帕雷托（Vilfredo Pareto, 1848-1923）：義大利土木工程師、社會學家、經濟學家、政治科學家與哲學家。帕雷托對經濟學貢獻良多，有「數理經濟學之父」的美譽。

# 第 24 章

# 身體財富的三大支柱

布萊恩・強生是一位非常成功的企業家[1]。2013 年，他以八億美元的價格將自己創立的支付處理公司賣給 PayPal。對大多數人來說，這就是故事的結局：一位企業家實現了建立革命性公司的夢想，以下輩子都花不完的金額出售公司，然後無憂無慮進入人生下半階段。

但布萊恩・強生並不是大多數人。

這位四十五歲的中年人每年花費超過 200 萬美元來追求一個單一而專注的目標：不死。

根據強生的說法，每個人都有生理年齡（出生後的年數）和生物年齡（根據各種細胞、組織和器官的相對生理外觀和表現調整後的年齡）。雖然你無法改變生理年齡，但生物年齡受你的基因以及一系列可控因素的影響，包括你的環境、飲食、運動、休息和睡眠習慣。從 2021 年開始，強生開始與三十多位醫生和專家組成的團隊合作，不僅要減緩，還

---

1. 譯註：布萊恩・強生（Bryan Johnson）：矽谷創業家。2007 年創辦數位支付公司腦樹（Braintree），2012 年收購 Venmo 打造行動支付工具，2013 年以八億美元賣給 PayPal 而身價暴漲。2021 年起進行「藍圖」（Blueprint）計畫，用盡一切辦法降低身體老化的速度。

要逆轉他的生物年齡。這個想法是將強生作為人類白老鼠，進行一系列監控、治療和實驗，範圍從公認的醫學正統原則，到長壽和健康研究最先進的研究。

強生和團隊將該計畫稱為「藍圖計畫」（Project Blueprint），該計畫在他的網站上免費提供。他會在社交媒體上定期更新他的最新測試、實驗和結果。在撰寫本文時，他已在全球擁有數百萬粉絲。

除此之外，強生的測試計畫還包括：

- 每日檢查生命體徵、體重、BMI、清醒體溫和睡眠表現。
- 定期檢測生物體液（包括血液、糞便、尿液和唾液）。
- 定期進行全身核磁共振掃描、超音波、大腸鏡檢查和骨密度掃描。

他每天都以一種在生物駭客[2]中的例行公事開始：

- 早上五點起床，測量生命體徵，並服用第一輪晨間補充劑。
- 進行晨光療法和冥想。
- 製作並飲用預先準備好的運動前混合飲料；服用第二輪晨間補充劑。
- 進行各種運動和心率的嚴格鍛鍊。
- 淋浴並進行日常皮膚護理。
- 吃運動後餐（蔬菜、扁豆、堅果和其他煮熟的純素食材）。
- 進行更多的光療並服用第三輪晨間補充劑。

---

2. 譯註：生物駭客（biohacker）：利用技術、藥物或其他化學物質引入體內以增強或改變其身體功能，從而改善自身身體。

強生的飲食與他的早晨一樣規律。他的餐點一律在早上五點至十一點的進食時間內食用，並由四個部分組成：

- 綠巨人：早晨運動前的水、亞精胺（綠色粉末）、胺基酸、肌酸、膠原蛋白胜肽、可可黃烷醇和肉桂的混合物。
- 超級素食：黑扁豆、綠花椰菜、花椰菜、蘑菇和各種佐料（包括大蒜、薑根等）的高蛋白素食組合。
- 堅果布丁：富含健康脂肪的布丁，由澳洲堅果奶、澳洲堅果、核桃、奇亞籽、亞麻籽、巴西堅果、可可粉、莓果、櫻桃等組成。
- 可變的第三餐：通常是蔬菜為主的沙拉或紅薯。

在研究他獨特的（好吧……極端！）方法時，我有機會在強生家中與他共度一個下午。以我運動員的背景以及個人對健康和保健的興趣，我很高興見到這位將健康飲食及生活等公共議題推向新領域的人。這不僅僅是一次個人熱情的訪問，更是一次私人訪問。作為一位努力化繁為簡的人來說，我想看看是否可以透過強生的觀點和日常生活做到這一點。事實證明，這項使命引起了強生的共鳴，他正在不遺餘力地將想法濃縮成免費內容，並在社群媒體平台上與所有人分享。

當天下午，我得以一窺他的日常生活，嘗試了他的堅果布丁（美味），並了解他的健身和訓練方案。我逐漸觀察到他的方法是建立在一些簡單的原則上：

- 嚴格的訓練計畫，建立在日常運動的基本原則之上。
- 詳細的飲食計畫，建立在適當營養的基本原則之上。
- 有紀律的睡眠習慣、冥想和其他療法，建立在修復機能的基本原則之上。

我也曾花時間了解不同領域頂尖運動員的日常訓練，包括職業運動員和軍中精銳部隊成員。我所看到的任何地方，都發現相同的基本原則：表面上的複雜性，背後卻有著共同的簡單基礎，每個看似平淡無奇的例行公事都圍繞著三個核心支柱。

　　也就是身體財富的三個可控支柱：

- **運動**：結合心血管運動和重量訓練，讓身體習慣在日常進行穩定性和柔軟度的活動。
- **營養**：主要攝取完整、未經加工的食物，以滿足主要營養需求，如有必要，攝取一些補充品以滿足微量元素需求。
- **復原**：高品質、持續的睡眠和其他促進身體機能修復的活動。

　　身體財富的三個支柱看起來很簡單，但是每個支柱上的詳細內容可不簡單，如果徹底落實，很可能會讓生活走向極端，想到這就會讓人怕怕的。

　　為了克服這種恐懼感，我建議拿電玩遊戲的闖關來類比：每個支柱內都有程度不同的等級，從基礎的一級到專家的三級。如果你是一位剛進入遊戲的一級新玩家，沒有必要把自己與強生相比。（他其實是100級！）重點是，在升級到二級後達到三級之前，應仍能維持第一級的生活要求。

　　布萊恩・強生每年得花費兩百萬美元來實踐他健康和長壽的生活，但你不需要這麼做就能建立富足的人生。只需要讓自己扎根在這三個支柱上，不需要其他花稍複雜的活動也能達到想要的成果。當你將「身體財富」納入新評分表時，它們就能建立正確的行動藍圖，了解上述三大支柱以及高槓桿系統，就能創造正確的成果。

## 運動：讓身體動起來

運動對人類文化來說並不是什麼新鮮事，然而近十年來，科學界證實運動在長壽和健康方面所扮演的角色不斷加深。

彼得・阿提亞（Peter Attia）在《紐約時報》暢銷書《超預期壽命》（*Outlive*）中重點闡述了運動的驚人好處[3]。「數據不容置疑：運動不僅可以延緩衰老，而且比任何其他干預手段都更能預防認知和身體機能退化。它是我們增強健康壽命的方法中最有效的，其他還有營養、睡眠和藥物。」

2012 年發表在《老齡化研究雜誌》（*Journal of Aging Research*）上的一篇論文中，研究人員發現，與不鍛鍊身體的人相比，常鍛鍊身體的人的全因死亡率[4]降低了 30% 到 35%[5]。最近在美國心臟協會期刊《循環》（*Circulation*）上發表的一項研究中，研究人員檢視了超過 116,000 名成年人的三十年醫療紀錄和死亡率數據。他們發現，只要維持最低身體運動標準（每週中等強度運動 150 至 300 分鐘或每週劇烈強度運動 75 至 150 分鐘）的人，提早死亡的風險降低了 21%；如果將運動強度提高到最低水準的二到四倍，他們的死亡風險會進一步降低 31%[6]。

換句話說，一點點運動就可以起到很好的作用，而大量的運動則可以起到**更好**的作用。

在運動這個支柱中，有三個主要的訓練因子需要了解（每個因子對

---

3. 《超預期壽命》（天下雜誌，2024/10/02）。
4. 譯註：「全因死亡率」：指的是「所有死因的死亡率」，意思是在一定時期內，因為各種原因造成死亡的總人數，占該時期人群平均人口數的比例。
5. C. D. Reimers, G. Knapp, and A. K. Reimers, "Does Physical Activity Increase Life Expectancy? A Review of the Literature," *Journal of Aging Research* 2012 (July 1, 2012): 1–9, https://doi.org/10.1155/2012/243958.
6. "Exercising More Than Recommended Could Lengthen Life, Study Suggests," Harvard T. H. Chan School of Public Health, July 29, 2022, https://www.hsph.harvard.edu/news/hsph-in-the-news/exercising-more-than-recommended-could-lengthen-life-study-suggests/.

整體健康、表現和外表都有各自的好處）：

## 心血管訓練

**心血管**一詞指的是一切與心臟或血管相關的系統。心血管訓練是透過運動來強化這些系統。

需了解的兩種心血管訓練類型：

- **有氧運動**：低強度；依賴呼吸的氧氣來維持活動。
- **無氧運動**：高強度；依賴分解糖分來維持活動。

簡而言之，在有氧運動的心血管訓練中，呼吸會更急促以攝取更多氧氣，而且心跳會更快，以便有效地將富含氧氣的血液輸送到肌肉。定期進行有氧心血管運動會強化整個過程，意味著心臟和肺部在執行其工作時會變得更有效率。常見的有氧訓練方式包括健行、騎自行車、快走、慢跑、游泳和划船。對於運動新手來說，有氧心血管運動是一個很好的入門點，因為它可以在輕鬆的對話速度（就是可以舒適進行對話的速度，也稱為 **2 區訓練**[7]）下有效完成。這表示在運動時可以有人陪伴，也避免剛開始就進行高強度運動時，可能帶來的強烈不適感。

在高強度無氧心血管訓練期間，你的肺部無法提供足夠的氧氣來滿足身體的需要，因此身體會分解儲存的糖分以獲取能量。無氧訓練有時稱為 **5 區訓練**[8]，通常包括短時間的劇烈活動（騎自行車、划船、跑步、舉重等），然後間隔較長的恢復時間。無氧訓練會造成明顯的不適，應

---

7. 譯註：2 區訓練（Zone 2 Training）：是一種低強度的有氧運動方式，主要目的是提升耐力與促進脂肪燃燒，例如目前流行的超慢跑。
8. 譯註：5 區訓練（Zone 5 Training）：指最高強度訓練下的心率區域，一般是專業運動員才會達到此心跳率進行訓練。維持於此心跳率下，心臟、血液及呼吸系統都發揮最大功能。

該在基本有氧活動中達到穩定性後才會考慮。

## 力量

肌力訓練是利用阻力（例如舉重和彈力帶）來增強整體肌肉、爆發力和力量。肌肉、力量和強度的增加和保存對於健康、快樂的生活非常重要。加州州立大學富勒頓分校運動機能學教授、運動表現科學專家安迪·加爾平（Andy Galpin）表示，「肌力運動和重量訓練是對抗神經肌肉老化的首要方法。」

肌力訓練可以根據環境和難度以多種形式進行，其中包括徒手自身重量練習（伏地挺身、仰臥起坐、深蹲）、自由重量訓練（啞鈴、壺鈴）、複合槓鈴運動（深蹲、靜蹲舉重、臥推、肩推訓練）和器材輔助（在一定運動範圍內針對特定肌肉訓練的設備）。

對於大多數初學者來說，先以基本徒手自身重量練習、器材輔助和自由重量訓練開始，正確的訓練技術會為身體打下堅實的基礎。隨著力量和訓練能力的提高，可以進行更高級的動作並增加重量以增加強度。

## 穩定性和柔軟度

穩定性是正確運動的基礎，因為它使身體能夠有效地運動和發力。阿提亞博士表示，「穩定性是發揮力量、有氧和無氧表現的基石。也是能夠維持安全性的方式。」

柔軟度訓練是運用靜態和動態伸展來改善身體肌肉和關節的活動範圍。最近的研究顯示，靜態伸展對健康好處多多，包括改善平衡、姿勢和身體表現，以及減少疼痛和發炎[9]。

---

9. Andrew Huberman, "Stretching Protocols to Increase Flexibility and Support General Health," *Huberman Lab* (podcast), July 27, 2022, https://hubermanlab.com/stretching-protocols-to-increase-flexibility-and-support-general-health/.

你可以經由伸展和動作訓練，以及像瑜伽和彼拉提斯等動態活動來增進穩定性和柔軟度。

### 運動的三個層級

運動支柱的三個層級：

- **第一級**：每天活動身體至少三十分鐘。
- **第二級**：每天活動身體至少三十分鐘；每週參加二到三次特定的心血管訓練課程和每週一到兩次重量訓練課程。
- **第三級**：每天活動身體至少三十分鐘；每週進行三次或以上的心血管訓練（總共至少一百二十分鐘的有氧訓練和二十分鐘的無氧訓練），每週至少三次重量訓練，包括穩定性和柔軟度訓練。

包括上述三個訓練因子的一個完整的運動規畫，是值得努力的目標。本節末的指南提供了一個範例（包含網站上提供的其他影片和教學的連結）。日常活動的規畫會加入運動訓練的三個主要因子，以實現體態和外表方面的短期目標，並朝向健康和長壽的長期目標邁進。今天就建立一個日常運動規畫，為更美好的現在及未來做好準備。

每拖延一天，都代表著錯過了一個永遠不會再回來的機會，你心目中的現在和未來都觸手可及——前提是現在就採取行動。

## 營養：為身體添加能量

數十年來，營養一直是體能表現和外表的主要因素。多年來，市場推廣的極端飲食法，主導了大眾對營養的理解，但這弄錯了重點。正確的營養其實相當簡單，與那些專業行銷人員告訴你的大不相同，你不需要任何極端或複雜的飲食計畫，就能在生活中建立這項支柱。

以下四項核心原則，提供強而有力的營養基礎：

## 總熱量攝取

這是一天消耗的卡路里總數。總熱量攝取量決定了體重和肌肉發育的基準結果。卡路里過剩（攝取的熱量多於消耗的熱量）會導致體重增加；卡路里不足（攝取量少於消耗量）會導致體重減輕；平衡（攝取量等於消耗量）可以維持體重穩定。

## 常量營養素

常量營養素（通常稱為macros）是身體發揮功能所需的主要營養素。這三種常量營養素是：

- **蛋白質**：肌肉生長、組織修復等所需的部分。
- **碳水化合物**：我們身體的主要能量來源。
- **脂肪**：支持細胞生長、器官健康等的能量來源。

關於常量營養素，每個人都應該遵循的兩個基本規則：

1. **優先考慮蛋白質**：蛋白質對所有身體功能都非常重要，但許多人攝取不足。每餐都應攝取充足的蛋白質。
2. **重視食材來源**：不要以教科書式的觀點來判斷不同常量營養素之間的平衡，而是著重於常量營養素**來源的純淨度**。意思是要從完整、未經加工的來源（未經修改或添加合成成分的天然食物）攝取常量營養素。經驗法則告訴我們，選擇成分最少的食物通常較好，因為成分越多通常表示合成加工越多。

## 微量營養素

微量營養素是指維生素和礦物質，對維持身體健康、預防疾病和整體平衡都很重要，但需求量遠低於常量營養素。其中包括鐵、維生素A、維生素D、碘、葉酸和鋅等。人體無法自行製造微量營養素，因此必須透過飲食或補充劑攝取。

## 水分補充

我們都需要水才能生存，但許多人長期處於脫水狀態。美國國家醫學院建議男性每日至少攝取13杯（約3公升）液體，女性每日至少攝取9杯（約2公升）。這些數字會根據活動量增加而增加，水分補充應被視為維持健康的最低目標。

## 營養的三個層級

營養支柱的三個層級：

- **第一級**：80%的食物是完整且未經加工的天然食材。假設你每天吃三餐，這意味著你每週的21餐中大約有17餐是由完整的、未經加工的食物組成的。
- **第二級**：90%的食物是完整且未經加工的天然食材。優先攝取蛋白質（每磅體重約0.8公克蛋白質）以及整體常量營養素，並確保攝取足夠的水分。
- **第三級**：95%食物是完整且未經加工的天然食材。優先攝取蛋白質（每磅體重約0.8公克蛋白質）以及整體常量營養素攝取量。如有需要，補充關鍵微量營養素，以獲得均衡的營養概況。攝取足夠的水分。

營養是一種可控的生活因素，具有許多正面益處。正如一句老話所說，你吃什麼就會長成什麼。

## 復原：為身體充電

睡眠是自然的神奇藥物，但它仍然嚴重不被重視且未被充分利用。

在美國，約有 33% 的成年人和 75% 的高中生經常睡眠不足[10]。根據 2019 年飛利浦全球睡眠調查，該調查詢問了來自 12 個國家／地區的 11,000 名參與者的睡眠習慣，62% 的成年人睡眠品質不佳；他們在工作日晚上的平均睡眠時間為 6.8 小時，遠低於建議的 8 小時[11]。80% 的參與者表示他們希望提高睡眠品質。

長期以來，身體健康的主流詞彙中幾乎沒有提及睡眠。直到 2017 年，加州大學柏克萊分校的神經科學家馬修・沃克（Matthew Walker）出版了《為什麼要睡覺？》（*Why We Sleep?*）[12]，迅速成為暢銷書，並改變了數百萬抱持著「生前不必多睡，死後可以長眠」（I'll sleep when I'm dead）的人對睡眠的看法。根據沃克博士的研究，睡眠不足對大腦有多種負面影響，包括專注力、注意力、集中度和情緒控制能力下降，並與阿茲海默症、心臟病、糖尿病和某些癌症等許多疾病有關。

除了減輕這些負面影響外，充足的睡眠還可以改善大腦和身體功能。在睡眠期間會發生一些重要的生理過程，包括：

---

10. "Sleep Facts and Stats," CDC Sleep, May 15, 2024, https://www.cdc.gov/sleep/data-research/facts-stats/?CDC_AAref_Val=https://www.cdc.gov/sleep/data_statistics.html.

11. "Are You Sleeping Enough? This Infographic Shows How You Compare to the Rest of the World," World Economic Forum, August 16, 2019, https://www.weforum.org/agenda/2019/08/we-need-more-sleep.

12.《為什麼要睡覺？》（天下文化，2023/05/26）。

- 新資訊與學習的記憶處理與整合、組成與連結。
- 「淨化」大腦，包括清除白天累積的毒素。
- 轉換到副交感神經系統（主導休息和恢復），促進身體復原過程。
- 情緒恢復和情緒再平衡。

史丹佛大學神經科學家、廣受歡迎的《胡柏曼實驗室》播客（*Huberman Lab* podcast）主持人安德魯・胡柏曼（Andrew Huberman）在 2023 年的一集《提姆・費里斯秀》中總結了睡眠基礎的重要性：「如果兩三天沒有高品質的睡眠，你會情緒崩潰。如果在兩三天內保持優質睡眠的情況下，你的工作表現將遠超水準。這其中的差異不僅僅是睡眠不好，表現就會較差，而是睡眠品質越好，表現就越好。」[13]

科學家建議高品質睡眠的核心策略如下：

- **睡眠時間**：每晚七到八小時，維持規律的睡眠和起床時間。
- **環境**：睡眠環境應保持黑暗、安靜且涼爽。
- **習慣**：睡前進行放鬆的習慣，促進釋放睡眠的化學訊號。在晴朗的日子裡，曬五到十分鐘的晨光，或在陰天曬十五到二十分鐘的晨光，以及低角度的午後陽光，已被證實能調節皮質醇的釋放和生理時鐘（我們體內的自然化學時鐘）。

雖然睡眠是身體復原的主要和次要工具，但還有一系列其他的復原方法，可以在基本睡眠需求得到滿足後，進一步提高身體的復原能力。這些方法包括（但不限）冷熱療法、按摩療法以及冥想和呼吸技巧。在

---

13. Tim Ferriss, "Dr. Andrew Huberman—the Foundations of Physical and Mental Performance, Core Supplements, Sexual Health and Fertility, Sleep Optimization, Psychedelics, and More (#660)," *The Tim Ferriss Show* (podcast), March 10, 2023, https://tim.blog/2023/03/10/dr-andrew-huberman-transcript/.

基本項目（睡眠！）達到 90% 的標準**後**，才應考慮、嘗試這些額外的復原方法。

## 三個復原層級

睡眠和恢復支柱的三個基本層級：

- **第一級**：每天睡七到八小時。
- **第二級**：在良好的睡眠環境（黑暗、涼爽、安靜的房間）中睡七到八小時。
- **第三級**：在良好睡眠環境中睡七到八小時；設定固定的睡眠時間，並接受早晨和下午的陽光照射，以調節生理時鐘並改善睡眠品質；嘗試其他的復原方法。

完整的睡眠、休息和復原方法對體能維持、外表和長壽是很重要的。「生前不必多睡，死後可以長眠」的心態被打破了，諷刺地說，這是一種死得更早的好方法。先嘗試這些復原方法，讓自己在一個完全不同的層級上持續成長茁壯。

你是「身體財富」線上遊戲中的玩家。從基礎的一級開始──每天至少運動三十分鐘，90% 的時間食用完整未經加工的食物，每晚睡七到八小時──每個人都應該以這個基準為目標，過著健康的生活，並為未來的健康做好準備。從此開始，再確定目標並逐步完成合適的級別。這些投資將會為你的未來帶來想像不到的紅利。

---

對這三個支柱有了既定的了解後，我們就可以轉向「身體財富指南」，它提供了在這些支柱的基礎上建構「身體財富」生活的具體工具和系統。

# 第 25 章

# 身體財富指南

## 邁向成功的法則

本章提供了具體的高槓桿系統，來建立身體財富生活的每個支柱。這不是一體適用的指南，你不必照著順序一步步做；請瀏覽一遍並選擇對你最相關且有用的部分就好。

當你考慮〈身體財富指南〉中提供的方法時，請參考本書前面的財富分數測驗中，對每個身體財富陳述的回答，將注意力集中到需要取得最大進展的部分（包括**非常不同意**、**不同意**或**中立**）。

1. 就我目前的年紀來說，我感覺自己強壯、健康且充滿活力。
2. 我有規律的定期運動，並擁有積極正面的生活方式。
3. 我以完整的、未加工的食物為主食。
4. 我平時每晚睡七小時以上，並且感覺到充分休息與恢復。
5. 我已經有一個明確的計畫，在晚年能夠保持身體健康與活力。

在過程中要避免的一些常見的身體財富反目標：

- 在追求財務目標的同時，我的體能和健康狀況出現惡化。

- 因為其他生活需求而無法每天運動。
- 長期睡眠不足且復原不易。

以下是六個經過驗證的建構身體財富的方法：

1. 身體財富三十天挑戰 | **運動、營養與復原**
2. 有科學根據的早晨例行活動 | **運動與營養**
3. 有效的三級訓練計畫 | **運動**
4. 一般性飲食 | **營養**
5. 睡眠的九條規則 | **復原**
6. 有科學依據的呼吸方法 | **復原**

## 身體財富三十天挑戰
## 支柱：運動、營養與復原

為了過上有身體財富的生活，你需要每日採取行動來實現這個目標。身體財富的每個核心支柱都提供了簡單的架構，你可以藉此展開並提升適合你的日常活動層級。

身體財富三十天挑戰是為期一個月的日常嚴格訓練，以啟動追求身體財富。

挑戰如何開始：

- 從三個選項中選擇一個挑戰等級。如果是新手，銅牌級是一個很好的起點，而如果認為自己的層級夠高，則金牌級更合適。
- 使用簡單的試算表或範本來追蹤每日執行情況。你可以在 the5typesofwealth.com/tracker 網址中下載範本。
- 與一個（或多個）夥伴一起面對挑戰，以培養責任感。建立一個

群組，彼此傳送訊息，記錄日常練習的表現。完成清單上的每一項後，告訴群組**已完成**。
- 完成一個等級的挑戰後，可以在下個月接受下一個等級的挑戰。

三個挑戰的等級如下：

**銅牌挑戰**
- 每天運動三十分鐘。
- 80% 的餐點攝取完整、未經加工的食物。
- 每晚維持七個小時的睡眠。

**銀牌挑戰**
- 每日早晨進行例行活動。
- 每天運動四十五分鐘。
- 90% 的飲食都是攝取完整的、未加工的食物。
- 增加蛋白質攝取量（以每磅體重攝取 0.8 公克蛋白質為基準）。
- 每晚睡眠七至八小時，每日維持固定的睡眠及起床時間。

**金牌挑戰**
- 起床時喝 16 盎司（大約 450 至 500cc）的水。
- 每日早晨進行例行活動。
- 每天運動六十分鐘，每週至少進行三次肌力訓練。
- 95% 飲食都是攝取完整的、未加工的食物。
- 達成各種常量營養素的攝取目標（蛋白質、碳水化合物、脂肪）。
- 每晚睡八小時，每日維持固定的睡眠及起床時間。
- 每天做一些額外的身體狀態復原方法（例如呼吸、冥想、冷療或熱療）。

## 如何好好過一天：有科學依據的早晨例行活動
## 支柱：運動與營養

當你早上起床時，想想活著是多麼寶貴的特權——呼吸、思考、享受、愛。

——馬庫斯・奧里略（Marcus Aurelius）

早晨的第一個小時為接下來的一整天奠定了基礎。這段期間進行的運動和攝取的營養會讓你整天更有活力、更專注、更有效率，尤其是在這樣一個不可預知的世界中，早起的第一個小時提供具有結構感和穩定感的方向。

在這裡，我將分享有效的早晨例行活動的五個原則，以及如何融入到我的早晨時光提供範例，每個人都可以使用它來建立自己的早晨例行活動：

### 早上例行活動原則 1：起床

科學證明，每天保持固定的起床時間對健康具有良好的益處，它調節身體的節奏，改善認知功能，提升體能、情緒和整體健康狀態。

**我的方法**：早起是提高成功機率最簡單的方法。早起不一定會成功，但你很少會發現一個早起的人沒成功。對我來說，平時工作日是早上 4:30，週末是 5:00 左右（或者更早，如果我兒子爬到我身上！）。注意：我試著在工作日晚上 8:30 左右入睡，這樣每天都有七到八個小時的睡眠。

**實行計畫**：設定工作日和週末的固定起床時間（週末最好維持工作日起床時間的三十到六十分鐘內，以免影響自然睡眠週期）。如果需要額外的動力，請將手機設定鬧鐘後放在浴室（或距離床至少 10 呎），強迫自己起床關閉鬧鐘。

**早晨例行活動原則 2：補充水分**

我們大多數人都處於慢性脫水狀態。這會影響整體的健康。晨間補充水分能啟動新陳代謝、改善記憶力並增強精力。此外，晨間補充水分還能促進消化，並透過排出前一天（或長夜）的毒素來改善皮膚狀況。

**我的方法**：用一杯 16 盎司的水、綠茶粉和電解質來補充水分。

**實行計畫**：起床後務必喝 16 盎司的水。如果要增強效果，可以加入檸檬、電解質或綠色蔬菜粉。

**早晨例行活動原則 3：動起來**

每天運動身體應該無需再多說，我們生來就是要活動的。每日維持（三十到六十分鐘）的運動對健康、大腦功能和幸福感都有助益。剛開始，只要以喜歡的方式活動即可——散步、跳舞、健行、跑步、重訓等，只要喜歡的都行，簡單勝於複雜。

**我的方法**：我採用 5-5-5-30 的方式：五次伏地挺身、五次深蹲、五次弓箭步和三十秒的平板支撐。你可以在泡咖啡時或起床後進行，立即增強精力並促進血液循環。

**實行計畫**：選擇一些簡單的動作展開新的一天。包括重量訓練（我的選擇），關節活動或伸展運動，而且很容易做到。重點是讓身體動起來並促進血液循環。

**早晨例行活動原則 4：到戶外走走**

早晨接觸自然光線能提升專注力，增加血清素產生來改善心情，同時陽光也是天然維生素 D 的來源。在自然環境中，遠離螢幕，會感到壓力釋放，整體精神也格外清爽。

**我的方法**：與兒子一起散步三十分鐘是我早晨例行活動中不可或缺的一環。它讓我感覺健康、快樂且充滿創意。

**實行計畫**：走出戶外開始新的一天。十五分鐘就夠了。將手機靜音

（或留在家中），讓自己自由思考並呼吸。

**早上例行活動原則 5：專注**

大多數人不會喜歡朝九晚五的工作。現代工作文化是過去時代的產物——長期從事相同、穩定、單調的任務。如果你的目標是創造，你必須像獅子一樣工作。受到啟發時衝刺。休息，然後再重複。

**我的方法**：我是以兩個小時的專注工作開始新的一天，專注於最重要的事。

**實行計畫**：在前一天晚上確定第二天最優先的工作。在工作時間中集中精力，並以此開啟嶄新的一天。

總結上述早晨例行活動的五個核心科學原則：

1. **起床**：為平日和週末訂下固定的起床時間。
2. **補充水分**：喝 16 盎司的水（依需要添加其他補充品）。
3. **動起來**：選擇一些簡單的肌力、活動力或柔軟度運動，讓身體活動起來，血液循環動起來。
4. **到戶外活動**：十五分鐘的戶外活動就能為一天打下好基礎。
5. **專心**：設定一段時間專心於處理當天最重要的工作。

擁有自己的五項核心原則，早晨的例行活動就更完美了。

## 運動計畫：有效的三級訓練計畫
## 支柱：運動

本段與班・布魯諾（Ben Bruno）合作，他是一位個人訓練師和體能教練，曾指導職業運動員、一線名人、實力雄厚的企業家。

以下是一週訓練的範本，當你達到運動的第三級時就可以考慮採用。第一級和第二級的重點放在每日運動和建立習慣；第三級則是訓練的主要子項目（像是心血管、體能、穩定性和柔軟度）的進階組合，對於整體健康、身體狀況甚至外貌維持都是必需的。

進入第三級時，每周應包括三次全身重量訓練、兩次低強度的有氧運動和一次高強度的有氧運動。每次訓練的時間隨你決定，因此如果工作上安排特別繁忙或不規律，不必強迫自己非得遵守嚴格的訓練計畫。在理想情況下，每次全身重量訓練之間，要給自己一天的復原時間。

一個訓練週的內容如下：

- 第一天：全身重量訓練，選擇搭配有氧心肺訓練。
- 第二天：有氧心肺訓練（六十分鐘）。
- 第三天：全身重量訓練，選擇搭配有氧心肺訓練。
- 第四天：有氧心肺訓練（六十分鐘）。
- 第五天：全身重量訓練，選擇搭配有氧心肺訓練。
- 第六天：無氧心肺訓練（二十分鐘）。
- 第七天：輕度恢復運動和休息。

**全身力量訓練**

全身力量訓練課程包括暖身、靜態伸展以及動態穩定性和活動性訓練。你可以選擇特定的重量訓練課程，也可以在 the5typesofwealth.com/movementplan 上找到適合的全身力量訓練課程，其中包含每個動作的影片教學。

**有氧心肺訓練**

有氧的心肺訓練課程是長時間、低強度的訓練。對一般人來說，最有效且可重複操作的有氧心血管訓練大都是低強度，也稱為 2 區（zone

2）訓練。從科學角度來看，2 區訓練是身體利用氧氣將脂肪轉化為能量的運動強度。2 區的心跳頻率因人而異，大致來說是心跳加快，但仍然可以說話同時還能用鼻子呼吸的程度（大約是心跳的 60% 到 70%）。或者，也可以簡化為用 220（大約是人的最大心跳頻率）減去年齡，然後乘以 60% 到 70%（估算 2 區的心跳頻率）。

選擇一種運動方式（健行、騎自行車、快走、慢跑、游泳、划船等）並進行適當的熱身，讓身體做好準備。選擇心跳較快但仍可說話的程度。

**無氧心肺訓練**

無氧的心肺訓練課程是集中、高強度的訓練。

無氧訓練是高強度的，有時稱為 5 區（zone 5）訓練，包含短時間的高強度活動（騎自行車、划船、跑步、舉重等），中間要有較長的恢復時間。

這種訓練對於建立最大攝氧量（$VO_2$ 最大值）非常重要——最大攝氧量是指身體在劇烈運動時所能利用的最大氧氣量。最大攝氧量被認為是評估整體心肺功能最有效的指標，對健康和長壽有決定性的影響。事實上，2018 年的一項研究發現，最大攝氧量第 25% 至 50% 的族群與最低的 25% 比較，全因死亡率下降了 50%；如果拿第 50% 至 75% 的族群與最低的 25% 比較，全因死亡率更大幅降低 70%[1]。

選擇一種方式（自行車、划船、跑步、爬樓梯等），進行適當的暖身運動，讓身體做好準備後，在至少二十分鐘內，交叉進行全力衝刺和休息。例如，一分鐘的劇烈運動，接著二到三分鐘的緩慢動作或休息。

---

1. Kyle Mandsager et al., "Association of Cardiorespiratory Fitness with Long-term Mortality among Adults Undergoing Exercise Treadmill Testing," *JAMA Network Open* 1, no. 6 (October 19, 2018): e183605, https://doi.org/10.1001/jamanetworkopen.2018.3605.

在衝刺期間，你的心跳應該會飆升，而在恢復期間，心跳應該會降到一般水準。

**輕度恢復運動**

恢復日是每週例行活動中不可缺少的一環。輕度運動例如散步、輕鬆健行或其他低心率戶外活動，非常適合在恢復日做，只要它們不會給身體造成壓力。恢復日是選擇自己喜歡的活動（例如冷熱療法、按摩和泡沫滾筒）的好時機。但同時請先務必確保有高品質的睡眠。

欲了解更多關於訓練計畫的資訊和資源，請造訪 the5typesofwealth.com/movementplan 網站。

註：在進行任何重大改變之前，請諮詢醫生。雖然這個計畫有科學依據和多年的訓練經驗，但屬於一般性建議，個人應在開始嚴格的健身計畫前，先與專業人士檢視自己的健康狀況。

**原則與食物：一般性飲食**
**支柱：營養**

本段與班·布魯諾合作，他是一位個人訓練師和體能教練，曾指導職業運動員、一線名人、實力雄厚的企業家。

一般性飲食有八個簡單原則，它提供了高品質的營養，可增強身體狀況、改善外貌並有利於長期健康和壽命。

**一般性飲食原則**

1. 大部分時間（約 80% 到 90%）要吃得好。省下浪費在垃圾食物上的錢，去買你真正喜歡的東西。優先考慮單一成分、完整、未加工的食品。
2. 在感到吃飽之前就不再進食（八分飽是一個很好的經驗法則）。

3. 確保攝取足夠的蛋白質來達到身體目標。一個正常活動的人,每磅體重要攝取 0.8 克的蛋白質。
4. 避免吃那些讓你感覺和品質不佳的食物。在這方面每個人都是不同的,所以要找出判斷什麼對你有用、什麼對你不適合的方法。
5. 多喝水和液體,但限制飲酒。
6. 每餐都吃全穀蔬菜或水果,兩者都吃也行,越多越好。
7. 找到適合生活方式的用餐頻率。不要被所謂的正確方法所束縛。
8. 不要把飲食看得太過嚴重,以至於錯過生活體驗。

## 值得考慮的優質食物

以下列出了按常量營養素分類的高品質、營養豐富的食物。請注意,此清單並非涵蓋所有內容,而是提供一個改善營養的初步清單。

### 蛋白質來源:
- 肉類,包括牛肉、家禽和羊肉。
- 魚。
- 雞蛋。
- 希臘優格。
- 鄉村起司。
- 豆腐。
- 蛋白粉(來自高品質來源,添加成分最少)。

### 碳水化合物來源:
- 穀物,包括米飯、燕麥、藜麥、大麥和小麥。
- 馬鈴薯和地瓜。
- 完整的水果和蔬菜。

- 豆類、扁豆和豌豆。
- 原蜂蜜。

**脂肪來源：**
- 堅果和堅果醬。
- 草飼動物的奶油或酥油。
- 特級初榨橄欖油。
- 酪梨油。
- 椰子油。
- 奇亞籽、亞麻籽、大麻籽。

## 其他營養資訊

### 常量營養素

每克蛋白質和碳水化合物各有 4 大卡熱量；每克脂肪含有 9 大卡熱量。要計算總熱量攝取，請將一天中消耗的每種常量營養素的克數乘以適當的數字，然後將它們加在一起。例如，如果我每天吃 200 克蛋白質、300 克碳水化合物和 100 克脂肪，則相當於 2,900 卡路里（200 克蛋白質（每克 4 卡路里）加上 300 克碳水化合物（每克 4 卡路里）加上 100 克脂肪（每克 9 卡路里）。

各種類型的飲食學派都在爭論每種常量營養素的相對理想比例，基礎蛋白質（對於從事重量訓練的人來說，每磅體重大約 0.8 克，最多 1 克）是一個很好的起點。蛋白質具有高度飽足感，因此不太可能在其他方面吃得過多，會更容易實現目標。碳水化合物和脂肪的分配比例可以根據個人的健身或體態目標進行調整，但大多數人會想要適當分配碳水化合物和脂肪上的熱量。

你可以利用 calculator.net/calorie-calculator.html 上的免費線上計算

機來決定整體目標的熱量攝取。也可以在 calculator.net/macro-calculator.html 上找到免費的營養素計算機，在各種模型中找到適合自己的營養素攝取分布（我建議大多數人從平衡模型開始）。

**微量營養素**

根據美國疾病管制和預防中心的數據，人類有六種必需的微量營養素：鐵、維生素 A、維生素 D、碘、葉酸和鋅。活動量大的人可能還需要其他微量營養素，例如維生素 E、維生素 $B_{12}$、鎂、鉀和鈣。

這些微量營養素大都存在於完整未經加工的食物中，但有些（例如維生素 D）較不易從食物中獲得足夠的量，可能需要補充。

有些應用程式可以追蹤並計算飲食中微量營養素含量。如果擔心自己的攝取量，可請醫師安排血液檢查，或自行安排健檢（依據居住地和價格，有很多不同選擇）。

優質的營養可以預防疾病同時促進健康。遵照一般性飲食的八項原則，優先攝取富含常量營養素的食物，奠定良好的營養基礎，朝向「身體財富」目標努力。

## 成為睡眠專家：睡眠的九條規則
### 支柱：復原

睡眠是實現健康、體態和復原的最有效工具。

若要成為睡眠專家，請遵循以下有科學依據的基本規則：

1. **保持規律的作息**：規律的睡眠很重要。設定固定的就寢時間，試著每天早上（即使是週末）在同一時間起床。
2. **欣賞早晨的陽光**：每天早晨至少花十到十五分鐘享受陽光（最好是散步）。請注意，即使在陰天的早晨，也有陽光，但可能需要增加照射時間才能獲得相同的效果。大量科學證據顯示，清晨的

日照能維持生理時鐘的規律。
3. **控制睡眠環境**：睡眠環境應該是涼爽和黑暗的。如果有自然光的問題，請使用遮光窗簾或眼罩。
4. **避免睡前進食**：睡前進食可能會擾亂身體的自然運作、荷爾蒙和睡眠週期。如果在睡前感到饑餓，請保持清淡飲食，避免高碳水化合物以及激發大量胰島素分泌的食物。
5. **睡前避免過量飲水**：半夜醒來上廁所非常擾人。為避免發生這種情況，請在睡前六十分鐘內限制水分攝取量。
6. **下午避免攝取咖啡因**：午後喝咖啡可能會導致晚上無法入睡。在睡前八小時內避免攝取咖啡因，讓咖啡因從血液中排出。
7. **減少飲酒**：酒精擾亂睡眠（和健康）已是不爭的事實。避免飲酒，睡眠將會明顯改善。
8. **讓身體放鬆**：在睡前保持全身放鬆。睡前一兩個小時將屋子裡的燈光調暗，將所有與工作相關事情放下，與家人或朋友相聚，或者讀一本喜歡的書。可以在過程中攝取天然睡眠補充劑，例如鎂和茶胺酸，它們已被證明有利於健康的睡眠。
9. **睡前避免盯螢幕**：在睡前一小時避免盯著螢幕，以免晚上難以入睡。將睡眠周遭設計為無螢幕環境。

如果你盡量遵循這些規則，在三十天內保持九成以上的一致性，你的睡眠品質將獲得明顯改善，並感受到生活中的好處。

### 讓心情平靜：有科學依據的呼吸方法
### 支柱：復原

壓力並不是非黑即白──像大多數事物一樣，它存在於一個光譜中。事實上，當談到重要時刻的表現時，壓力**太小**和壓力**太大**一樣糟糕。

耶克斯─多德森定律（Yerkes-Dodson Law）是表現與壓力之間關係的簡單模型，由心理學家羅伯特・耶克斯（Robert Yerkes）和約翰・多德森（John Dodson）於1908年提出，他們在對日本舞鼠進行了研究後得出了結論。簡單來說，耶克斯─多德森定律指出，壓力和表現好壞僅在一定程度內呈現正相關，之後更多的壓力只會降低表現。

其中有三種狀況需要注意：

1. **低壓力**：這是讓身體低度反應的狀態。這種狀態是復原的必要條件。
2. **最佳壓力**：這是身體的最佳狀態。類似金髮姑娘的水準──不太熱，不太冷，恰到好處[2]。當處於這種狀態時，可以有效地執行重要任務。
3. **高壓力**：這是高度亢奮的狀態，我們經常發現自己處於過度緊張的時候，它可能導致身體壓力太大而表現不佳。

在理想情況下，你會在重要任務期間處於最佳壓力狀態，然後迅速切換到低壓力狀態，以便有時間復原。但實際上，大多數人發現自己過於頻繁處在高壓力的邊界，並且沒有足夠的時間到低壓力狀態復原身體。

為了承受適當的壓力並順利回到低壓力復原狀態，試試以下三種有科學依據的呼吸技巧：

---

2. 譯註：金髮姑娘（Goldilocks）：出自英國作家羅伯特・騷塞（Robert Southey）的童話故事《三隻小熊》，講述一位名為Goldilock的金髮女孩闖進了熊屋，偷吃過三碗粥、偷坐過三把椅子、偷躺過三張床，金髮姑娘覺得不太冷或不太熱的粥最好、不太大或不太小的床和椅子最舒適。後來形容情況「恰到好處」。

### 4-7-8 方法

這個讓全身平靜下來的方法對幫助入睡特別有效，我幾乎每天都在使用這個方法。

做法：

- 用鼻子吸氣四秒鐘。
- 屏住呼吸七秒鐘。
- 吐氣八秒鐘。
- 重複二到三次。

### 獅子呼吸法

另一種源自印度古代瑜伽的有效方法。

做法：

- 舒適地坐在地板上，略微前傾，雙手放在地板上。
- 將目光集中在鼻尖。
- 用鼻子深吸一口氣。
- 伸出舌頭，向下抵住下巴。
- 發出「哈！」的聲音同時用力呼氣。（注意：如果是初學者，請限制呼氣的力度。）
- 重複二到三次。

### 生理性歎息

本書第 15 章曾提到，生理歎息是一種公開演講時緩解壓力的方法，它能使心情平靜。生理性歎息法於 1930 年代首次被提出，並經由加州大學洛杉磯分校神經生物學家傑克・費爾德曼（Jack Feldman）和史丹佛大學生物化學家馬克・克拉斯諾（Mark Krasnow）的研究重新獲得重

視。當血液中的二氧化碳濃度過高時，我們會自然而然地歎氣。它經過非常快速地釋放大量二氧化碳來產生放鬆的感覺。

做法：

- 用鼻子吸氣兩次，先慢吸，後快吸。
- 長長地用嘴巴吐氣，直到自然停止，不要勉強呼吸。
- 重複二到三次。

壓力是人生不可或缺的一部分。如果你能學會駕馭壓力，在重要任務中營造最佳壓力環境，在復原期營造低壓力環境，你就能發揮最佳表現。試試這三個科學驗證的呼吸法，你就能將壓力從天敵變成好友（或至少是友善的夥伴！）。

# 第 26 章

# 身體財富摘要
## 身體財富概覽

大哉問：你會在自己八十歲生日宴上跳舞嗎？

**身體財富的三大支柱：**

- **運動**：結合心血管運動和重量訓練，讓身體習慣在日常進行穩定性和柔軟度的活動。
- **營養**：主要攝取完整、未經加工的食物，以滿足主要營養需求，如有必要，攝取一些補充品以滿足微量元素需求。
- **復原**：高品質、持續的睡眠和其他促進身體機能修復的活動。

**身體財富評分**：對於以下每個陳述，請回答 0（非常不同意）、1（不同意）、2（中立）、3（同意）或 4（非常同意）。

1. 就我目前年紀來說，我感覺自己強壯、健康且充滿活力。
2. 我有規律的定期運動，並擁有積極正面的生活方式。
3. 我以完整的、未加工的食物為主食。
4. 我平時每晚睡七小時以上，並且感覺到充分休息與恢復。

5. 我已經有一個明確的計畫，在晚年能夠保持身體健康與活力。

你的分數（0 到 20 分）是：

# 目標、反目標和方法

使用目標設定來調整身體財富的方向：

- **目標**：希望在一年內達到的身體財富分數？在過程中，你需要達成哪些階段性目標（二到三個）？
- **反目標**：在過程中，你想避免哪些結果出現（二到三個）？
- **高槓桿系統**：為了在實現目標分數上取得具體、累積的進展，你會採取〈心理財富指南〉中的哪些方法（二到三個）？

**一週快速入門**

完成第一次「身體財富三十天挑戰」的連續七天。

從〈身體財富指南〉中的「身體財富三十天挑戰」中選擇一個挑戰等級。如果是新手，銅牌級是個很好的起點，而如果認為自己的經驗夠豐富，則金牌級更合適。

使用試算表或範本來追蹤日常執行情況。你可以在 the5typesofwealth.com/tracker 中找到範本。

找一個（或多個）夥伴一起面對挑戰。建立一個群組來分享日常挑戰中的表現。每完成清單上的一項，在群組裡發送「**已完成**」訊息。

# 第6部
# 金錢財富

# 第 27 章

# 大哉問

## 你對「足夠」的定義是什麼？

　　庫爾特・馮內果（Kurt Vonnegut）在一首關於他已故好友約瑟夫・海勒（Joseph Heller，美國著名作家，以其諷刺天才作品《第二十二條軍規》〔Catch-22〕而聞名）的短詩中分享了一則軼事，其中充分展現了海勒的智慧。

　　有一次，兩人在一位億萬富翁的家中派對上，馮內果問海勒：「喬，當你知道今晚派對的主人昨天賺的錢可能就比你的小說《第二十二條軍規》賺的所有錢還要多時，你有什麼感覺？」海勒回答：「我擁有他永遠無法擁有的東西⋯⋯我滿腦子足夠的知識。」

　　我第一次看到這首詩是在 2021 年 5 月，當時正與一位改變了我一生的老朋友談話後不久。這首詩引起我心中極大的震盪，並且有了共鳴。

　　當海勒說出這句「我滿腦子足夠的知識」，他真正的意思是什麼？滿腦子知識、**足夠**，到底有什麼特別和有價值的地方，竟然敢聲稱比他們的東道主累積的數十億美元還要多？

　　要回答這個的問題，不妨反過來思考：如果沒有這些知識，會發生什麼？我們會持續的、不斷的、著迷於追求**更多**的事物，甚至執迷不

悟。

有一次，商業大亨約翰・洛克菲勒被記者問到多少錢才夠，他回答說：「再多一點點就好。」

對更多事物的追求，相當於現代的薛西弗斯式的掙扎[1]。我們推著巨石上山，努力工作更長時間，以達到心中所追求的巔峰，結果卻讓巨石滾回山底，迫使我們重新開始。快樂適應現象[2]（好事發生後逐漸恢復到平常生活的傾向）的意思是沒有足夠的財富能真正滿足我們。

當你將目光投向下一個層次時，你目前對「**更多**」的定義，會成為你未來「**不夠**」的定義，並說服自己到了那時才會帶來幸福和滿足。

我親眼見證了這樣的生活在我自己和周圍的人身上反覆發生。曾經渴望的東西，後來成了迫不及待非要不可，導致人們為了不太需要的房屋裝修而申請新的貸款額度、為了購買新車而超支、為那只漂亮的新手錶陷入信用卡債務，或者為了追求工作升職而犧牲自己的健康或家庭破裂。

1869 年，馬克・吐溫寫了一封公開信給當時世界首富的商業大亨康內留斯・范德堡[3]。他寫道，**追求更多是貧窮的**，說：「可憐的范德堡！我同情你⋯⋯你年事已高，應該休息一下，但你卻要掙扎，否定自己，剝奪自己安穩的睡眠和內心的平靜，因為你太需要錢了。我總是同情像你這樣貧窮的人⋯⋯一個人擁有的東西並不能構成財富，不能！滿足於

---

1. 譯註：薛西弗斯（Sisyphus）的掙扎：希臘神話裡，名為薛西弗斯的男子因冒犯眾神而遭到懲罰，必須使出全身力氣將一塊巨石推上山頂，但當他好不容易推到接近山頂時，這塊巨石會因承受不住重量而滾落山腳，他只能跟著巨石回到原點重新來過，奮力往上推，再看著巨石又一次滾落，沒能抵達山頂。後來形容不斷重複徒勞無功之舉。
2. 譯註：快樂適應現象（hedonic adaptation）：心理學名詞。指經歷了重大的開心或傷痛的事，隨著時間過去，人們通常很快就能適應改變，恢復到過往的生活。
3. 譯註：康內留斯・范德堡（Cornelius Vanderbilt, 1794-1877）：美國著名的商業大亨，以鐵路和航運業致富，外號「海軍准將」。范德堡對美國的經濟和交通發展產生了深遠的影響，他透過鐵路的整合改變了運輸業的面貌。

自己擁有的東西，才是財富。」[4]

許多億萬富翁積累了驚人財富，卻缺乏最基本的幸福和充實的生活。想想一個令人震驚的事實：在撰寫本文時，全球十位最富有的人總共離了十二次婚。這就像皮洛士的慘勝：贏得了戰鬥，卻輸掉了戰爭。

歷史上不乏億萬富翁的故事，他們為了爭取下一個階段的勝利而奮鬥，承擔不必要的風險，最終卻失去一切。光是在過去的五年裡，我們就曾看到一些企業家從登上《富比士》封面的受人追捧，後來卻成了階下囚。山姆‧班克曼－弗里德[5]和伊莉莎白‧霍姆斯[6]曾被許多人吹捧為新一代創業家，有望與賈伯斯、蓋茲、祖克柏、馬斯克和貝佐斯等人齊名。遺憾的是，儘管一開始是成功的，然而他們對**更多**財富的追求導致道德標準不斷惡化，最終因被控犯罪而判刑。

與譴責**更多**形成對比的是，世界需要一些「瘋狂的人」（這個詞因1997年蘋果公司「Think Different」的廣告而聞名），他們不惜一切代價地追求更多，最終創造出新奇且令人驚歎的事物。事實上，造成麻煩的

---

4. Mark Twain, "Observations by Mark Twain," 1869, https://cdnsm5-ss12.sharpschool.com/UserFiles/Servers/Server_520401/File/Departments/Curriculum%20&%20Instruction/ELA/Non-Fiction%20Texts/Observations%20by%20Mark%20Twain.pdf.
5. 譯註：山姆‧班克曼－弗里德（Sam Bankman-Fried，簡稱「SBF」）：美國企業家、加密貨幣交易所FTX的創始人兼執行長。2017年，SBF用自有資金創辦加密貨幣量化交易公司，在一年內躍升為行業頂尖。2019年創辦數位資產衍生品交易平台FTX。由於FTX創新的產品和對於市場需求的敏銳嗅覺，在短短一年半內，FTX躋身全球數位資產交易所排名前四位。SBF於2022年入選美國《時代》雜誌「全球百大影響力人物」。然而，2022年11月FTX傳出破產，12月SBF在巴哈馬被捕。美國紐約南區聯邦檢察官辦公室指控SBF犯下八項欺詐罪，並指控竊取了數以十億美元計的客戶資金，2024年3月，法院判處SBF二十五年監禁。
6. 譯註：伊莉莎白‧霍姆斯（Elizabeth Holmes）：曾於美國加州帕羅奧圖創辦血液檢測公司Theranos，因聲稱掌握只需少量血液即可進行的創新血液檢查技術，一度成為生物科技行業的獨角獸。2015年時，《富比士》將霍姆斯評選為全球最年輕、白手起家的女性億萬富翁，2015年被《時代》雜誌提名為「全球百大影響力人物」。但自2016年起，新聞媒體和監管機關開始質疑Theranos宣稱內容的真實性，2018年，美國證券交易委員會對Theranos和霍姆斯利用誇大或虛假的聲稱欺騙消費者，進行「大規模詐騙」提出訴訟。2022年11月判決罪名成立並判刑十一年三個月。

不是瘋狂的人本身，而是社會和文化壓力要求你成為他們中的一員。

追求更多是會受到社會追捧的，而知足常樂很容易被認為缺乏野心。生命的價值不是由銀行或證券帳戶上的數字決定，也永遠不會。你自己設定追求的條件，自己定義遊戲規則。換一種不同於世俗但完全合理（甚至是明智）的方式，讓自己擁有多元化的真正財富：分別是時間、人、使命與健康。在此過程中，開始按照自己的方式生活，而不是以獲取獵物的心態或現代社會壓力強加於你的方式。

滿足追求更多的解決方式為：定義**足夠**，並擁抱它。

**Lagom** 是瑞典語，翻譯過來就是「恰到好處的數量」。Lagom 正是我們所尋找的——足夠、平衡、均衡的知識。這其中的挑戰在於，Lagom 並不是一成不變的。它往往是一個不斷增加的目標。當越來越接近實現目標時，信心隨之增強，就容許設定更高的目標。這種潛意識的重置——從「等我擁有 X 美元時就會快樂」到「等我擁有 3X 美元時就會快樂」——產生螺旋式上升的期望值，這才是該避免的。

如果你的期望（也就是對「**足夠**」的定義）成長速度快於你的資產，你永遠不會擁有真正的金錢財富。

沒有完美的解藥。快樂適應現象顯示，人們對更多的追求是與生俱來的。讓「**足夠**」的定義從潛意識中走出來，進到意識中，改變才會真正開始。

2022 年 5 月，我兒子出生後，我開始思考我的「足夠生活」會是什麼樣子——也就是 Lagom 的生活，恰到好處的財富的生活。我沒有讓「足夠生活」藏在心中某個抽象的、隱蔽的區域，而是把它推到陽光下。

我想像、也重新定義了它。

你也應該這樣做：你的「足夠生活」是什麼樣的？

- 你住在哪裡？
- 你有什麼？

- 你和所愛的人在做什麼？
- 你關注什麼？
- 你有多少財務準備？

重要的是，「足夠生活」不一定要簡單或乏味；只要你認為合適，它可以是有野心的，也可以是奢華的。我定義的足夠生活，是在一個美麗的地方擁有一棟度假小屋，因為我希望能夠接待家人和朋友，留下美好的回憶。但屋子裡沒有奢侈品（私人飛機、遊艇、豪宅、超級跑車、奢侈珠寶等等）。關鍵是，這是**你的**「足夠生活」，而不是別人的，「足夠生活」不受社會或文化壓力的影響，也不容易受到潛意識的生活方式比較的影響。定義它、把它寫下來並牢記在心，你就能將它轉移到意識中。當然，這並不能完全阻止快樂適應現象的出現，但它確實將一種非理性的、潛意識的行動轉化為理性的、有意識的行動。

首先，你的目標是建立金錢財富，透過**產生收入**、**管理支出**以及**長期投資**，直到達到你定義的足夠生活。在此之後，會轉變成追求跨領域的目標，以平衡自己的生活。一旦達到了「足夠生活」，你就不再需要專注於金錢，而是可以把人生順序放在更多的時間、人際關係、目標、成長和健康。

有一個美麗的寓言正好說明這一切：

一位富有的銀行家去熱帶漁村度假。一天下午，當他沿著碼頭散步時，遇到一艘破舊的小漁船，甲板上有幾條大魚。

他問船上的漁夫：「你花了多長時間才釣到那些魚？」漁夫抬起頭來，對他的新訪客微笑。

「就一會兒。」

這位銀行家對這個回答感到驚訝。他覺得漁夫需要他的幫助：「你為什麼不多釣一會兒，這樣你就可以有更多的魚？」

漁夫聳聳肩，向他的新朋友解釋說，他已擁有他需要的一切。「每

天，我睡到自然醒，釣一點魚，花時間陪伴我的孩子和美麗的妻子。晚上，我進城喝點小酒，彈彈吉他，和朋友們一起唱歌和開懷大笑。」

銀行家感到困惑。他想幫助他的新朋友，在他看來，這位朋友顯然沒搞清楚。銀行家幫助過許多企業，擁有 MBA 學歷和許多顯赫的頭銜。為此他為漁夫制定了一個計畫：「首先，你得多花時間捕魚，才能有更多魚去賣。然後用賺到的錢去買更大的漁船，這樣才能夠捕到更多魚，賺更多錢。然後買一組船，組成船隊。垂直整合！當一家大型成長型企業的執行長，然後搬到大城市。接著讓你的公司公開上市，賺幾百萬美元！」

漁夫的表情看起來很困惑，但還是微笑著，「然後呢？」他問。

這位銀行家聽到這個愚蠢的問題笑了出來：「嗯，到時候你就可以退休到一個安靜的小鎮去了！你可以睡到自然醒，釣一點魚，花時間陪伴孩子和美麗的妻子。晚上進城喝點小酒，彈彈吉他，和朋友們一起唱歌和開懷大笑。」

漁夫露出燦爛的笑容，感謝他新朋友的建議，然後在午後溫暖的陽光下慢慢地走開了。

這個比喻一般的解釋是：銀行家是錯的，而漁夫是對的。而我自己認為，漁夫並不一定對，銀行家也不一定錯，那只是描述每個人對成功和目標的定義不同，重點是要有一個符合自己定義的生活。這個寓言告訴我們，定義「足夠生活」，然後努力擁抱它。

也許漁夫和銀行家都對自己的選擇和優先順序感到滿意。我會讓他們自己決定，你也一樣。

在電影《癲瘋總動員》（*Cool Runnings*）中，描述一支牙買加雪橇隊不可思議的奧運之旅，在一幕震撼人心的場景中，已故約翰·坎迪（John Candy）飾演的球隊教練對球隊的一位明星球員說：「金牌是一個很棒的東西，但如果沒有它你嫌不夠，有了它也永遠不夠。」

作為一個想有所成就的人，你一生的大部分時間都在設目標；你所

做的一切都是為了期待一個充滿更多的未來：

- 「我迫不及待地想擁有 X 萬元，這樣我就可以得到那輛新車。」
- 「我迫不及待地想擁有 Y 萬元，這樣我就可以得到那棟新房子。」
- 「我迫不及待地想擁有 Z 萬元，這樣我就能得到第二套房子。」

當未來到來時，你只需定下一個目標。

這是很自然的，卻很危險，而最後很可能會輸。如果你說服自己，你的滿足感、成就感和幸福感取決於下一個財富里程碑——下一個**更高的目標**——你永遠也找不到它。

這就是約瑟夫・海勒多年前對庫爾特・馮內果說的那些話的意思——「我滿腦子足夠的知識」。

因為「如果沒有它你嫌不夠，有了它也永遠不夠」。

# 第 28 章

# 金融遊樂園

　　1485 年，一位名叫雅各・富格爾（Jakob Fugger）的年輕商人抓住了一個機會。這位二十六歲的年輕人剛成為家族新成立的貿易公司的合夥人，被賦予獨自貿易的權力。在前往奧地利的途中，他遇到了西格蒙德大公（Archduke Sigmund），他是個揮霍無度聲名狼藉的人，也是神聖羅馬帝國皇帝腓特烈三世（Frederick III）的堂弟。西格蒙德需要更多的錢來維持他高調的生活，但當地多數銀行家都不願再資助他；而且在當時，法律禁止高利貸。在銀行家眼中，他不再被認為是值得承擔的風險。

　　但富格爾嗅到了機會。他同意借 3,000 弗羅林[1]給大公，但要求以折扣價買下當地礦場中的 1,000 磅白銀。西格蒙德大公非常感激，如約在期限內以每磅 8 美元的價格交付 1,000 磅白銀，富格爾隨即加價 50% 轉售了這批白銀，得到了相當不錯的報酬。對這位年輕商人來說，更重

---

1. 譯註：弗羅林（Florin）：一種於1252至1533年間鑄造的金幣，是自七世紀以來首個大量發行的歐洲金幣，具有重要的商業作用。弗羅林在歐洲大部分地區都被認可。每一枚金幣含有54格令（約3.499克，0.113盎司）的純金，實際純度在98%左右。

要的是，這筆小交易鞏固了他與歐洲最有權勢的家族之一的關係。幾年後，大公需要一筆更大的貸款來彌補虧損，因此求助於富格爾，富格爾再次慨然允諾。這一次他提供了十萬弗羅林，並制定了更加優惠的償還條件。大公再次履行了協議，富格爾得以正式躋身富裕精英階層——他確立了自己是一位願意承擔風險的商人兼銀行家（假設他認為自己獲得了足夠的報酬）。

在隨後的幾年裡，富格爾的資金對世界歷史產生極大的影響[2]。各國國王、皇帝和探險家都尋求他金錢上的支援。當斐迪南・麥哲倫[3]需要資金做環球航行時，富格爾就慷慨解囊；當西班牙國王查理一世（Charles I）希望成為神聖羅馬帝國皇帝時，富格爾也拿出資金相挺。當揮霍無度的教宗利奧十世（Leo X）需要一大筆錢來資助聖彼得大教堂的建設時，富格爾也出錢出力（後來為了償還這筆貸款，羅馬教廷向普通公民出售贖罪券，因而激怒了一位名叫馬丁・路德的改革家，他後來領導了宗教改革）[4]。富格爾的財富，以及由此而來的權力與影響力，重塑了歐洲大陸的發展。

他創新的會計方法，是最早使用複式簿記的人之一，也建立了現在標準的做法，將多個業務整合到一套財務報表中。這使他（尤其是在他晚年時）能夠掌握整個龐大的財務帝國。當富格爾去世時，他已經累積了相當於今天 4,000 億美元的財富，約占當時歐洲 GDP 的 2%。有些人因此稱他為有史以來最富有的人。

記者格雷格・史坦米茲（Greg Steinmetz）為此寫了一本關於富格爾

---

2. 譯註：嚴格來說，富格爾改變了歐洲長期以來財富的生成方式，建立了資金運用及貸款的現代模式。

3. 譯註：費迪南・麥哲倫（Ferdinand Magellan, 1480-1521）：葡萄牙探險家，最著名的是於1519年至1522年，帶領西班牙艦隊完成歷史上第一次環球航行的遠征。然而本人在行經菲律賓時與土著戰鬥期間陣亡，並沒有完成全程。

4. Larry Getlen, "Meet the World's Richest Man Who Changed Christianity," *New York Post*, July 26, 2015, https://nypost.com/2015/07/26/meet-historys-richest-man-who-changed-christianity/.

的傳記（書名為《有史以來最富有的人》）[5]。他在書中寫道：「〔富格爾〕的影響比大多數君王、革命家、先知和詩人還大，他真正改變了歷史，他的做法為後來五個世紀的資本家開闢了道路。他是第一個現代商人，也是第一個為了自身利益而追求財富、並且不怕被詛咒的人[6]。」

雅各・富格爾在許多方面都與《人生的五種財富》背後的核心思想背道而馳。他對金錢的追求是生命中絕對且明確的重心。史坦米茲對這種狹隘觀點的結果做了以下的負面描述：「他幾乎沒有朋友，只有生意上的夥伴。他的唯一孩子是非婚生子女。他的侄子們不願意繼承他的金融帝國，令他十分失望。臨終之際，除了雇用的助手之外，身邊沒有其他人，他的妻子則跟情人在一起。但他以自己的方式取得了成功。他的目標既不是舒適，也不是幸福。而是要一直累積財富，直到生命的盡頭。」[7] 他一生都在追逐**更多**，同時因此犧牲了他生命中其他的一切。

值得一提的是，富格爾很清楚自己的目標。當被問及他打算何時退休時，他說他對更多錢的渴望永遠不會得到滿足，這個目標讓他在財富累積上獲得巨大的成功。他對金錢的追求以及享受「金錢遊戲」所帶來的趣味，一直延續到現在。為了了解金錢在當今生活中的地位，如何善用其作為我們生活的工具，而不是受其掌控，我們必須快速地回溯歷史，了解人類是如何走到這一步的。

## 跟著錢走

金錢已經從一種以物質世界的實體工具，**轉變**為基於人類想像力所創造的產物。因此，金錢財富的本質從有形轉變為無形——這個轉變是

---

5. Greg Steinmetz, *The Richest Man Who Ever Lived: The Life and Times of Jacob Fugger* (New York: Simon and Schuster, 2015).
6. 來源同前。
7. 來源同前。

你在追求金錢財富的過程中需要刻意避免的障礙。

　　貨幣的起源是經濟學和人類學中爭論不休的主題。最普遍的認知是以物易物的模式（以一種產品或服務交換另一種產品或服務）比貨幣更早出現，但其效率太差，導致後來創造出貨幣作為交易媒介。這種說法主要來自於十八世紀蘇格蘭經濟學家和哲學家亞當・斯密（Adam Smith），他在其著作《國富論》（*The Wealth of Nations*）中描述了一個情景：麵包師傅和屠夫無法進行交易，因為麵包師傅沒有屠夫想要的東西。根據他的敘述，這種以物易物的經濟效率太差，導致了貨幣的出現，以加速、組織和管理商品與服務的自由流通。然而，人類學家一直找不到從以物易物轉變到貨幣交易的證據；有些人甚至認為順序應該反過來，即以物易物是補充貨幣的不足而出現的。倫敦政經學院的人類學家及《債的歷史：從文明的初始到全球負債時代》[8]一書作者大衛・格雷伯（David Graeber）寫道：「在我們所知的大多數案例中，〔以物易物〕發生在熟悉金錢使用的人之間，但由於某些原因，證據並沒有很多。」[9]

　　不管起源的細節為何，貨幣對人類社會發展的重要性顯而易見。考古學家在挖掘現今伊拉克境內古代美索不達米亞首都烏魯克（Uruk）的遺址時，發現了可追溯至西元前3500年的刻有圖案的泥板，這些泥板被認為用於記錄債務。這些泥板代表了書寫語言的最早證據之一，這也讓一些考古學家和人類學家得出結論：文字的發明是為了追蹤和管理金錢流向和商業活動所產生的副產品。

　　貨幣在早期發展時有多種形式[10]。西元前3000年，蘇美人拿大麥當作貨幣，被認為是歷史上第一個官方貨幣。在蘇美，一定數量的大麥可

---

8. 《債的歷史》（商周出版，2018/01/06）。

9. Ilana E. Strauss, "The Myth of the Barter Economy," *The Atlantic*, February 26, 2016, https://www.theatlantic.com/business/archive/2016/02/barter-society-myth/471051/.

10. "The History of Money," *NOVA*, PBS, October 25, 1996, https://www.pbs.org/wgbh/nova/article/history-money/.

以交換各種商品和服務；印度洋一種小型海螺的白色貝殼，早在西元前1200年就被許多古文化當成貨幣，從埃及和非洲其他地區到中國和澳洲。它們的可攜帶性以及相對稀缺性，使其成為這些地區適合的貨幣形式。有意思的是，這些簡單的白色貝殼成了1990年代的全球流行文化現象，被流行音樂偶像和青少年製成項鍊戴在身上，成為人類歷史上影響力最大和持續性最久的貨幣。

人類學家認為，最早的金屬貨幣和硬幣的雛形大約在西元前1000年出現在中國，而現代貨幣則由現今土耳其境內的古里底亞人在西元前六世紀首創。現代硬幣是由貴金屬製成，因此具有一定的內在價值，它們通常會印上皇帝或神祇的圖像，以作為其合法性的標誌。由於它們小巧、便於攜帶且難以偽造，多年來一直是占有現代貨幣形式的主導地位。

到目前為止，貨幣主要是一種看得見、摸得著的物質結構。追求更多財富意味著累積和儲存具有某種內在價值的有形資產，無論是大麥、貝殼還是貴金屬。然而這一切，隨著成吉思汗的孫子忽必烈開始創新、大規模印製一種貨幣：紙鈔，永遠改變了世界。

十三世紀，一位名叫馬可·孛羅的威尼斯商人遊歷中國，後來詳細描述了這一發現：「所有紙幣的發行都如同純金或白銀一樣的莊嚴和權威……當一切準備就緒時，可汗委派的首席官員將可汗交付給他的印章塗上朱紅色印泥，並印在紙幣上，紙幣上留有紅色的印章，表示有官方的認證。任何偽造紙幣的人都會被處死。」[11] 紙鈔最初以白銀為擔保，但最終成為法定貨幣（意思是不再由有形商品擔保）。在2019年《紐約客》的一篇文章中，作家約翰·蘭賈斯特（John Lanchester）評論道：「許多新型態貨幣的問題，在於人們不願意使用。成吉思汗的孫子沒有這個問

---

11. John Lanchester, "The Invention of Money," *The New Yorker*, July 29, 2019, https://www.newyorker.com/magazine/2019/08/05/the-invention-of-money.

題，因為他採取措施確保他的貨幣的真實性，如果你不使用它——如果你不接受用它付款，或者更喜歡使用金、銀、銅、鐵、珍珠、鹽、錢幣或其他任何中國流行的舊方式付款——他會殺了你。這樣就解決了使用的問題。」[12] 我想，這還真是好方法。

忽必烈的發明代表著人類巨大的進步，這是第一次將成本低廉大規模生產且內在價值很小的紙張，視為有價值，並由政府的力量和權威來保證。紙幣逐漸擴散到全世界，因為它促進更快、更高效率的商業活動和成長。

下一個巨大的進步發生在英格蘭銀行（Bank of England）。這是一家成立於1694年的私人公司，作為英國政府的財政機構，印製**銀行票據**作為黃金存款的收據。這些銀行票據理論上可以在銀行的金庫兌換成實體黃金，因而成為一種有效的貨幣。聰明的政府和銀行家意識到，他們可以透過發行超出或低於實際黃金或白銀儲備的紙幣來刺激商業活動和增長，這被稱為銀行部分準備金制度，後來成為全球銀行的標準運作程序（至今仍在實施）。這種制度通常運作良好，除非所有存款人同時要求提取黃金，就會出現典型的銀行擠兌，原本看似健康的銀行可能瞬間破產（最近一次在2023年，原先備受推崇的矽谷銀行，在快速倒閉中曾看到過類似現象）。

幾個世紀以來，傳統的觀念認為，只要紙幣原則上與黃金掛鉤，全球經濟在這個基礎上就能持續運作和繁榮。直到二十世紀初期，所有主要經濟體都以所謂的金本位制運作，意思是貨幣發行以黃金為準備，一定數量的紙幣可以拿給政府，兌換成固定數量的黃金。在美國，當時任何公民都可以用20.67美元兌換一盎司黃金，紙幣的價值與黃金掛鉤。

但是，儘管金本位在繁榮時期運作良好，但在經濟蕭條時期出現重大瑕疵。在經濟大蕭條早期，恐慌的民眾將紙幣兌換成黃金並囤積起

---

12. 來源同前。

來，耗盡了全球主要國家國庫中的黃金儲備。1931 年，英格蘭銀行放棄了金本位制；1933 年，擔心黃金外流會使經濟發展停滯不前，美國羅斯福總統宣布美國將採取同樣的措施。

這個前所未有的決定將紙幣與黃金脫鉤，將貨幣從依賴實體資產轉變為依賴無形資產——這個系統的唯一限制是人類的想像力。

這種轉變為創造各式各樣的金融工具鋪平了道路，隨著電腦和網路的出現，這一趨勢進一步加速，將我們帶到了今天，一個由電腦位元和位元組（bits and bytes）主導的現代貨幣遊戲，而不是大麥、貝殼、黃金和銀行票據。

## 現代貨幣遊戲的危險

富格爾和洛克菲勒必須透過紙本帳簿和帳戶來管理他們的財務和商業帝國，但當今大部分財富都存在於電腦和雲端伺服器上。現金本位經濟正在萎縮；使用現金被視為落伍（例如某些發展中國家）或非法活動的象徵。

現代貨幣遊戲是在數位世界中進行，貨幣僅以螢幕上的數字存在（事實上，世界上錢的總額比所有硬幣和鈔票的總額高出很多倍）。雙方之間的交易過去需要實體交換，但現在只要按一下按鈕，就能看到一方螢幕上的數字下降，另一方螢幕上的數字上升。帳戶中的金額感覺是實體的，但它僅僅是螢幕上的數字而已。你相信你明天醒來，螢幕上的數字會正確無誤——而且它有價值——這才能讓系統持續運作。

當代貨幣遊戲看起來非常像，嗯，一場遊戲。

如果舊遊戲是在無聊的銀行進行單純的現金交易和有限的存款和投資選擇，那麼新遊戲則更像一個遊樂園，擁有幾乎無限多樣的遊樂設施，其中大多數沒有最低身高限制。這是人類想像力創造的結果，目的在吸引你。花費數百萬製作的財務 app 讓人一用上癮；你對新奇、愉悅

和娛樂的需求，就是他們的獲利機會。

不幸的是，雖然選擇看似無窮無盡，但許多花稍的投資和金融工具都像唱著海妖之歌（singing a siren song），引誘你陷入危機[13]。

你在遊樂園裡，聽到遊樂園工作人員細微的、詭異的嗡嗡聲：

- 「我的炒房課程是你財務獨立的關鍵。」
- 「這個加密貨幣即將飛漲。」
- 「那項被動不動產投資穩賺不賠。」
- 「這些非同質化代幣（NFT）[14]和零卡交易[15]看起來像不勞而獲。」
- 「如果你錯過這個機會，將後悔一輩子。」

在一個激發想像力的金融宇宙中，請專注於真實的事物。下一章的內容會是簡單、無聊的基本原則，但仍然是建立理想人生的不二法門。你不需要體驗每一個遊樂設施或玩每一個遊戲，你甚至不必比任何人做得更好，因為這不是比賽。

要成功，你所要做的就是堅持基本原則，並足夠長時間地玩好屬於**自己的**遊戲。

---

13. 譯註：海妖是希臘神話中的海上女妖，是半人半鳥（或者半人半魚）的怪物，她們唱著蠱惑人心的歌曲，用歌聲迷惑航海者，使他們如痴如醉，把過往的船隻引向該島，然後撞上礁石，船毀人亡。

14. 譯註：非同質化代幣（Non-Fungible Token, NFT）：是區塊鏈（數位帳本）上的一種資料單位，每個代幣可以代表一個獨特的數位資料，作為虛擬商品所有權的電子認證或憑證。非同質化代幣可以代表數位資產，如畫作、藝術品、聲音、影片、遊戲中的專案或其他形式的創意作品。雖然作品本身是可以無限複製的，但這些代表它們的代幣在其底層區塊鏈上能被完整追蹤，故能為買家提供所有權證明。

15. 譯註：零卡交易（fractionalized trading cards）：指一種虛擬的卡牌交易，為進行卡牌遊戲所需，一些稀有的卡牌可能價值不菲，原本一組組交易的卡牌，可能把少數價值高的卡牌單獨買賣。

# 第 29 章

# 金錢財富的三大支柱

　　湯瑪斯・史丹利（Thomas Stanley）於 1944 年出生於紐約布朗克斯。他在一個貧窮的中下階層家庭長大，父親是一名地鐵司機，母親是一名秘書。史丹利大學畢業後攻讀研究所，並於喬治亞大學取得商業管理博士學位，之後成為喬治亞州立大學的教授。身為教授，他對富人的習慣和行為產生了濃厚的興趣，甚至決定辭去穩定的學校教職，潛心研究並發表許多關於美國百萬富翁行為的論文。1996 年，史丹利基於長時間的研究和發現，與人合著了《原來有錢人都這麼做》，迅速成為全球暢銷書，至今已銷售超過三百萬冊[1]。

　　這本書提供了一個關於通往財富之路的新觀點。他寫道：你不需要擁有特別高薪的工作、擁有企業或繼承大筆遺產，也能夠達成目標；意思是，可以透過一套基本的財富累積原則來實現。它推翻了富人都住在高牆別墅並擁有昂貴進口車的觀念──這種生活方式對大多數普通人來說是無法想像的──取而代之的觀念是：隔壁可能住著一位百萬富翁。

---

1. 《原來有錢人都這麼做》（久石文化，2017/03/08）。

儘管本書中的具體策略可能引發財務人士之間的爭論，但任何人都可以建立財富自由的生活這個核心前提卻十分扎實。以這個前提作為基礎，我們將建立一個任何人都可以遵循的簡單模型。

金錢財富建立在三大支柱上：

- **產生收入**：透過正職工作、兼職工作和被動收入來源，創造穩定且會增加的收入。
- **管理支出**：管理支出，確保支出始終穩定地低於收入，並以較慢的速度增長。
- **長期投資**：將收入與支出之間的差額投資於長期、有效率且低成本的資產，以獲得有效的複利。

這個簡單模型之所以普遍有效，是因為它將短期淨現金流轉換為長期財富。當你將金錢財富納入新記分板時，三大支柱──產生收入、管理支出和長期投資──提供了建立財富的行動藍圖。透過理解這些支柱及其高槓桿系統，你可以開啟一道正確的門。

## 產生收入與管理支出：創造差距

收入與支出之間的差距，是你的財務獨立工具箱中最重要的一個工具，而且你應該要創造這個工具。

收入是來自正職工作、兼職工作或被動收入來源（出租房屋、股息股利收入等）的現金流入。支出是日常生活的現金流出（食物、住所、交通等）、債務（未償還貸款的利息和本金支付）、生活體驗（休假和參與活動）、繳稅（沒有從收入中自動扣除的部分）以及奢侈品（購買高價品、禮物等）。兩者所產生的差距（收入和支出之間的差異）是建立金錢財富的基礎。差距越大，可供投資和複利的資產就越多。

建立一個強大、穩定、不斷成長的收入來源，形成的強大收入引擎，是創造這個差距過程中的首要目標。原因很簡單：支出減少總有極限，但收入可以一直增加。

建立一個強大收入引擎的基本模式：

1. **培養技能**：有市場性的技能（銷售、設計、著作權、軟體工程等）是能夠創造和產生複利的資產。每項新技能都建立在現有技能之上，以創造獨特的技能組合。
2. **活用技能**：有策略地運用這些市場技能，將其轉化為收入。這些技能涵蓋各個風險層面，從穩定、低風險、拿時間換金錢的正職工作，到不穩定、高風險的自由職業和創業都是。

培養技能，然後活用技能，建立一個強大的收入引擎，以實現現在和未來的財務目標。

建立屬於自己的引擎時，請務必控制支出，讓生活開銷在能力範圍內。這不表示你必須放棄所有樂趣，過著樸素的生活，而是實行基本的管理支出原則：

- **制定（並遵守）預算**：規畫每月支出並追蹤。建立自動化儲蓄，並確保有應急基金，足以應付約六個月的開銷，以降低任何意外發生的衝擊。
- **期望管理**：在實現財務獨立的道路上，最大的風險是期望膨脹，通常會以提升生活水準的理由出現。記住，永遠不要讓期望成長速度超過收入成長速度。

在早年過著簡樸生活的人，更有可能在未來獲得回報。在早年養成節儉習慣比較容易，因為隨著家庭或相關開銷的增加，後來的支出自然

會增加。

你的目標是要讓收入與支出之間的差距隨著時間而擴大，這表示支出永遠不會與收入以相同的速率成長。避免生活支出增加和過度的債務負擔，才能持續擴大這個差距。資本的增加，加上適當的投資，是建立未來富足金錢財富的不二法門。

## 長期投資：複利創造差距

複利的首要規則：除非必要，絕不中斷。

——查理・蒙格

在一個古老的寓言中，一位年輕的發明家來到國王面前，向國王展示了他最新的發明，一款稱之為西洋棋的遊戲。國王對這款新遊戲很滿意，並允許發明家提出任何他想要的獎勵。

年輕的發明家回答說：「陛下，我不需要金錢或珠寶；我只請求少量的稻米。第一格1粒，第二格2粒，第三格4粒，第四格8粒，以此類推，一直填滿到這張64格的棋盤為止。」

國王很驚訝如此划算的交易，露出了微笑，並召來了他的財務大臣。

當財務大臣開始向發明家發稻米時發現，國王明顯低估了這個請求。第一排最後一格有128粒稻米。第二排最後一格有32,768粒稻米。第三排中間一格就有524,288粒稻米。國王意識到自己被騙了，便向他的侍衛們發出命令，年輕的發明家被處死了，臉上掛著狡點的笑容。

這個殘酷的國王採取了明快的行動，因為如果繼續下去，他得給年輕發明家超過18百京（也就是18後面有18個零！）粒稻米。

這則惡名昭彰的故事也許是自然界最生動的畫面之一，也是我們必須理解並運用在金錢財富之旅上的偉大力量。

這股力量就是複利。

複利是指以原始本金以及所有累積利息計算之利息總額。複利是讓投資以加速度成長的原因（就像國王棋盤上的米粒一樣）。舉例來說，假設今天投資 1 美元，以 10% 的年利率複利。到了第 10 年，本金加利息大約為 2.60 美元。到了第 20 年約為 6.70 美元。到了第 30 年約為 17.40 美元。到了第 50 年，這 1 美元已成長到超過 117 美元。複利之視覺效果十分有感：起初成長緩慢，接著突然暴增。

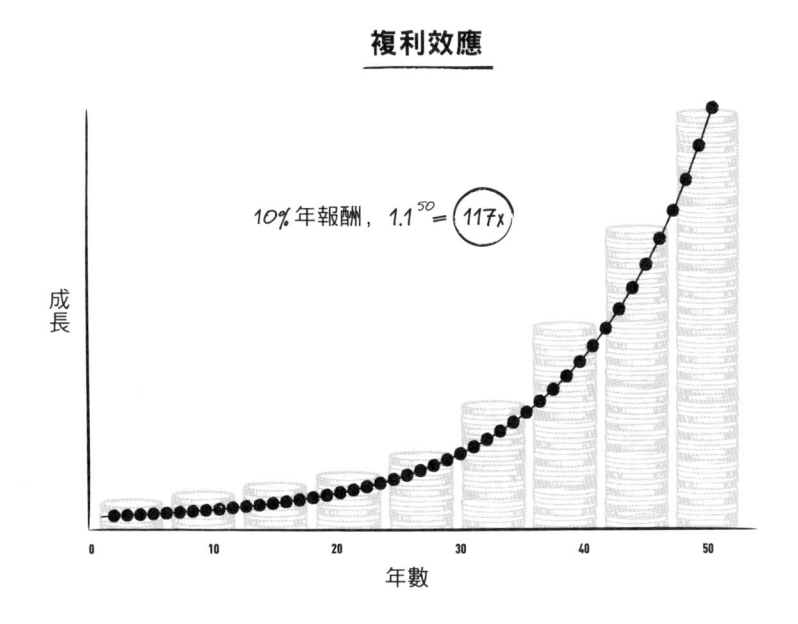

**複利效應**

10% 年報酬，$1.1^{50} = 117x$

成長

年數

富蘭克林以簡潔精闢的名言解釋了複利：「錢生錢。而錢所生之錢，又再生錢。」

巴菲特是歷史上最著名的投資家。有趣的是，他被哈佛商學院拒絕過，或許正是這件事讓他走上了傳奇之路。他轉而進入哥倫比亞大學，在那裡他遇到了亦師亦友的傳奇投資家班傑明・葛拉漢（Benjamin Graham）。在哥倫比亞大學期間，他學習到葛拉漢投資哲學的核心原

則：內在價值、安全邊際以及最重要的複利力量。在他漫長而輝煌的投資生涯中，巴菲特累積了超過 1,300 億美元的淨資產。更令人驚歎的是，大部分財富是在年過六十歲後累積的。根據估計，他在三十歲時淨資產達到 100 萬美元，四十歲時達到 2,500 萬美元，五十歲時達到 3.75 億美元，五十六歲時達到 10 億美元。這意味著他花了大約三十二年（從二十四歲開始為葛拉漢工作到五十六歲）才賺到第一個 10 億美元，但之後的三十七年賺到接下來的 **1,290 億美元**。

　　巴菲特創造了歷史上最偉大的複利機器，然後啟動它，讓它為他工作。

　　談到利用複利建立財富，我們都應該向巴菲特學習：時間才是最重要的因素，而不是平均年報酬率。暢銷書《致富心態》和《一如既往》[2] 的作者摩根・豪瑟為此做了進一步闡述：「所有複利，是報酬的時間次方，但時間是指數。所以，對我來說，這才是要最大化的目標。」[3]

　　善用複利的力量，最常見且最吸引人的方法是投資並持有流動性高的資產，例如股票或低成本的多元化基金。當財務顧問或專家提到複利時，指的通常就是這類資產的投資。有些人花費大量時間和精力，選擇完美的股票或資產組合以產生較高的報酬，有些人則寧願付錢給理財顧問代勞。但數學告訴我們，只要購買、持有多元化的市場指數基金，就會產生時間、精力和風險調整後的驚人長期複利結果。除非你是一位擁有獨特優勢或長期打敗市場績效的專業投資者，否則不太可能持續擊敗指數基金，因此，最好的方法是獲得平凡的市場報酬，並讓時間成為超額報酬的不平凡因素。

---

2. 《一如既往》（天下文化，2024/02/01）。

3. Tim Ferriss, "Morgan Housel—The Psychology of Money, Picking the Right Game, and the $6 Million Janitor (#576)," *The Tim Ferriss Show* (podcast), March 5, 2022, https://tim.blog/2022/03/05/morgan-housel-the-psychology-of-money-transcript.

尼克‧馬朱利（Nick Maggiulli）是暢銷書《持續買進》的作者[4]，他大力支持長期買進並持有的投資策略。當我問他對年輕的自己有什麼最好的建議時，他強調早年儲蓄和大量投資的重要性。盡早開始並經常投資是建立金錢財富的有效方法。馬朱利指出，這個想法是由兩個因素驅動：「早期投資的資金通常比晚期投資的資金增長得快，並且複利比儲蓄更容易。」盡早開始，牢牢記住豪瑟的時間指數效果。

套用一句著名的諺語：最好的開始時間是二十年前；第二好的時間是今天。

長時間的累積下，複利的平均報酬率會相當驚人[5]：

- 如果一位二十二歲的年輕人在 1980 年 1 月投資 1 萬美元於標普五百指數，他今天將擁有超過 100 萬美元的退休金（假設期間收到的股息拿來再投資）。
- 如果同一個人在一開始投資 1 萬美元後，每個月再加碼投資 100 美元，那麼他今天的投資組合將超過 200 萬美元。
- 如果將每月投資增加到 1,000 美元，今天的投資組合將超過 1,000 萬美元。

請記住，這些數字不需要特殊的投資知識、專業或內線！唯一的要求就是開始投資，讓時間為你服務，而不是反過來消耗時間。

愛因斯坦曾將複利稱為「世界第八大奇蹟」：「懂得的人擁有它；不懂的人浪費它。」他講得沒錯。提早開始並定期投資，你就能啟動複利機器。一旦啟動，不妨參考巴菲特的策略：

---

4. 《持續買進》（商業周刊，2023/05/30）。
5. Nick Maggiulli, "S&P 500 DCA Calculator," *Of Dollars and Data* (blog), 2024, https://ofdollarsanddata.com/sp500-dca-calculator/.

放手讓複利的魔力為你工作。

## 金錢財富的五個層級

金錢財富之旅有五個清晰且截然不同的層級：

- **第一級**：滿足基本需求，包括食物和住所。
- **第二級**：超越所有基本需求，並能享受一些中等的生活水準。這包括在餐廳用餐、簡單的假期和教育支出。
- **第三級**：基本需求不再是首要考慮事項，重點轉移到儲蓄、投資的複利成長，以及更大的樂趣，例如可以規畫多次假期。通常在此層級開始更積極的資產複利成長。
- **第四級**：大部分的生活樂趣都能輕易獲得。資產累積加速，並開始產生被動收入以支付部分生活費用。這是中等財務獨立的階段，因為你可以減少主動收入，並維持相同的生活方式。
- **第五級**：能獲得所有生活樂趣。資產累積呈現加速度，被動收入超過所有生活費用。這是完全財務獨立的階段，因為你可以放棄所有主動收入，而能維持相同的生活方式。

每個人都可以選擇從不同的起點開始，但任何層級的提升都需要自律地實行三根支柱：產生收入、管理支出和長期投資。每位達到第五級的人，或多或少都遵循了這個簡單的模式：增加收入、管理支出，並投資於長期複利型產品。在某些情況下，投入時間、精力和額外現金的投資標的，產生了複利效果，賣出該標的時便產生了高額的報酬，將它們推上更高的層級。在其他情況下，所選擇的複利產品是個簡單的低成本市場指數基金，並定期將額外現金投資下去，耐心地藉由複利增長財富，能穩定地隨著資產累積提升到更高的層級。

每個層級都有其自身的壓力、問題和麻煩。當你升到較高層級時，原先低層級的金錢問題就會消失，但新的問題會出現。ProfitWell 的創辦人派翠克・坎貝爾（Patrick Campbell）白手起家創業，並以超過二億美元出售公司。他將這種現象稱為「**香檳問題循環**」（champagne-problem cycle）。坎貝爾成長於一個勞工階級家庭，一開始並不習慣富裕生活，他發現自己常常解決了一些基本問題後，會接著面臨一些對大多數人來說很荒謬的新問題。新問題不是關於基本需求，例如為家人提供食物和住所，而是關於你的身分、你是誰、你想成為誰等等。金錢解決了金錢能解決的問題，但它不會解決所有事情。

重點是：金錢財富並不能解決你的問題；它只會改變你面臨的問題類型。無論成就如何，人生中最重要和最根本的問題會持續存在。完全取決於你如何運用所建立的金錢財富，創造和增加其他類型財富——時間、社會、心理和身體——以追求全面富足的人生。

最後重要的是，金錢財富的層級因人而異，因為它們是**你期望**的產物——你的需求、樂趣和想要的生活方式。它們是你所定義「**足夠**」的產物。這表示達成任何特定層級所需的金錢數目，對每個人來說都是獨一無二的。

---

如果你擁抱簡單的模式——專注於產生收入、管理支出和長期投資——同時忠於你個人對「**足夠**」的定義，你將打開通往金錢財富五個層級的大門。有了對三大支柱和五個層級的認識，我們可以進入〈金錢財富指南〉，該指南提供了具體的工具和方法，在這些支柱之上培養金錢財富的生活。

# 第 30 章

# 金錢財富指南
## 邁向成功的法則

本章提供了具體的高槓桿系統,來建立金錢財富生活的每個支柱。這不是一體適用的指南,你不必照著順序一步步做;請瀏覽一遍並選擇對你最相關且有用的部分就好。

當你考慮〈金錢財富指南〉中提供的方法時,請參考本書前面的財富分數測驗中,每個金錢財富陳述的回答,將注意力集中到需要取得最大進展的部分(包括**非常不同意**、**不同意**或**中立**)。

1. 我很清楚財富上**足夠**的定義。
2. 我的收入隨著工作技能和專業知識穩定成長。
3. 我管理自己的月支出,使其穩定低於收入。
4. 我有一套明確的計畫,將每月超額收入投資於長期複利的資產。
5. 我用金錢財富當作累積其他類型財富的工具。

在過程中要避免的一些常見的社會財富反目標:

- 過分專注於追求財務目標,而犧牲其他類型的財富。

- 對「足夠生活」的定義在潛意識不斷擴張。

以下是八個經過驗證的建構金錢財富的方法：

1. 如何定義你的「足夠生活」：尋找你的「Lagom」
2. 我希望二十二歲時就知道的致富秘訣
3. 七個職業建議 | **產生收入**
4. 六項有市場價值的元技能，建立未來的高收入 | **產生收入**
5. 管理支出的七項基本原則 | **管理支出**
6. 創造長期財富的八種最佳投資資產 | **長期投資**
7. 麻煩報酬圖表 | **長期投資**
8. 世界上最偉大的投資 | **長期投資**

## 如何定義你的「足夠生活」：尋找你的「Lagom」

　　Lagom 的人生是足夠的人生——擁有剛剛好的財富，過著心目中理想的每一天。

　　遺憾的是，對大多數人來說，足夠是個很抽象的觀念，而且容易在潛意識中膨脹，這對滿足感和幸福感極為有害。幾年前，為了避免成為受害者，我明確地定義了我的足夠人生。從抽象的概念轉變為腦海中鮮明的形象。

　　以下是我用來定義足夠生活的面向：

- 你住在哪裡？你住在房子、公寓或其他地方？你最喜歡現在住的地方的哪些特色？你一直住在同一個地方，還是住不同的地方？
- 你和誰住在一起？住的地方與家人很近，還是很遠？

- 平常星期二你都在做什麼？你把時間花在哪裡？你在從事什麼工作？你會思考些什麼？
- 你有哪些財產？哪些東西或財富真正帶給你快樂？你在花費上有什麼自由的彈性？
- 你的財務狀況如何？多少錢能讓你過現在的生活？你有多少財務準備？你每月所得、儲蓄和投資分別為多少？你有多少安全網？

坐下來，好好寫下你對這些問題的回答。請記住，這是個人的練習，足夠生活完全是個人化的，不受他人評斷。某個人的足夠生活可能是擁有多處豪宅來接待家人和朋友，而另一個人的足夠生活可能只是每年規畫兩次家庭旅行。你的足夠生活不必很偉大或令人印象深刻——只需**屬於你**就行。

如果你已婚或有伴侶，你們應該各自完成練習後，再一起做比較。我的妻子和我把它當作一次約會（這很有趣！）。

一旦對足夠生活有清晰、生動的想像，就可以開始規畫：

- 今天的現實與未來目標之間的差距是什麼？
- 消除這個差距所需的關鍵步驟和行動是什麼？

足夠生活的練習要每隔幾年重新做一次。隨著距離目標越來越接近，對**足夠**的定義也可能會隨著時間而增加，這是可以預期的。目標調升是一個有意識、可以衡量和控制的過程，而不是來自加速失控的潛意識。

你渴望的 Lagom 生活正在等著你去定義、想像，然後開始努力建立。

## 我在四十二歲知道的致富秘訣：我希望二十二歲就知道

本段是與國際暢銷書《從0開始打造財務自由的致富系統》[1]和《情侶理財》(Money for Couples)的作者、Netflix熱門節目《如何致富》(How to Be Rich)的主持人拉米特．塞提（Ramit Sethi）合作。

1. **節儉**：很簡單，就是選擇你喜歡的東西。你可以奢侈地花錢——在不喜歡的東西上毫不留情削減支出。
2. **提出3萬美元的問題，而不是3美元的**：我們往往陷入微小的財務決定，這些決定對我們的生活其實沒有真正的影響，但我們因忙碌而變得渺小。你花在咖啡上的金額不會改變你的生活，但專注於3萬美元的問題會。專注於投資費率、資產配置、薪資談判、房屋貸款利息和學生貸款利息。這些3萬美元的問題最終將有所不同。
3. **保持六到十二個月的備用資金**：在經濟好的時期，努力快速儲蓄備用資金。單憑這一點就能緩解金錢的焦慮。
4. **拿一定比例的年收入儲蓄和投資**：設立自動存款到這些帳戶，這樣就能堅持下去。我的規則是10%的儲蓄和20%的投資，但你可以從5%和10%（或任何你認為合適的數字）開始。
5. **只花你擁有的錢**：避免使用信用卡債。將信用卡當作銀行卡來用，假設刷卡時錢會從你的銀行帳戶中扣除，並且每月全額償還信用卡費。
6. **提前規畫**：有錢人總是在他們需要計畫之前先做好計畫。
7. **買最好的，盡可能用久一點**：有時買便宜的最後反而會花更多錢，花一點（或很多）錢買品質好的東西，最終其實會省錢。例

---

1. 《從0開始打造財務自由的致富系統》（采實文化，2021/02/04）。

如，我喜歡買高階電子產品，因為它們使用時間比較長；買一些高檔衣服，因為它們不容易破損；有一台頗為昂貴的相機，因為它們可靠。有些物品甚至可以傳給下一代。

8. **把所有事情都當作測試**：申請新的手機方案時，我選擇最貴的方案，並設定了行事曆提醒，在三個月後回頭檢視。在那段時間裡，追蹤我的使用情況，然後根據需要決定是否降級。除此之外，你應該對所有事情都這麼做：你的網路電視、Netflix、健身房會員、雜誌和線上訂閱等等。而且最好在續約的前一個月這麼做。如此才有掌控權，你會有足夠的時間來檢視當初的選擇，並決定是否要更換。而且，因為公司想要留住你這個客戶（記住，他們獲得客戶的成本通常要數百美元），他們更有可能滿足你的要求。

9. **對自己節儉，對他人慷慨**。

10. 如果投資或獲利的機會看起來好得不像真的，就假設它不是真的。記住：**天底下沒有白吃的午餐**。

11. **指數基金是近乎白吃的午餐**：最低的成本、較好的報酬、較低的稅賦、不費吹灰之力、較低的風險。我建議指數基金占投資組合的比重至少 90%。

12. 如果有人用一堆花稍的詞彙和行話向你推銷投資或賺錢的機會，**千萬別買**。快跑，跑越遠越好。

13. **持續投資股票市場**：在市場大幅下跌時，很容易恐慌並賣出股票。然而，在股票略微下跌或下跌時賣出股票，可能是你所能做的最糟糕的投資決定。不要試著判斷進場時機，每月自動將少量資金定時定額存入投資帳戶。永遠不要去看，別理會它。過去十年間，每月投資 100 美元於標普五百指數，現在價值約 2 萬美元。讓複利自己運作就行。

14. **假日時多給點小費**。遇到服務業員工時（送貨司機、垃圾收集

員、清潔工等），給他們一些小禮物。收禮的人會非常感謝你，這是一種簡單散播節慶氛圍的方式。

15. **為自己制定理財規則**：談到金錢，每個人的處理方式都不一樣。沒有任何放諸四海皆準的方法教你該如何消費、儲蓄和削減開支。如果你知道自己有個不好的理財習慣，請自己制定規則改掉它。

16. **協商降低你的帳單費用**：多數人不知道，打個電話就能協商帳單費用。事實上，你可以每月在汽車保險、手機方案、健身房會員資格（可能性較小但仍然可能）、有線電視和信用卡上節省數百美元。這也不難，你需要做三件事去協商費用和利率：打電話給他們；說「我是個好客戶，我不希望因為簡單的金錢問題而離開」；並問：「你能為我做些什麼來降低我的費率？」這通常行得通。

17. **遵循三十天原則來省錢**：在購買任何非必要物品或衝動購物前，花三十天時間好好想想。三十天過後，如果仍然想購買，就去買吧！

18. **做有想法的消費者，而不是小氣的人**：小氣的人計較東西的成本。有想法的消費者在乎的是東西的價值。小氣的人希望每樣東西都買在最低價格。有想法的消費者會希望在大部分東西上獲得最低價格，但願意花大錢在真正喜歡的東西上。

19. **簡化你的財務**：錢賺得越多，越需要簡化你的財務結構。越能保持簡單，就越可以掌控，並變得更有決斷力。

20. **對金錢的感覺與銀行帳戶中的數字無關**：許多人認為，如果帳戶再多一千美元、一萬美元，甚至十萬美元，我們就會不再擔心錢，也就會喜歡錢。然而壞消息是：多大的數字都不能改變你對金錢的感覺。要真正喜歡金錢，你需要 (a) 了解你心目中的數字，以及 (b) 在關心的事情上毫不手軟地花錢（以及盡可能少在不關心的事情上花錢）來改善金錢心理。

### 我希望剛開始工作時就知道的七個職業建議
### 支柱：產生收入

談就業建議這個主題經常會失去焦點。正如《大西洋月刊》(The Atlantic)的作家德瑞克・湯普森（Derek Thompson）曾經評論：「在數百個產業的數千個職業中，要說出對所有人都有所幫助的話，原則上是不可能的。最常見的建議幾乎總是太個人化，無法廣泛適用。」

建議經常會受到特定議題的影響。這種特殊性才是真正的問題所在：你的世界與提供建議者的世界大相徑庭，因此無法套用相同的方法或步驟，並取得相同結果。

因此，最好的建議是提供一些可以按照自己的方式來擷取、塑造和運用的一般性原則、想法和架構。因此，我坐下來，整理了一些在職業生涯初期就想要獲得的建議（或者當我兒子開始工作時再告訴他）。

以下列出來的建議都：

1. 適用於所有領域和職業。
2. 在職業生涯的所有時刻和階段有用處且切身相關。

以下是七項我希望在剛開始工作時就知道的職業建議……

### 創造價值，獲得價值

財務上的成功是為周圍的人創造價值的副產品。世界上最富有的人擁有數十億美元的財產，但他們每個人都創造了數百、數千億美元的價值，並僅僅拿走他們所創造價值的其中一小部分。如果你想賺很多錢，請停止關注你的投資、停止關注你的計畫、停止關注你的策略，開始把重點放在如何為周圍所有人創造巨大的價值上。如果你這樣做，錢就會隨之而來。

**先吃青蛙**

如果你的工作需要吃青蛙，最好在早上第一件事就做。如果你需要吃兩隻青蛙，最好先吃最大的那隻。

——馬克‧吐溫

對馬克‧吐溫來說，青蛙是你不想做的事情。在早上第一件事就做，你可以從完成最困難的事情中產生動力。這個建議提供了在職業生涯早期就取得成功的訣竅之一：為你的老闆吃下青蛙。觀察你的老闆，找出她最討厭做的事情，學著去做，從她手中接過盤子（吃下她的青蛙）。這是一個增加價值、獲得信任並產生動力的好方法。

**做好傳統的事情**

在一個已經忘記基本原則的世界裡，仍有一些簡單的事情值得去做。例如：看著別人的眼睛、說到做到、準時（或提早！）、保持良好的姿勢、有自信地和他人握手、為別人開門、友善（絕不八卦！）。這些看起來很傻，但收穫都是免費的，完全掌握在你手中，而且永遠不會過時。

**先努力工作，再聰明工作**

過去這段時間以來流行一種說法：努力工作被認為過時，聰明工作才是重點。錯了。如果你想達成任何有意義的事情，必須從努力工作開始。有了努力工作的聲譽，並為此感到驕傲，才能開始發揮聰明工作的槓桿。槓桿是努力賺來的，不是偶然發現的。剛開始工作時，不應花時間在發現槓桿上，應該專注於在任何地方和任何時間創造價值。現在努力，以後聰明。努力去賺屬於你的槓桿。

### 培養說故事的技巧

從與一些傑出領袖相處的經驗中,我觀察到:改變世界的執行長通常並不是組織中最聰明的人。他們只是非常擅長整理資料並簡潔有效地傳達。吸收資料,說出故事。如果能培養這種講故事的技能,你永遠都很有價值。

### 建立解決問題的名聲

在職業生涯的每個階段,你都會接到許多不知道如何完成的任務。這時,冒牌者症候群[2]就會順勢出現。你會懷疑自己如何完成你從未做過(更不用說做得很好!)的事情。事實上,沒有比那些能夠自行解決問題的人更有價值的了。提出關鍵問題,做一些工作,完成它。如果你做得到,每個人會搶著要你。

### 走進每一扇敞開的門

如果有人打開了一扇可能帶來機會的門,請先走進去。這個機會是否真是你想要的其實並不重要。先做再說,令人興奮的機會就隨之出現。每個偉大的故事都始於一個小裂縫。發現它,再深入研究它。

---

在你的職業生涯中,總會有很多事情讓你感到無法控制。但是,就像生活中的所有事情一樣,如果你只把注意力和精力集中在能控制的事情上,狀況總會有所改善。無論處於職業生涯的哪個階段,如果遵循上面這七項建議,你就在掌控重要的事情。這樣做,我保證你會找到贏的

---

2. 譯註:冒牌者症候群(Impostor syndrome):一種心理現象,成功的人往往會懷疑自己的能力,並把自己的所有成就歸功於運氣或巧合。或別人誤以為他們能力很強、很聰明,才導致他們的成功。這是1978年由臨床心理學家寶玲・克蘭斯(Pauline R. Clance)與蘇珊・因姆斯(Suzanne A. Imes)提出,用以指稱出現在成功人士身上的一種現象。

方法。

## 六項有市場價值的元技能,建立未來的高收入支柱:產生收入

在上一節中,我提出了創造穩健收入的基本模式:

1. 培養銷售的技能。
2. 將銷售的技能轉化為收入。

此模式的用途廣泛,無論是剛畢業的新鮮人,還是職業生涯中的資深專業人士,要創造穩健收入,請遵循此基本模式。

元技能(meta-skills)是指,在有市場價值的基礎技能上,所發展出來的其他技能。最實用的個人特質是那些可以在不同風險條件——從風險較低、用時間換金錢的主要工作,跨到不穩定、高風險的自行創業——在各種創造潛在收入的事業中所運用的技能。

以下是一些值得考慮建立的最有價值的元技能:

- **銷售**:銷售產品、服務、願景或自身的能力是一項終生適用的元技能。銷售是大多數成功故事的核心。
- **說故事**:彙整資料並整理出清晰、簡潔描述的技能。這適用於各項職能領域,對於各種職業生涯發展都很重要,包括傳統、穩定的職業道路,例如醫學、法律和金融。
- **設計**:在人工智慧即將主導的世界中,設計品味和偏好變得越來越重要。具備引導人工智慧(和人類)產生出一致、美麗的設計的能力,在各個產業都是不可多得的人才。
- **寫作**:思緒不周,就無法清楚地表達。寫作可以訓練思考的清晰度,在任何事業都很有用。以簡單、簡潔的語言傳達想法的能力

是一種元技能，在每個領域都能提供價值。
- **軟體工程**：我們的世界越來越受位元（bits）和位元組（bytes）的支配。能理解這個世界的人將更有機會發展。利用人工智慧來加速工作的能力是所有軟體工程師都需要培養的技能。
- **資料科學**：資料正在成為現代黃金，一種與眾不同的貨幣。分析、標記、操作和利用資料的能力，在一個由人工智慧驅動的世界中，將會成為一種日益珍貴的技能。

這並非最詳細的清單，但每一項有市場價值的技能都極具吸引力，因為它們可以用來創造穩定、不斷成長的本業收入和更高價值的副業收入來源。此外，還有其他有價值的技能，例如醫學、法律、金融和某些專業服務，它們具有強勁的收入潛力，但通常僅限於單一穩定的職業方向，因此在長期成長空間方面可能較有限。

如果建立了穩固的元技能基礎，將會創造未來高收入的條件。

## 管理支出的七項基本原則
### 支柱：管理支出

雖然單靠儲蓄無法達成財富自由，但收入增加搭配有紀律的管理支出，長期累積下來的效果會很可觀。有效的管理支出對於建立財富自由相當重要。每個人的情況雖有不同，但有些適用於所有人的基本原則。

有效的管理支出有七項原則：

1. **制定預算**：擬定計畫是邁向財富自由的第一步，也是最重要的一步。制定並遵行每月的預算是個很好的起點。規畫每月支出，並使用線上追蹤工具（有很多免費和付費的軟體可選擇）來追蹤消費的狀況。結合規律的生活支出和體驗，並為意外的可能建立備用金。將費用管理遊戲化，盡可能接近但不超出預算。

2. **自動儲蓄**：在花錢之前，先存錢。每月自動存款一定金額到專用帳戶中，將每月儲蓄行為自動化。
3. **將信用卡視為現金**：永遠不要讓信用卡出現餘額，每月全額償還卡費。將所有預算都當作現金的收入和支出。
4. **建立緊急備用金**：經驗法則告訴我們，建立和維持緊急備用金，保持約六個月生活費的現金安全網，以度過生活中難以避免的危機。除非絕對必要，否則不要動用它。
5. **善用預算**：在制定每月預算時，請務必將休閒和娛樂納入。外出用餐、電影、旅行等等都是維持自己想要的生活方式時應該考慮的開支。
6. **預先規畫**：大額採購或支出不應成為突然的負擔。如婚禮、假期、汽車、債務償還等大額支出應預先做好規畫。一旦有規畫，即使出現大額支出，也可以避免產生新的債務（信用卡債或其他債務）。
7. **將期望值視為負債**：期望值成長的速度快於資產，是導致財務困窘最常見的原因。你對未來生活的期望，不應隨著收入的成長而大幅膨脹。避免生活支出膨脹無度，特別是在財富自由過程的初期，早早把增加的所得拿來投資，比晚投資價值更高。

你的支出水準會隨著人生階段不同而改變。隨著責任增加（包括伴侶和子女）、時間增加（特別是考慮到通貨膨脹），支出自然增加是很合理的假設。

經驗法則告訴我們，當收入成長速度高於支出，隨著時間經過，可投資部位將越來越大，投資的複利效果將更為明顯，也加速邁向財富獨立。

遵循以上七項原則，持續增加收入，並且結合簡單、規律的長期投資策略，無疑是通往財務自由的道路。

## 創造長期財富的八種最佳投資資產
## 支柱：長期投資

在現代金融世界中，投資機會是無窮無盡的。每天都有人向你推銷最新最棒的金融工具，有著超額報酬且風險微乎其微。請小心，正如俗話所說，天底下沒有白吃的午餐！

為了平衡這些最吸引人的投資機會，我與理財作家尼克‧馬朱利合作編寫了這份簡明指南，他曾在《持續買進》分析並解釋了如何儲蓄和投資。

以下的八個資產類別，是基於其產生收入和創造財富的特性而選擇的。每個資產類別都提供收入和長期複利。像加密貨幣、藝術品和貴金屬等資產則不包括在內，因為它們沒有帶來穩定收入。此清單並非作為推薦，而是作為進一步研究的起點。在投資之前，請務必自行研究。

### 資產 1：股票

股票是一種容易取得的資產，代表對所投資公司業務的所有權。從歷史上看，它們具有高平均年複合報酬率（8% 至 10%）、交易便利、維護成本低。然而它們也具有顯著的波動性，可能出現與基本面變化無關的重大價格波動。

優點：

- 歷史平均報酬率高。
- 交易方便。
- 維護成本極低。

缺點：

- 波動性高。

- 價格波動大，可能與企業基本面脫節。

### 資產 2：債券

債券是借款人向投資者借錢，並在特定期限內償還。債券的風險因借款人的特性而不同。像是政府擁有印鈔權，美國公債向來被認為風險極低。然而它們的歷史平均年複合報酬率較低（僅 2% 至 4%），但通常能提供穩定的收入來源（來自借款人的還款），並且在股票下跌時往往會上漲。

優點：

- 整體波動性低。
- 本金較為安全（指高品質的政府公債）。

缺點：

- 整體報酬率較低，尤其是考慮通貨膨脹後。

### 資產 3：投資不動產

投資不動產是購買住宅後出租，希望透過租金產生收入，並透過不動產未來價值成長來創造財富，同時可以經由槓桿（透過抵押貸款）的方式放大投資報酬率。平均而言，不動產的年複合報酬率約為 12% 至 15%，取決於區位和當地市場狀況而定。雖然不動產擁有較高的平均年報酬率，但也會面臨管理不動產和租戶的營運風險，以及在市場波動期間的低流動性風險。

優點：

- 透過槓桿，具有獲得較高平均報酬率的潛力。

- 如果不動產在未出租時則可自住，因而擁有居住的價值。

缺點：

- 不動產和租戶的管理可能造成許多麻煩。
- 在市場崩盤時，流動性低。

### 資產 4：不動產投資信託

不動產投資信託（簡稱 REIT）是擁有和管理不動產的企業，並定期將不動產收入分配給股東。投資 REIT 被視為一種具有節稅優勢、且管理成本低的不動產投資方式，因為 REIT 必須將至少 90% 的應課稅收入作為股利分紅。長期而言，它們提供約 10% 至 12% 的高平均年複合報酬率，並且在牛市期間與股票的相關性較低。然而，REIT 過去也表現出與股票相同的或更大的波動性，在市場崩盤期間出現顯著的跌幅。

優點：

- 過去平均年複合報酬率高。
- 提供具有租稅優勢的不動產投資，同時不用負擔管理成本。

缺點：

- 波動性高，波動率與股票相當或更高。
- 在市場崩盤期間出現顯著的跌幅。

### 資產 5：農地

農地向來是創造財富的重要來源，也是一項具有吸引力的資產。目前有平台提供合格投資人參與農地經營的部分股權。農地與股票和債券

報酬的相關性低，且由於土地價值的穩定性，整體波動性低，往往具有通膨保護特性，因為其價值往往隨總體市場的價格上漲而上升。農地投資的流動性較低，通常需要更高的費用和資格。

優點：

- 與傳統資產的相關性低，本金風險低。
- 通膨保護性佳。

缺點：

- 流動性低。
- 費用較高且資格要求較高。

**資產6：小型企業和新創企業**

近年來，收購和投資小型企業和新創企業變得非常普遍。它們提供潛在的高額報酬率（大約在 20% 到 25%），以及累積過去成功紀錄，可能會增加未來成功機率，因為更有可能獲得有吸引力的投資機會。小型和新創企業投資需要投入大量的時間，特別是在積極參與小型企業營運的情況下，本金損失的機率也比較高。

優點：

- 高額的潛在報酬率。
- 這次成功會孕育下一次成功。

缺點：

- 投入時間長。

- 潛在的投資失利和本金損失風險。

### 資產 7：權利金

權利金是使用他人著作權或所有品的支付款。目前有平台可以媒合權利金的買賣方，讓新投資者進入市場。依風險不同，權利金會提供 5% 到 20% 的平均年複合報酬率，與傳統金融資產的相關性低，甚至為零，且擁有穩定的收入來源。這些平台的費用往往較高，且許多平台要求投資者具備資格認證。

優點：

- 潛在的穩定收入和吸引人的平均報酬率。
- 與其他金融資產的相關性低。

缺點：

- 費用較高且有資格認證要求。
- 收入可能因喜好改變而突然發生變化。

### 資產 8：自己的產品

投資自己的產品（實體產品、數位產品、服務等等）所產生的潛在收入，提供了高度可控和個人成就感。這些投資在初期需要投入大量時間，且不保證未來有所回報，而且大多數投資可能失敗。然而一旦成功，它們將提供超額的潛在獲利，並且往往不需要額外時間。

優點：

- 對結果的完全控制和所有權。
- 高度個人成就感。

- 成功的話，可能獲得超額獲利。

缺點：

- 初期需投入大量時間。
- 失敗的可能性很高。

投資人了解這八種資產類別後，已為投資奠定扎實的知識基礎。你不需要投資所有八種資產（我僅投資其中的四種！），但這些知識將使你在未來能夠運用在各種投資策略上。

## 麻煩報酬圖表
### 支柱：長期投資

投資顧問關心的是風險調整後的投資報酬，意思是在考量投資風險的情況下，預期報酬的平均值。舉例來說，創業投資可能會有十倍、甚至百倍投資報酬的機會，但風險也極高；絕大多數創業公司以倒閉作收，損失所有本金，因此創投的風險調整後報酬，約略趨近於市場指數投資。

風險調整的概念，是在檢視前一節各資產類別之長期投資時應考慮的部分，但它遺漏了一個關鍵要素：

選擇合適的資產，不僅是在風險調整後，更要在麻煩調整後的基礎（hassle-adjusted basis）上，選擇較平均報酬更有吸引力的標的。

著名的會計師和作家米契爾・鮑德里奇（Mitchell Baldridge）提出了一個他稱之為「麻煩報酬」的概念，即需要將與投資相關的時間和精力視為計算報酬方程式的一部分。例如，一項平均年報酬率為10%的複合住宅投資，看起來會是一筆有利可圖的好交易，但如果它需要每個週末花十個小時離開家人、開車前往該地點、解決維護問題並處理房客問

題，那麼這 10% 的年報酬率可能就不那麼誘人了。如果能透過自動申購並持有大盤指數基金，幾乎不花時間和精力，可以創造年平均報酬率 7%，則其他要花心力的長期投資就得權衡一下了。如果增加的可能報酬大於所花時間和精力的價值，則這項投資值得考慮；但如果不是，則應予以放棄。

為了說明這個觀點，我們可以參考尼克‧馬朱利所提供的圖表，該圖表根據前一節中各種長期投資資產的風險難度／麻煩程度，以及其預期年化報酬率所繪製出來的[3]。

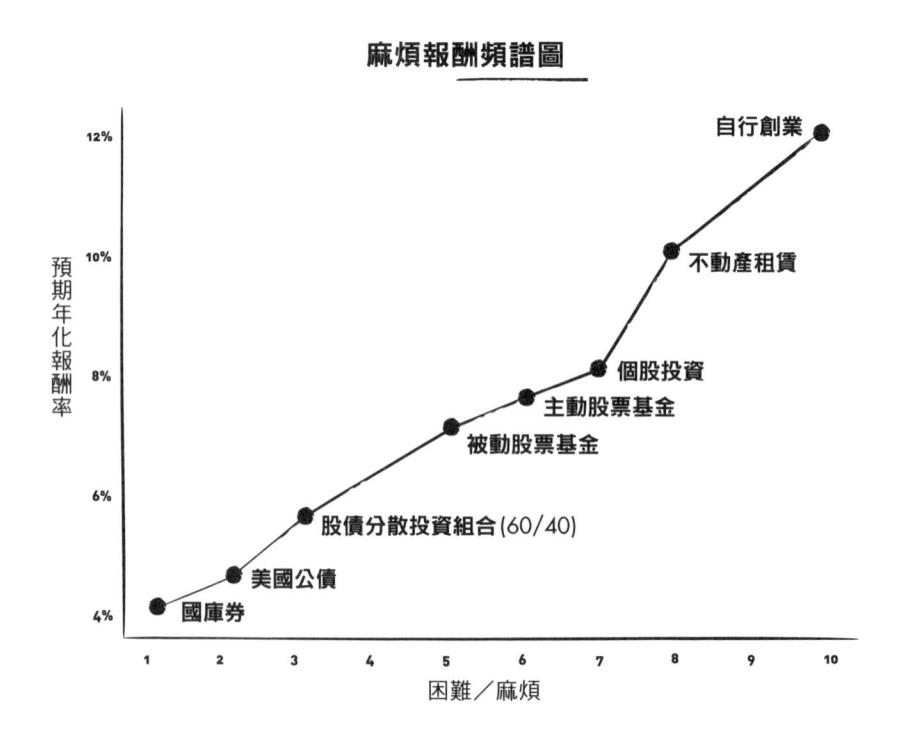

### 麻煩報酬頻譜圖

預期年化報酬率

- 國庫券（1, 4%）
- 美國公債（2）
- 股債分散投資組合 (60/40)（3）
- 被動股票基金（5, 7%）
- 主動股票基金（6）
- 個股投資（7, 8%）
- 不動產租賃（8, 10%）
- 自行創業（10, 12%）

困難／麻煩

---

3. Nick Maggiulli, "The Return on Hassle Spectrum," *Of Dollars and Data* (blog), July 25, 2023, https://ofdollarsanddata.com/return-on-hassle/.

自行創業位於圖表的右上方，擁有高風險、高麻煩、高回報的三大特徵。它的特色——「全靠自己」——相當吸引人，但不應掉以輕心，因為大多數創業都會在第一個十年內失敗。換句話說，對想要早點達到財富獨立的人而言，另一種低風險的途徑（副業）可能更容易衡量風險報酬。

對於大多數人來說，這個困難／麻煩圖表的中下部分都是較佳選擇。購買並持有多元化、低成本的市場指數基金提供最具吸引力的報酬，同時不用花太多心力。在未清楚地了解相關的時間和資本風險，以及理性看待對特定資產相對於市場的「優勢」之前，不應考慮長期投資於個股和房地產等麻煩較高的項目。

## 世界上最偉大的投資
### 支柱：長期投資

當我在大學時，父親分享了一個我認為是這輩子最棒的投資建議。

他告訴我，要將投資自己視為一個規則，絕不猶豫：

- 讀書、課程和教育。
- 運動健身。
- 人際關係。
- 優質飲食。
- 心理健康。
- 個人發展。
- 睡眠。

這些看起來像是**消費**，但實際上都是**投資**，將來在你的人生中給予長期報酬。

例如，當我開始第一份工作時，我選擇獨自居住，而不是和三個人

合租。表面上，這似乎是個愚蠢的財務決定——每月租金成本大約是兩倍——但它為我提供了極度專注和放鬆的空間。我認為，這項投資在一年之內就產生了事業加速成長的報酬。

大多數人低估了這些投資的價值。財務成本很容易量化，因此我們只看數字，而忽略了生活中其他領域帶來的好處。但如果從時間、社會、心理和身體等其他財富類型角度評估好處，你會更適當地計算，並做出更好的長期決策。

經驗法則告訴我：投資自己，毫不猶豫。

相反地，購買一般的東西要三思而後行。試試三十天原則：下單前先等三十天。如果三十天後還想要它，就去買吧。如果不是，就刪掉它。這可以避免很多衝動購物，最後卻堆積如山養灰塵，也節省了很多錢。將省下來的錢重新投資自己，報酬會加倍。

人生小技巧：永遠投資自己——你永遠不會後悔。

# 第 31 章

# 金錢財富摘要

## 金錢財富概覽

**大哉問**：你對「足夠」的定義是什麼？
**金錢財富的三大支柱：**

- **產生收入**：透過正職工作、兼職工作和被動收入來源，創造穩定且會增加的收入。
- **管理支出**：管理支出，確保支出始終穩定地低於收入，並以較慢的速度增長。
- **長期投資**：將收入與支出之間的差額投資於長期、有效率且低成本的資產，以獲得有效的複利。

**金錢財富評分**：對於以下每個陳述，請回答 0（非常不同意）、1（不同意）、2（中立）、3（同意）或 4（非常同意）。

1. 我很清楚財務上**足夠**的定義。
2. 我的收入隨著工作技能和專業知識穩定成長。
3. 我管理自己的月支出，使其穩定低於收入。

4. 我有一套明確的計畫，將每月超額收入投資於長期複利的資產。
5. 我用金錢財富當作累積其他類型財富的工具。

你的分數（0 到 20 分）是：

## 目標、反目標和方法

使用目標設定來調整金錢財富的方向：

- **目標**：希望在一年內達到的金錢財富分數？在過程中，你需要達成哪些階段性目標（二到三個）？
- **反目標**：在過程中，你想避免哪些結果出現（兩到三個）？
- **高槓桿系統**：為了在實現目標分數上取得具體、累積的進展，你會採取〈心理財富指南〉中的哪些方法（二到三個）？

## 一週快速入門

使用本段落的原則檢視當前的生活：

1. **收入**：目前的現金流入來源有哪些？這些來源穩定嗎？它們的成長是否可預期？能否透過學習新技能或更有效地運用現有技能來增加現金流入？
2. **支出**：目前的現金支出是否穩定？支出是否穩定地低於收入？支出是否比收入成長得更快？是否有明確的預算和計畫？如果沒有，請建立一個並追蹤進度。
3. **長期投資**：是否有明確的策略，將流入和流出之間的差距投資於長期複利工具？如果沒有，請建立低成本的投資帳戶，並考慮自

動扣款定時投資。

以上的檢視將為金錢財富建立一個強有力的起點。

## 結語
# 信仰起飛

在克里斯多福・諾蘭 2010 年的科幻驚悚片《全面啟動》(Inception)中有一幕情節：主角李奧納多・狄卡皮歐必須做出生死攸關的抉擇：是否要信任一位可能改變他命運的貴人，並接受他提出的挑戰。然而這是一個風險性極高的挑戰，只是一旦成功，他可以重新回到多年未見的兒女身邊。

這個由渡邊謙飾演的貴人似乎感受到男主角內心的冒險渴望，因此提出一個單刀直入、強有力的問題：

「你想讓信仰起飛嗎？還是成為一個充滿遺憾的老人，獨自等待死亡？」

我的人生、我的整個故事，都是信仰起飛後的結果。

當我坐在這裡寫下這本書的最終章時，距離當初影響我的那個想法已經過了好幾年，但這個想法仍然深深影響我的生活。

我與一群出色的領導者和經營者一起建立一個發展良好的商業生態系統，每週的內容都對全球數百萬個訂閱者產生積極性的影響。我設計了一套有用的健康和保健課程，使我自己的外貌和表現比以往任何時候都更好。我可以靈活地控制自己的時間，追求創造能量的機會，在日常

生活中感受到強烈的使命感和成長。

但最重要的是，我有我的家人。

現在是早上六點半。我聽到我兩歲的兒子在我辦公室門外咯咯笑，妻子肯定是在逗他。我一出去，他就會跑過來，做出他最喜歡的家庭式擁抱。今天早上，我們要打包行李，開車到波士頓，在那裡和父母、兄弟姐妹待幾天。以前每年一次的相聚，現在變得頻繁了；我們決定離開加州安穩的生活，搬到美國的另一端，創造了充滿歡笑、愛和回憶的漣漪。搬家後，我們家人經歷了不可預測的挑戰、健康問題和悲傷。但重點是，我們一**起**面對了所有的挑戰。

我找到了我的家人，我打算珍惜他們直到我生命的盡頭。

因此，當我寫完本章時，內心感到無比的感激。我正過著夢想中的生活，因為我接受了一種更好的方式——衡量了正確的事物，採取了正確的行動，創造了正確的結果。我接受了《人生的五種財富》的觀念。我敢肯定，離開原本的生活軌道的確放棄了不少錢，但就我而言，我認為我是地球上最富有的人。

現在輪到你了。

衡量、做決定，並根據這五種財富設計你的新生活：

- 時間財富。
- 社會財富。
- 心理財富。
- 身體財富。
- 金錢財富。

衡量人生的所有支柱，以創造幸福且充實的生活，先建立屬於你的基準「財富分數」，然後每年評估進展和機會。做好準備，你永遠不會在混亂中失去方向。

在做出任何決定時，請同時考慮五種財富。不要只關注金錢，而是要對五種類型財富的共同影響來決定。當考慮換工作時，請衡量對時間、人際關係、生活目標和成長的影響。當考慮搬家時，請想一下對親人和自己健康造成的影響。當評估重大投資或採購時，請判斷可能對自由和心理狀態的影響。只要全面地想到你的生活，做出的決定往往是最好的。

設計夢寐以求的人生，以積極的態度面對未來，用這種態度考慮人生的優先順序，能夠專注於特定的戰鬥，但不會輸掉整個戰爭。唯有清晰的思路才能應對生活的種種不確定，在人生的每個選項做出取捨。

你擁有工具，擁有資訊，只差一樣東西⋯⋯

你要不要讓你的信仰起飛？

# 謝 辭

牛頓的名言:「如果我看得比別人遠,那是因為我站在巨人的肩膀上。」我完全同意這個觀點:本書的完成,要感謝許多慷慨的巨人,他們慷慨地提供他們的肩膀。我想利用這個機會向他們一一致謝,儘管言語永遠無法充分表達我的感激之情。

首先是我的妻子伊莉莎白。毫無疑問,她是我所認識最棒的人。在本書寫作的過程中,她一直是我的傾訴對象、智慧增長的神隊友、真實狀況的表達者和創意總監(她的設計才華展現在本書美麗的封面,為此我非常興奮!)。更令人印象深刻的是,她不但做到所有的事,同時還是我們兒子羅曼的良母。我堅信,你選擇與誰攜手度過一生,是這輩子做出的最重要選擇——每天我都很慶幸她選擇了我。

我的父母。他們結合了對我高期望與強烈的支持,這種結合總是讓我渴望能達到新的高度,擴大影響力,並擁有遠大的夢想。他們的愛是我生命的一切基礎,我永遠感激他們。

我的姐姐蘇納莉。她總是以高標準的表現告訴我沒有什麼是不可能的。儘管分開多年,我們如今處於相同的人生階段,我迫不及待地想看看在接下來的幾十年裡,我們的關係會如何繼續進展。

我的第二個家庭。戈登一家的瑪麗、史蒂夫、瑪拉和薩曼莎對伊莉莎白、羅曼和我無私的支持。

我的團隊。本書得以完成,Blake Burge 是我的瑞士小刀,他總是以積極和熱情投入工作,我想每個人都希望在團隊中擁有這樣的人。Matt

Schnuck 是我的思想夥伴和朋友，他閱讀並校對了本書大部分的內容，協助制定計畫來提升影響力。Christian DiMonda 設計了美麗簡潔的視覺圖案，讓文字更加生動。OffMenu Design 是我的設計夥伴團隊，為本書設計了美麗的網站和線上資源。還有 Hunter Hammonds、Lucas Gabow、Holly Felicetta、Jess Barber、Sy Santos 和 Shane Martin，他們都各自為本書的出版做出無可比擬的貢獻。

我的導師、顧問和朋友。他們總是鼓勵我抱持更大的夢想，但同時也讓我不忘腳踏實地。

本書的合作者。包括 Susan Cain、Arthur Brooks、Ramit Sethi、Ben Bruno 和 Nick Maggiulli，他們慷慨地分享時間和深度見解。他們的專業知識也豐富了本書的內容和指南。

書中所有慷慨分享故事的人，包括一些名人——Alexis Lockhart、Erik Newton、Dave Prout、Rohan Venkatesh、Hank Behar、Phyllis Behar、Dan Go、Vicki Landis、Kevin Dahlstrom、Greg Sloan、Marc Randolph 和 Bryan Johnson——還有其他選擇匿名的人。數百甚至數千次的對話為我的生命和本書增添了無比的喜悅和智慧。我很高興能分享他們的經歷。

本書的編輯。Mary Reynics 是本書的完美夥伴。在整個過程中，她的批判性思維和壓力測試提升了本書的品質。2022 年我們談合約初次見面時，我就感覺我們會有很棒的合作夥伴關係——而且我是對的。因為她是如此特別。

本書的經紀人。Pilar Queen，一開始就相信我的觀念。我們第一次見面時，她說，「聽著，我要對你說實話。」我原本預期接下來會發生什麼，心情感到一沉。但當她繼續說：「我非常喜歡它。」我才鬆一口氣，重拾信心。她的信念對當時的我來說意味著全世界，就像現在一樣。

最後，感謝所有我的讀者，你們給予我每天寫作的能量。能有機會以此維生，我認為這是莫大的榮幸，我絕不將其視為理所當然。感謝你

們給予我這個難得的機會。謝謝你們，謝謝你們，謝謝你們。

薩希・布魯姆<br>
2024 年 12 月於紐約

## 關於作者

薩希・布魯姆（Sahil Bloom）是一位善於激勵人心的作家和內容創作者，透過他獨到的見解和《好奇心記事》（*The Curiosity Chronicle*）雙週刊吸引數百萬人。他是一位成功的企業家，是 SRB 控股（SRB Holdings）的創辦人，也是早期 SRB 創投（SRB Ventures）的管理合夥人。布魯姆畢業於史丹佛大學，獲得經濟學和社會學學士學位以及公共政策碩士學位。他曾在史丹佛棒球隊效力四年。

作者的個人通訊方式：
sahilbloom.com
X: @sahilbloom
Instagram: @sahilbloom
LinkedIn: @sahilbloom

# 人生的五種財富

| | |
|---|---|
| 作者 | 薩希・布魯姆 Sahil Bloom |
| 譯者 | 唐傑克 |
| 商周集團執行長 | 郭奕伶 |
| 商業周刊出版事業處 | |
| 副總經理 | 張勝宗 |
| 責任編輯 | 林雲 |
| 封面設計 | 陳文德 |
| 內頁排版 | 林婕瀅 |
| 校對 | 呂佳真 |
| 出版發行 | 城邦文化事業股份有限公司-商業周刊 |
| 地址 | 115台北市南港區昆陽街16號6樓 |
| | 電話：(02)2505-6789　傳真：(02)2503-6399 |
| 讀者服務專線 | (02)2510-8888 |
| 商周集團網站服務信箱 | mailbox@bwnet.com.tw |
| 劃撥帳號 | 50003033 |
| 戶名 | 英屬蓋曼群島商家庭傳媒股份有限公司城邦分公司 |
| 網站 | www.businessweekly.com.tw |
| 香港發行所 | 城邦（香港）出版集團有限公司 |
| | 香港九龍九龍城土瓜灣道86號順聯工業大廈6樓A室 |
| | 電話：(852)25086231　傳真：(852)25789337 |
| | E-mail：hkcite@biznetvigator.com |
| 製版印刷 | 中原造像股份有限公司 |
| 總經銷 | 聯合發行股份有限公司 |
| | 電話：(02)2917-8022 |
| 初版1刷 | 2025年7月 |
| 初版7.5刷 | 2025年8月 |
| 定價 | 台幣450元 |
| ISBN | 978-626-7678-37-4（平裝） |
| EISBN | 978-626-7678-34-3（PDF） |
| | 978-626-7678-33-6（EPUB） |

Copyright © 2025 by Sahil Bloom
Complex Chinese copyright © 2025 Business Weekly, a division of Cite Publishing Ltd.
This translation published by arrangement with United Talent Agency, LLC, through The Grayhawk Agency.

版權所有・翻印必究（本書如有缺頁、破損或裝訂錯誤，請寄回更換）
商標聲明：本書所提及之各項產品，其權利屬各該公司所有

---

國家圖書館出版品預行編目(CIP)資料

人生的五種財富 / 薩希・布魯姆（Sahil Bloom）著；唐傑克譯. -- 初版. -- 臺北市：城邦文化事業股份有限公司商業周刊, 2025.06
　面；　公分
譯自：The 5 types of wealth: a transformative guide to design your dream life

ISBN 978-626-7678-37-4(平裝)

1.CST: 成功法　2.CST: 人生哲學　3.CST: 生活指導

177.2　　　　　　　　　　　　　　　　114005148

藍學堂

學習・奇趣・輕鬆讀